KB234258

책으로 보는 TV 조선왕조실록 ②

전하! 뜻을 거두어주소서

KBS 〈TV조선왕조실록〉 제작팀 지음

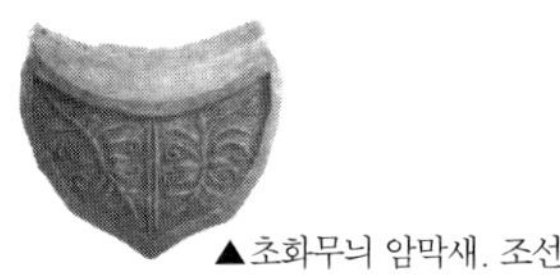

▲초화무늬 암막새. 조선.

조선사회사 총서⑮ 책으로 보는 TV 조선왕조실록 ②

전하! 뜻을 거두어주소서

초판 1쇄 펴낸 날_1999. 5. 27
초판 3쇄 펴낸 날_2004. 4. 27

지은이_KBS 〈TV조선왕조실록〉 제작팀
펴낸이_이광식
편　집_한미경·오경화·김지연
영　업_윤영민·문은정
펴낸곳_도서출판 가람기획
등　록_제13-241(1990. 3. 24)
주　소_(우 121-130)서울시 마포구 구수동 68-8 진영빌딩 4층
전　화_(02)3275-2915~7　팩　스_(02)3275-2918
전자우편_garam815@chollian.net
홈페이지_www.garambooks.co.kr

ISBN 89-8435-130-X(03910)

··········앞줄 왼쪽부터 빈선화(작가), 김주영(작가), 남성우(책임PD), 유인촌(MC), 황정연(작가), 이윤정(자료조사), 왕현철(PD), 이도경(PD)
··········뒷줄 왼쪽부터 정혜경(AD), 김경민(자료조사), 김승신(작가), 김규태(PD), 이완희(PD), 장성주(PD), 양수환(FD)

정말 야무진 꿈

그것은 '정말 야무진 꿈' 이었다. TV프로그램으로 조선 시대 5백 년의 역사를 정리한다니···. 〈다큐멘터리 극장〉 〈역사의 라이벌〉 〈역사추리〉 등, 4년 동안 역사 프로그램 을 제작하면서 쌓은 노하우가 있다고 하지만, 분명 그것은 만만한 일이 아니었다.

프로그램 제목 또한 부담스러웠다. 〈TV조선왕조실록〉 ···. 시청자에게 쉽게 다가설 수 있는 제목이 아니었다.

하지만 우리는 일단 저질러보기로 했다. 역사의 존재이 유가 늘 새로운 해석을 통해 오늘을 사는 우리에게 가르침 을 주는 것이라면 우리가 해야 할 일은 명확했다. TV는 '역사 대중화' 라는 거창한 말이 아니더라도 역사를 보다 쉽고 재미있게 하여 역사가 존재하는 이유를 갖도록 할 수 있고, 바로 그것을 〈TV조선왕조실록〉이 해야 한다는 '정 말 야무진 꿈' 을 제작팀이 함께 했다.

이를 위해서는 두 가지 문제를 해결해야 했다. 하나는 시대순으로 아이템을 정리하는 일이었고, 또 하나는 〈TV 조선왕조실록〉이란 가장 엄숙한(?) 이름이 붙은 프로그램 을 시청자가 쉽게 접근할 수 있도록 표현하는 일이었다.

첫번째 문제는 학계의 자문을 받아 어느 정도 해결할 수 있었다. 그러나 두번째 문제는 쉽게 해결될 일이 아니었다. 우선 내용은 물론 프로그램 부제까지도 최대한 현대적 감각으로 처리하기로 했다. 특히 과거의 역사적 사건이나 인물이 여전히 유효한 '현재진행형'임을 강조하려 했다. 과감히 형식실험을 시도한 것도 이 때문이었다.

MC나 리포터가 역사 속의 인물을 만나는 '직격 인터뷰', 추리기법을 이용해 역사의 숨은 진실에 다가가는 '역사추리', 현재의 현장을 이용해 역사적 사건에 접근하는 '출동 역사 돋보기' 등 고정 코너를 마련했다. 또 조선시대의 앵커가 등장하는 뉴스 리포트 형식을 도입하기도 했다.

사실 이러한 형식실험들이 장난스럽게 비쳐지진 않을까 하는 걱정이 없었던 것은 아니다. 그러나 이러한 일련의 시도들은 어느 정도 성공을 거둔 듯하다. 다른 3개 채널에서 모두 드라마를 방송하는 시간대임에도 꾸준하게 고정 시청자가 늘고 있는 것이다. 이른 감이 없진 않지만 제작진은 처음의 '야무진 꿈'이 꿈으로만 끝나지 않을 것이란 기대를 가져본다.

매회 방송이 끝나면 제작진들은 늘 두 가지 모순된 감정에 휩싸인다. 방송이라는 매체의 특성 때문에 애써 만든 프로그램이 그냥 흘러가버리지는 않았을까 하는 아쉬움과, 우리가 과연 한 시대의 역사를 제대로 정리하고 있는가 하는 두려움이 함께 한다.

그래서 또 하나의 '야무진 꿈'을 꾸기로 했다. 〈TV조선왕조실록〉을 계속 책으로 출판하기로 한 것이다.

이제 아쉬움은 어느 정도 덜 수 있겠지만, 더 많은 두려움이 앞서는 것이 솔직한 심정이다. 프로그램의 부족함들이 다시 한번 확인되고 또 그것들이 영구히 남겨질 것이기 때문이다. 하지만 책 출판이 지금까지 한 작업들을 제작진 스스로 돌이켜보고, 또 프로그램에 대한 책임감을 다지는 계기가 될 것이란 믿음으로 두려움들은 접어두고자 한다. 독자들의 가차없는 질책을 바란다.

한 후배 얼굴이 떠오른다. 함께 역사 프로그램을 제작하던 PD였다. 역사에 특히 관심이 많아 KBS 역사 프로그램이 자리를 잡는 데 큰 몫을 했던 그는 지난해 4월 위암 말기 판정을 받았다. 몇달 전 고향에서 투병중인 그를 만났을 때 하고 싶은 말은 많았지만 우리들은 아무런 말도 못하고 돌아왔다. 이제 〈TV조선왕조실록〉 제작진의 땀이 밴 이 책으로 그에게 못한 말들을 대신한다. 힘내라, 기철아.

〈TV조선왕조실록〉 책임프로듀서

남 성 우

책으로 보는 📺 조선왕조실록 ②

전하! 뜻을 거두어주소서

전하! 뜻을 거두어주소서

전하! 뜻을 거두어주소서

1
연산군의 다섯 가지 폭정

"연산군의 생모 폐비 윤씨 사건의 주범으로 선왕의 두 후궁을 지목하고, 두 후궁의 아들인 안양군·봉안군에게 몽둥이를 주어 어머니인 후궁들을 살해하게 하다."

— 〈연산군일기〉 10년 3월

"좌의정 박숭질의 처를 비롯해 중신들의 처를 범하다."

— 〈연산군일기〉 11년 9월

"부모의 상을 치를 때 3년상을 지내던 것을 앞으로는 이일역월以日易月, 즉 한 달을 하루로 계산해 27일 만에 끝내도록 명하다."

— 〈연산군일기〉 11년 6월

자식이 어머니를 죽이고 임금이 신하의 아내를 범했던 시대, 유교적 윤리를 목숨처럼 여겼던 조선시대에 이 같은 엄청난 일이 자행되었던 시대가 있었으니, 바로 연산군 재위 말년이었다. 이런 폭정을 자행하면서 그가 자주 하던 말이 있다.

> "조선은 왕의 나라다. 조선백성 모두가 왕의 신하요, 조선 땅의 풀 한 포기까지도 모두 내 것이다. 조선의 모든 것이 본시 내 것인데 너희가 내 것을 빼앗아간 것이 아니더냐? 이제 다시 내가 찾아오려 하는데, 무엇이 문제인가?"
>
> ─ 〈연산군일기〉 12년 8월

무릇 나라 안에 있는 모든 땅과 백성은 임금의 것이다… 이것이 조선시대 임금에 대한 인식이었다. 그러나 이 말은 해석하기에 따라 전혀 다른 뜻이 된다. 모두가 내 것이니 내 것처럼 아끼며 선정을 베푼 임금이 있는가 하면, 내 것이니 내 맘대로 해도 된다는 해석 역시 가능하기 때문이다. 이 두번째 해석이 바로 연산군의 입장이었던 것이다. 그리고 오늘날 우리는 조선시대의 폭군 하면 으레 이 연산군을 떠올린다. 그는 도대체 어떤 일을 벌였던 것일까?

흥청망국興淸亡國 - 폭정 ①

그 첫번째는 술과 여자다. 원래 조선 궁궐 안에는 '양기'라고 하는 기생들이 있었다. 그들은 연회 때마다 춤과 노래를 맡아 하던 전문 예술인들로, 3년에 한 번씩 선발됐다. 그런데 연산군 때에 와선 기생을 뽑는 방법은 물론 기생의 역할까지 완전히 바뀐다. 아예 채홍사, 채청사라는 직위를 만들어서 전국 팔도의 미녀들을 뽑으러 다녀 1년 사이 2천 명의 기생들이 입궐한다. 2천 명이면 누가 누군지 구분하기도 어려웠을 텐데 연산군은 미인들에게 하사할 이름까지 직접 짓겠다고 나섰다.

"미인 중에서 최고의 미인은 아름다울 가를 써서 가인佳人이요, 그 다음
은 재주가 많은 재인才人, 고운 자태의 여인麗人, 미인美人, 선인嬋人, 연인姸
人, 미인媚人…."

— 〈연산군일기〉 11년 9월

실록에 따르면 이렇게 모두 135가지 칭호를 내렸는데, 모두 아름다움
을 상징하는 한자들이 나열돼 있다. 그러나 뒤로 가면서 한자가 부족했
는지 갑인甲人, 을인乙人까지 등장한다. 하지만 연산군 시대 미인의 대명
사는 역시 흥청이다. 흥할 흥자에 맑을 청, 흥청興淸은 간사하고 더러운
것을 깨끗이 한다는 뜻을 담아 역시 연산군이 직접 만든 기생의 이름이
다. 흥청은 최고의 미색과 함께 춤과 노래에 능한, 한마디로 최고의 여인
들에게 붙여진 칭호였다. 실록에는 이 흥청과 관련한 궁궐 안팎의 소동
들이 낱낱이 기록돼 있다.

2천 명이 넘는 미인들이 입궐하자 당장 생긴 문제는 거처할 곳이었다.
연산군은 이들을 위해 창덕궁 안에 7원 3각을 지었다. 미인의 수는 늘고
대형공사가 계속되면서 국고는 바닥나고, 백성들은 과중한 부역에 시달
려야 했다. 뿐만 아니라 흥청들이 쓸 그릇이 모자라자 상점을 뒤졌고, 숨
기고 내놓지 않는 자에겐 장 80대의 중형을 내렸다. 또 농업을 보호하기
위해 〈경국대전〉에 법으로 금지시킨 소를 잡는 일도 계속됐다. 오로지
흥청들에게 쇠고기를 먹이기 위해 수레를 끌고가던 소까지 잡아가니 백
성들의 곡소리가 끊이질 않았다.

이 기생 중의 기생인 흥청도 등급이 있었다. 흥청 중에서 특별히 왕과
동침해 성적인 만족을 준 여자를 천과흥청이라고 했던 것이다. 일단 천
과흥청이 되면 왕비의 행세가 부럽지 않았고, 금은보화로 치장을 하다
못해 악기까지 순금장식을 해서 쓸 만큼 상상을 뛰어넘는 사치를 누렸

다. 뿐만 아니라 그 가족들 역시 부역이 면제되고 관직에 오르는 등 각종 특혜가 내려졌다.

특히 가족들은 평소에 눈여겨두었던 집과 논밭도 고를 수 있어 이로 인한 시비가 곳곳에서 끊이지 않았다.

이렇게 천과홍청이 되면 그 식솔들까지 하루아침에 팔자가 바뀌니, 여기서 비롯된 말이 '홍청거리다' 요, 결국 이런 홍청들 때문에 나라가 망했다 하여 '홍청망국亡國' 이라고 했다.

이 말은 시간이 지나면서 운율에 맞춰 '홍청망청' 으로 바뀌어 지금도 제 분수에 맞지 않게 사치하는 사람을 가리켜 '홍청망청 쓴다' 고 말한다. 결국 우리가 쓰고 있는 홍청망청이란 말은 연산군의 폭정이 남긴 흔적인 셈이다. 한 명의 폭군이 탄생하면서 역사에 끼친 폐해가 어디 이것 뿐이었을까?

왕의 신분으로 사초를 보다 – 폭정 ②

사초는 실록을 편찬하는 자료였다. 그 속에는 왕과 대신들의 언동은 물론 당대 인물에 대한 사관들의 냉철한 평가가 씌어 있었다. 왕 역시 예외가 아니어서 왕의 품성이며 사생활까지 사관들이 보고 들은 그대로 적혀 있었다. 따라서 역대 임금들은 실록과 사초를 보지 않는 것을 관례로 지켜온 터였다. 그런데 연산군은 이 금기사항을 깨고 사초를 보고 만 것이다. 연산군 4년의 일이었다.

성종 임금의 실록을 편찬하기 위해 당시 사초들을 정리하는 과정에서 김일손이 쓴 내용이 발단이 됐다. 김일손은 연산군의 할아버지인 세조의 사생활과 관련해 당시 떠돌던 이야기를 그대로 적었던 것이다. 본래 사관들은 듣고 본 것을 누구에게도 말하지 않고 무덤까지 가져가는 것이 첫번째 수칙이었다. 그러나 실록 편찬 책임자였던 이극돈은 김일손과 그가 속한 사림파를 음해하려는 욕심에 사초의 내용을 유자광에게 발설했고, 결국 연산군에게 보고되고 만다. 또한 유자광은 이 과정에서 김일손의 스승이었던 사림파의 거두 김종직의 글을 찾아냈고, 이로 인해 문제는 불길처럼 번져나간다. 김일손의 사초에 있던 글은 바로 '조의제문弔義帝文'이었기 때문이다.

조의제문의 내용을 잠시 살펴보자. 의제는 항우에게 죽임을 당한 중국 희왕을 말하는데, 김종직은 꿈에서 희왕을 만나 그의 억울한 죽음을 듣고 그 죽음을 위로하는 제문을 썼다. 유자광은 여기서 희왕을 노산군 단종으로, 항우를 세조로 바꾸어 해석함으로써 조의제문은 단종의 억울한 죽음을 위로한 제문이 되었던 것이다. 따라서 연산군에게 그 글은 세조와 연산군 자신의 정통성을 비난함과 동시에 조선왕실을 부정하는 대역죄로 해석되었던 것이다.

"김…종…직! 그자의 묘를 파헤쳐 시신의 목을 베어라!"
"김종직의 제자 김일손, 허반의 무리는 모조리 능지처참하라."
"문제의 사초는 남김없이 태우라."
"전하, 김종직은 이미 죽은 자이옵니다. 죽은 자의 글을 이유로 젊은 대신들의 목을 치시다니요."
"지금 저들의 음모가 낱낱이 드러났거늘 여전히 저자들을 비호하는 자가 있더냐. 저 사림의 무리들도 당장 잡아다 신문하라!"

— 철퇴를 든 무인 십여 명이 대신들이 근무하던 방으로 일시에 달려드니, 자리에 있던 재상과 홍문관원이 모두 놀라 일어섰다.

— 〈연산군일기〉 4년 7월

이렇게 김일손의 사초로 시작된 불씨는 조정에서 왕에게 직언을 하던 홍문관과 사헌부, 사간원 관리들에게 번져나갔으니, 이것이 바로 무오사화다. 이 사건으로 사림파 24명이 화를 입었고, 이미 세상을 떠난 사림파의 거두 김종직은 부관참시에 처해졌다. 조선 역사상 최초로 부관참시, 즉 관을 열어 이미 죽은 자의 목을 치는 극형에 처해진 인물이 되었던 것이다. 김일손의 사초가 몰고온 피바람, 무오사화는 이렇듯 우연히 터져 나온 사건일까?

한국체육대학교 한국사 교수인 심승구 선생의 해석을 들어보자.

"무오사화 하면 흔히 사초 문제를 둘러싼 훈구파와 사림파의 갈등으로 이해하는 경향이 많다. 그러나 또 다른 측면에서 보면 연산군을 중심으로 한 군주권과 삼사, 즉 홍문관 · 사간원 · 사헌부를 중심으로 한 언관과의 갈등이 무오사화로 표출됐다고 볼 수 있다. 연산군은 즉위 이후 사사건건 왕의 행동을 비판하고 나섰던 사림파 출신의 젊은 언관들을 제거할 빌미를 찾고 있었다. 김일손의 사초가 아니었더라도 어떠한 빌미로라도 언관들을 탄압했을 것이다. 결국 연산군은 사초 문제를 빌미로 사화를 일으켰고, 그 의도는 왕권을 강화하려는 것이었다고 보인다."

조선시대 사관들의 임무는 시대의 진실을 기록하는 일이었다. 그 중요성을 알기에 임금들은 사초는 물론이요, 이미 편찬된 실록조차 보지 않았던 것이다. 그런데 연산군은 이 금기를 깼고, 더 나아가 정적을 제거하는 명분으로 사용했던 것이다.

뿐만 아니라 이후 폭정이 극에 달했던 연산군 재위 말년에는 사관들의 사초를 수시로 거둬들여 삭제를 명하고, 사관들이 따로 집에 보관했던 가장사초는 자신이 검열할 수 없으므로 일절 작성하지 말라고 명령했다.

이렇게 연산군에 의해 꺾여진 사관들의 붓끝은 중종이 즉위한 후에도 힘을 찾지 못했다. 당시 사관들의 안이해진 태도를 바라보며 한 사관은 이렇게 한탄했다.

"무오사화 이후 사관이 쓸 수 있는 것은 왕이 지시한 어명뿐이었다."
— 〈중종실록〉 2년 6월

이렇게 조선 초기부터 지켜온 역대 임금들의 노력, 그리고 목숨을 걸고 지켜온 사관들의 날카로운 의식도 연산군에 의해 깨지고 말았던 것이다. 조선의 열번째 왕 연산군, 그는 과연 어떤 인물이었을까? 애당초 왕이 되어선 안될 재목이었던 것은 아닐까?

만백성이 영명한 왕이라고 칭송한 청년왕.

그러나 즉위 당시 연산군은 역대 어떤 임금보다 안정적인 조건을 갖추고 왕위에 올랐다. 조선시대 왕이 되기 위한 첫번째 조건은 적장자였다. 즉, 왕비의 몸에서 출생한 맏아들이어야 했다. 하지만 이 적장자라는 조건을 갖춘 왕은 예상 외로 드물다.

조선왕조 27명의 왕 중 이 조건을 갖춘 왕은 문종·단종·연산군·인종·현종·숙종·순종, 이렇게 단 7명뿐이다. 연산군의 부왕 성종의 경우도 세조의 둘째아들이었던 예종이 즉위 1년 만에 사망하면서 조카였던 그가 왕위에 올랐다. 또한 연산군에 앞선 두 임금인 문종과 단종의 경우도 문종은 병약한 몸으로 즉위해 2년 만에 사망했고, 단종은 12살의 나이로 보위에 올라 세조에게 왕위를 빼앗기고 말았다. 반면 즉위 당시 연산군은 이 모든 우려를 씻어줄 안정적인 조건을 갖추고 있었다.

연산은 성종의 적장자로 태어나 8살에 세자에 책봉됐고, 이후 11년간 세자수업을 받았다. 그리고 19살 혈기왕성한 청년으로 왕위에 올랐던 것이다. 그가 즉위할 당시 민심은 이렇게 기록돼 있다.

"연산이 새 왕에 오르니 조정의 신하와 만백성이 영명한 왕이라고 칭송
하였다."

— 〈연려실기술〉

뿐만 아니라 선왕 성종의 시대는 조선 역사상 가장 평화로운 시기였
다. 이렇게 즉위 당시 연산군의 모습은 앞선 그 어떤 임금보다 안정적이
었다. 그러나 그 이면에는 하나의 변수가 있었다.

성종의 또 다른 유산, 사림

연산군이 즉위하던 당시 조정에는 두 세력이 있었다. 바로 훈구와 사
림이다. 훈구는 세조 때 책봉된 공신들이 그 뿌리로, 조카인 단종을 폐위
하고 왕위에 오른 세조를 도운 대가로 대를 이어 부와 명예를 누리던 이
들이었다. 그들에겐 세금이 없고 세습이 허용되는 거대한 땅인 공신전이
지급됐고, 자손들은 과거를 거치지 않고도 관직에 오를 수 있었던 특권
층이었다.

반면 사림은 지방에서 유학을 공부하던 학자들이었다. 초야에 묻혀 후
학을 키우던 사림파 학자들이 정계에 등장한 것은 날로 세가 커지던 훈
구대신들을 견제하려는 성종의 정책 때문이었다. 성종의 비호 아래 사림
은 홍문관·사간원·사헌부 등 이른바 조선의 언론 삼사를 중심으로 급
성장해 훈구대신들의 부패상을 집중 공격하고 있었다. 이렇게 전혀 다른
두 세력을 조화시키는 것이 연산군의 몫이었다. 그러나 그가 선택한 것
은 정반대의 길이었다.

당시 사림이 추구하는 것은 유교적 이념을 내세운 정치였고, 방법은

여론정치였다. 그리고 사림의 날카로운 비판에서 왕 또한 예외가 아니었다. 사림과 연산군은 즉위 초부터 심각한 갈등을 보인다.

즉위 후 연산군이 내린 첫번째 어명은 선왕 성종을 위해 불교식 제례 행사인 수륙재水陸齋를 거행하는 것이었다. 당시 훈구대신들은 수륙재가 불교 행사이긴 하나 왕실의 전례로 이어내려온 점을 인정한 반면, 사림은 1년 이상 이 문제를 거론하며 비판했다. 사림은 연산에게 왕은 유교정치의 모범을 보여야 할 위치임을 강조했고, 이 과정에서 사직을 불사하며 갈등을 겪는다.

이들에 대한 젊은 국왕의 분노는 커져 연산군은 "그대들 유학자들의 이상은 임금 위에 있음이다. 그대들은 왕을 능멸하는 능상의 죄를 범하고 있다"는 격한 표현도 서슴지 않는 극한 대립을 보인다. 심승구 교수는 당시 연산군의 상황을 이렇게 해석한다.

"즉위 초 연산군은 상당히 어려운 처지였다. 정치를 하다 보면 야당이 있고 여당이 있게 마련인데, 연산군 입장에서 자기 세력이 되어주어야 할 여당은 훈구파였다. 그러나 훈구대신들은 그 자신의 부패상 때문에 사림파에게 집중적인 비판을 받는 처지였던만큼 임금의 충실한 기반으로서의 구실을 제대로 하지 못했다. 거기에 연산군이 폐비 윤씨의 아들이었다는 점 역시 감안돼야 할 것이다. 최소한의 측근세력이라 할 외척조차 그의 주변에는 없었다는 점이다.

그리고 역사적으로 볼 때 당시가 사림이 주요 정치세력이 되면서 여론정치라는 새로운 기풍이 자리를 잡던 시기였다는 점이 가장 큰 변수라고 할 수 있다. 사림의 등장 이전엔 언관들이 왕을 비판한다고 해도 소위 왕심王心을 읽는 수준에서 비판을 했다. 그런데 성종 말기부터는 과감한 발언들이 나오고 있었고, 정책적으로도 사림을 등용시킨 성종과 달리 젊은 왕 연

산의 입장에선 받아들이기 어려운 비판이 나오고 있었다. 이것은 이전의
임금들이 겪었던 것과는 달리 왕의 권력 또한 비판의 대상이 되고 있었다
는 점에서 강력한 왕권을 기대했던 연산군은 상당한 위기감을 느끼게 됐던
것이다."

결국 연산군이 선택한 것은 강력한 왕권을 행사하기 위해 두 세력을
모두 제거하는 것이었다. 먼저 연산군 4년, 왕에게 거침없는 비판을 가
하던 사림을 무오사화로 제거했고, 다시 그로부터 6년 뒤 연산군은 또
한 번의 사화를 일으키니, 바로 갑자사화다. 그 발단은 바로 연산군의 생
모, 폐비 윤씨 사건이었다.

갑자사화 – 폐비의 죽음을 정치적으로 이용하다

폐비 윤씨가 성종의 미움을 사 사약을 받은 것은 연산군이 7살 때인
성종 13년, 갑자사화는 그로부터 22년 후에 일어났다. 연산군이 폐비 윤
씨 사건을 알게 되는 계기로 알려진 것이 바로 피 묻은 적삼이다. 사약을
받고 쓰러지던 윤씨가 아들에게 전해달라며 남겼다는 한 맺힌 금삼錦衫
의 피.

그러나 실록에는 이 피 묻은 적삼이 등장하지 않는다. 대신 연산군이
즉위한 다음해 기록에 성종의 묘지문을 검토하다 생모의 폐위 사실을 처
음 알았다는 사실이 있다.

"판본상시사란 직위에 있는 윤기무라는 이름은 혹시 윤호를 잘못 쓴 것
이 아니냐?"

"아닙니다. 상께서 알고 계시는 윤호는 선왕의 첫번째 왕비셨던 분의 아
버지시고, 판본상시사 윤기무는 선왕의 두번째 왕비였던 폐비 윤씨의 아버

지이옵니다."

설명을 듣고 임금께선 수라를 들지 않았다.

— 〈연산군일기〉 1년 3월

이어 한 달 뒤 연산군은 윤씨를 폐위시킨 교서와 장사를 지낼 때의 전지 등을 올리게 했고, 당시 거제도 등에서 유배생활을 하던 폐비 윤씨의 어머니와 오라비 윤구 등의 생존 소식도 확인한다. 그런데 9년이 흐른 연산군 10년 3월, 폐비 윤씨의 죽음이 다시 불거져나왔던 것이다.

서울산업대 사학과 김돈 교수는 결코 이것이 우연이 아니었다고 말한다.

"폐비 윤씨 가족 중 오빠인 윤구의 경우 이미 연산군 2년 종4품의 관직을 받아 입궐을 했고, 갑자사화가 나기 1년 전에는 왕의 비서실이라 할 수 있는 승지를 역임하며 권력 핵심부에 있었습니다. 따라서 폐비 윤씨 사건과 관련해 기본적인 전모는 이미 즉위 다음해부터 대부분 파악했고, 갑자사화 당시에는 임사홍으로부터 들은 얘기는 그 주모자가 선왕의 두 후궁이었다는 얘기 선이 아니었나 보여집니다."

"더 나아가 이 사건은 연산군과 함께 왕의 근위세력을 자처하는 임사홍 등에 의해 주도면밀하게 준비되어 발발한 사건으로 해석될 수 있습니다. 말하자면 연산군은 이제껏 우리가 알았던 감정적인 폭군이 아닌 계획성과 야심을 가진 무서운 인물이었던 거죠."

— 김돈 교수의 인터뷰 중에서

그렇다면 당시 조정에는 어떤 일이 벌어지고 있었을까? 무오사화 이후 연산군은 향락과 사치에 급속히 빠져들었고, 이것은 국가 재정의 위기로 이어졌다. 한 해가 반도 지나기 전에 국고가 바닥났지만 왕의 연회는 계속됐다. 대신들은 날마다 사치를 줄일 것을 간청했지만 연산군의 태도는 갈수록 강경해졌다. 조정에는 다시 긴장감이 돌고 있었다. 그리고 폐비 사건의 전모가 밝혀진 것이다.

실록은 연산군의 측근인 임사홍이 윤씨가 성종의 두 후궁 엄씨와 정씨의 모함으로 폐위됐음을 밀고했다고 적고 있다. 연산군 10년 3월 20일, 연산은 그날 새벽 뒤뜰에서 엄씨와 정씨를 불러내 그 아들인 자신의 이복동생들에게 몽둥이로 때려 타살하게 했다. 이 소문은 곧 조정에 알려지고, 이틀 뒤부터는 본격적인 관련자 색출에 나선다.

> "대통을 계승한 지 10여 년, 항상 마음속으로 근심하고 아파하면서도 어린 탓으로 알지 못하다가 20여 년이 지나서야 이 사실을 알게 되었다. 가슴이 찢어지고 불러도 미치지 못하니 차마 말할 수 있겠는가. 당시 안에서 선동한 자, 밖에서 청원하거나 힘써 막지 않은 자를 죄의 경중에 따라 법으로 다스려 서러움을 다소나마 쫓고저 하니…."
>
> — 〈연산군일기〉 10년 5월

폐비 윤씨의 죽음과 관련해 선동한 자에서 힘써 막지 못한 자, 그들은 다름 아닌 당시 정치운영에 지대한 영향력을 가졌던 재상들이었다. 다음은 갑자사화 관련자의 명단이다.

― 전 영의정 한명회, 전 영의정 한치형 등 20명 부관참시
― 예조판서 이세좌, 정승 윤필상, 김치원 등 사사
― 김굉필 · 홍식 · 강백진 등 20인 참형

- 영의정 성준 고문 후 효수형
- 우의정 이극균 사사 후 능지처참

이중 영의정 성준과 우의정 이극균은 폐비 사건의 주모자는 아니었지만 평소 왕을 능멸하고 주모자들을 옹호했다는 죄목으로 극형에 처해졌다. 뿐만 아니라 이미 한 차례 화를 입었던 사림파 언관들까지 얽어넣어 조정대신 총 52명이 단죄되기에 이른다.

또한 7개월 이상을 끌며 진행된 사화 과정에서 연산군은 폐비의 복수와 관계 없이 공신들의 공적을 재평가해 재산을 거둬들였으니, 사관은 갑자사화가 향락의 재원이 부족했던 연산군이 공신들의 재산을 노리고 벌인 일이라고 증언하고 있다.

이것은 무엇을 의미할까? 갑자사화는 단순한 복수극이 아니었던 것이다. 연산군은 폐비의 죽음을 빌미로 생모의 복수는 물론이요, 자신의 왕권을 제약하려 한 훈구대신 일파를 제거했고, 더 나아가 자신의 최대 고민이었던 향락의 재원까지 마련하는 1석 3조의 효과를 얻었던 것이다. 결국 연산군은 어머니의 죽음마저 자신의 권력을 위한 도구로 이용한 셈이다. 그리고 우리가 그를 폭군이라고 부를 수밖에 없는 또 하나의 이유는 그 처벌 과정의 잔인함 때문이다.

쇄골표풍, 촌참 등 비인륜적인 극형을 개발하다 – 폭정 ③

연산군은 특히 죽는 순간까지 직언을 서슴지 않았던 우의정 이극균에 대한 감정을 풀지 못했다. 이극균에게 사약을 내리고 다시 능지처참형에 처한 후에도 분을 삭이지 못했던 연산군은 '쇄골표풍'이란 형을 한 번 더 내린다.

"이극균 등의 시신을 들판에 버려두고 매장하지 못하게 했으나 반드시
매장하는 자가 있을 것이다. 그 시신을 파내고 해골을 분쇄하여 바람에 날
려버리라."

— 〈연산군일기〉 10년 12월

이것이 쇄골표풍이다. 연산군은 이극균을 비롯해 총 19명의 시신의 뼈
를 부수고 바람에 날려 처리했다. 또 실록 11년부터는 '촌참'이란 형이
자주 나오는데, 김계경이란 내관의 경우를 보자. 김내관이 왕명을 어기
자 낙형이라 해 불에 달군 쇠로 살갗을 지지며 고문을 했고, 촌참형을 내
려 몸의 마디마디를 잘랐던 것이다.

갑자사화 후 더이상 훈구와 사림 그 어느 편으로부터도 견제를 받지
않게 된 연산군, 그의 폭정은 본격화되고 갈수록 잔인해지고 있었다.

이런 폭정의 시대는 곧 침묵의 시대였다. 갑자사화 후 연산군은 그간
왕에게 충고를 해온 홍문관과 사간원을 없애버렸지만 대신들은 반대하
지 못했다. 또한 온갖 기이한 방법으로 언로를 막으니, 이것이 연산군의
네번째 폭정이다.

아무도 말하지 말라 – 폭정 ④

연산군 말년의 궁궐로 가보자. 저만치서 걸어오는 대신 두 명이 보인
다. 사모 앞 뒤로 '忠, 成'을 한 자씩 붙이고 있다

질 문 : 충, 성? 임금께 충성하는 것도 좋지만 모자 앞뒤에 충, 성을 써
　　　　붙이고 다니다니, 좀 심한 거 아닌가?
대신 1 : (흠칫 놀라) 이, 이 사람이 예가 어디라고. 입 조심하라.
질 문 : 이러고 다니면 왕에게 총애를 받겠는가?

대신 2 : 속 모르는 소리 말라. 좋아서 붙인 게 아니라 어명이다. 그뿐인
　　　　줄 아는가? 신언패愼言牌도 차라는 어명이다.

신언패를 건네받아 앞면을 보니 다음과 같은 글귀가 씌어 있다.
'입은 화를 부르는 문이고, 혀는 몸을 베는 칼이니, 입을 다물고 혀를
깊이 간직하면 편하고 안전하리라.'—입조심하라는 경고문이었다.
그 옆에선 대신 두 사람이 책을 태우고 있는 광경이 보인다.

질 문 : 아니, 멀쩡한 책은 왜 태우는가?
대신 1 : 어명이다. 며칠 전 왕을 비방하는 언문 투서가 또 날아들었다.
질 문 : 그러면 범인을 잡아야지 책은 왜 태우는가?
대신 1 : 범인 색출을 한답시고 이미 궐안 사람들의 글씨를 한 자씩 받
　　　　아갔다. 필적을 대조해 잡겠다고 말이다. 헌데 그걸로는 성이 안
　　　　차는지 아예 언문을 쓰지 말라 하셨다.
대신 2 : 먼저 대신들이 갖고 있는 언문 책자들부터 남김없이 태우라는
　　　　어명이다. 이러는 우리들도 답답하다.
대신 1 : 신하들이 고전을 인용해가며 넌지시 임금께 충고를 할 수 있었
　　　　던 경연 자리마저 없어졌고. 큰일이다. 아무도 나라에 대해선 말
　　　　하지 말라 하니 조정 대신들이 모두 귀 먹고 눈 멀고 입까지 막
　　　　혔으니, 깊고 깊은 구중궁궐에 앉아 있는 임금이 어찌 민심을 알
　　　　겠는가?

반면 궁궐 밖 백성들에게 공포의 대상은 삼절린三切隣이었다. 삼절린
은 조선시대의 연좌제로, 벌을 받는 당사자는 물론 주변의 세 집 역시 장
을 때리고 귀양을 보내는 엄벌에 처해졌다. 원래 이 법은 국가 반역죄와

같은 대역죄를 저지른 죄인에게만 적용되던 것이었다. 그러나 연산군 시대에는 궁궐에서 도망간 흥청 한 사람을 잡아들이는 일에도 이 삼절린이 적용되곤 했던 것이다. 뿐만 아니라 왕을 비방하는 말 한마디, 투서 하나까지 대역죄가 되었던 시절, 백성들은 늘 이웃을 감시하고 고발해야 했으니, 결국 조선 백성들의 심성까지 거칠어져갔던 것이다.

그러나 왕을 비방하는 한글 투서와 방은 계속 나붙었고, 연산군은 한글서적들을 불태우고 사용을 금지시키기에 이른다. 당시는 언문이란 질시와 천대 속에서도 한글이 백성들 사이에서 점차 보급되던 시기였다. 그러나 연산군의 탄압책으로 인해 한글은 어렵게 내린 그 뿌리까지 잘려나갔던 것이다. 이렇게 사람들의 심성을 해치고 우리 글의 발전을 가로막은 것, 이것이 연산군의 또 다른 죄였다.

그렇다면 이런 폭정을 자행하던 재위 말년, 연산군은 어떤 생각을 하고 있었을까?

그의 심리 상태를 들여다보자.

심층분석 '연산군의 심리 상태'

연산군 11년 세자를 선왕인 성종에 비유했던 내시를 연산군이 칼로 내리친 사건이 발생한다. 말년의 연산군 앞에서 결코 입에 담아서는 안되는 이름, 그것은 아버지 성종이었다. 뿐만 아니라 연산군은 성종의 기일에 수라상에 고기가 빠졌다며 사냥을 나가는 등 성종에 대한 극도의 반발감을 보이고 있었다. 연산군이 성종에 대해 지나친 행동을 했던 이유는 무엇일까?

"기본적으로는 성종이 양성해놓은 언관활동의 확장이 연산군의 치세에 정치적인 부담이 됐다는 데서 시작됐다고 보인다. 거기에 연산군은 그의

아버지 성종이 이룬 업적을 본인이 쫓아갈 수 없다는 데서 나온 자괴감과
부담감, 이런 것이 원인이 됐다고 생각된다."

— 한국체육대학 심승구 교수

그러나 연산군 11년의 실록은 그가 좀더 심각한 상태였음을 기술하고
있다.

"왕은 두어 해 전부터 광질을 얻어 때로 한밤에 소리치며 일어나 후원을
달렸다. 또 굿을 하면 기뻐하며 스스로 무당이 되어 춤을 추고 노래하니 폐
비의 혼이 와 붙은 형상이었다. 이것을 보고 궁에선 모두 폐비 윤씨의 혼이
씌웠다고 수근댔다."

— 〈연산군일기〉 11년 9월

이런 실록의 증언에 대해 무속을 연구한 서정범 교수는 흥미있는 이야
기를 들려준다.

"이 기록만 봐선 틀림없는 박수무당이다. 강하게 증명이 되는 게 죽은 어
머니에 실려서 말을 한다고 했는데, 이게 바로 무속에서 말하는 빙의憑依현
상이다. 따라서 내림굿은 안 받았지만 강신 상태가 아닌가 싶고, 이는 연산
군의 성장 배경을 봐도 뒷받침된다. 후천적으로 무당이 된 사람 중에 애정
결핍인 사람들이 있다. 어려서부터 어머니 정을 못 받은데다 성종 역시 수
많은 애첩을 거느리며 아들에게 사랑을 충분히 주지 못했지 않았나. 이런
경우 신내림을 받아 무당이 되면 괜찮은데, 왕이니까 그럴 수가 없잖나. 결
국 그로 인한 고통이 그의 폭정과 연결된 게 아닌가 싶다."

그러나 시를 쓰는 순간의 연산군은 또 다른 모습이었다. 〈연산군일기〉에 남겨진 그의 시는 모두 125편, 대부분 폭정이 자행되던 말년에 씌어진 그의 시에는 두려움과 외로움이 배어 있다.

바람 이는 강에 물결 타고 건너길 좋아 마오.
배 뒤집혀 위급할 때 그 누가 구해주리.

— 연산군의 시 중에서

"'내 주변엔 아첨하는 신하들이 많다, 바람 부는 강에 배 뒤집히면 누가 날 구해주겠냐.' 또 다른 시에는 '오늘같이 궂은 날 정무를 위해 나와주니 신하들이 고맙다.' 이런 걸 보고도 그의 정신이 황량했다, 이렇게 단정하긴 어렵다. 맨 끝에 쓴 시, 이게 또 기가 막히다. 반정이 나기 열흘 전 쓴 시인 데, '인생여초로 회합불다시, 인생은 풀잎의 이슬 같아서 만날 날들이 많지 않구나.' 자기 앞날을 정확히 예견하고 있었던 거다."

실록에 남은 연산군의 시를 모아 〈연산군 시집〉을 엮어낸 작가 신봉승 선생은 그의 시인으로서의 감수성을 아쉬워했다.

이렇게 때론 광인이요, 때론 시인으로서의 다양한 심리가 복잡하게 얽혀 있었던 연산군. 그의 이러한 말년의 모습을 현대의학에서는 경계선적 성장장애라고 한다. 때론 정신이상 같고, 때론 냉철한 모습을 보이며 예측하기 어려운 다양한 양상이 나타나는 정신질환이 경계선적 성장장애다. 특히 어릴 때부터 애정 결핍 등으로 인격형성이 될 수 없는 이들에게서 나타나는 현대인의 질환을 연산군이 일찍이 앓고 있었던 것이다. 이 생소한 병의 치료법은 한 가지라고 한다. 늘 곁에서 돌보고 지도해주는 사람이 있어야 한다는 것이다. 그러나 연산 말년, 그의 곁에는 누가 있었는가?

그를 보좌할 경험 많은 재상도, 목숨을 걸고 충고할 신하들도 이미 그의 손에 희생된 상태였다. 이것은 연산군 개인의 불행이 아니라 당시 조선의 불행이었다. 그리고 그 폭정 아래 가장 큰 고통을 받은 것은 다름아닌 백성들이었다.

죽음의 땅, 금표 - 폭정 ⑤

— 근래 갑자년의 공물은 이미 다 쓰고 또 부족하니 내년 공물을 앞당겨 받아야 합니다.

— 더 거두도록 하라. 거두고 또 부족해 또다시 거둔들 무엇이 해롭겠는가.

— 〈연산군일기〉 10년 8월

갑자사화 이후 연산군의 수탈은 본격화됐다. 그해의 세금도 힘에 겨웠던 백성들에게 2, 3년치의 세금을 미리 거둬대는가 하면, 노비와 전답에 각종 명목을 붙여 별도의 세를 부과해, 과중한 세를 감당하지 못한 백성들은 스스로 고향을 떠나야 했다.

또한 연산 10년 8월, 연산군은 금표를 확대해 경기도 일원의 민가를 철거하라는 사상 초유의 명을 내린다. 금표, 이것은 본래 군사 훈련이나 왕의 사냥을 위해 일시적으로 백성들의 출입을 통제하는 지역을 말한다. 그러나 연산군은 민가를 허물고 그 입구마다 금표비를 세워 백성들의 출입을 금지했다. 금표에 들어온 백성은 현장에서 처형되거나 효수형에 처해졌다. 금표는 곧 죽음의 땅이었던 것이다.

이런 금표지역의 범위는 우리의 상상을 뛰어넘는다. 연산 10년 8월,

△연산군과 부인 신씨의 묘. 폐비가 된 부인 신씨의 탄원으로 묘를 강화에서 서울 도봉구 방학동으로 옮겼다.

도성 밖 30리로 확장돼 경기도 고양·광주·과천 등에 살던 백성들이 터전을 잃었고, 연산군 말년인 12년에는 도성 밖 100리로 넓혀져 김포·의정부·하남시 일대는 물론 서쪽으로 인천 앞바다까지가 모두 금표지역이 되었다. 초기 금표지역이 된 고양시의 경우 당시 가구 1천 호, 인구 1만여 명이 살던 곳이었으나, 이들이 모두 남김없이 쫓겨나 황폐화된 땅이 되고 말았다. 경기도 고양시 문화재 관리위원 정동일씨의 얘기다.

"말년에 내려진 금표지역은 반정이 일어나면서 다 시행되진 못한 것으로 보인다. 그러나 초기에 금표지역이 된 이곳 고양시의 경우는 한마디로 혁파당했다. 만 명 정도 되는 백성들을 모두 길거리로 몰아냈던 것이다. 초기 시행령이 내려졌던 파주나 경기도 광주도 마찬가지다. 그 기간 사이의 역사가 한 줄도 남아 있질 않다."

금표지역에는 목책과 담장을 쌓아 왕의 사냥 행렬을 볼 수 없게 했다. 만 명의 군사와 수백 명의 흥청이 동원된 사냥은 향락과 쾌락으로 이어졌고, 하루아침에 거리로 나앉은 백성들은 먹을 양식이 없어 굶어죽은 시체가 숭례문 밖에 산처럼 쌓여 있었다고 실록은 적고 있다. 연산군 당시의 금표비는 1994년 고양시에서 발견됐다. 금표비는 수백 년간 땅 속에 묻혀 있었는데, 연산군이 폐위되고 금표가 해제될 때 백성들이 치를 떨며 뽑아 묻어버렸던 것으로 추정되었다. 그만큼 백성들의 원망은 극에 달했던 것이다.

궁궐 밖에는 굶어죽은 백성들의 시체가 쌓여 있었지만 연산군은 흥청을 옆에 끼고 노래했다.

"외침은 없고 조정엔 청명한 신하가 많으니, 태평성대로세…."

그러나 단지 왕 한 사람을 위한 이 태평성대는 오래 가지 않았다.

결국 그는 역사의 심판을 받으니, 조선 역사상 최초의 반정이 일어났던 것이다.

반정反正으로 역사의 심판을 받다

때는 연산군 12년 9월 2일.

박원종·성희안 등이 주도한 반정군은 궁궐로 진입해 연산군을 폐위시킨다. 내관들은 모두 도망가기에 바빴을 뿐, 왕을 보호하는 자는 없었고, 아무런 저항 없이 반정은 성공했다. 그리고 이튿날, 연산군의 이복동생인 진성대군이 반정군에 의해 새로운 왕으로 추대되었다. 그가 바로 조선의 11대 왕 중종이다.

왕위 교체는 이전에도 있었지만 중종의 즉위는 특별히 반정이라고 부른다. 반정反正이란 바른 것으로 되돌린다는 뜻이다. 이런 왕위 교체를 굳이 반정이라고 부르는 이유는 이전 정치에 대한 부정의 의미를 갖고 있기 때문이다. 또한 그 과정이 신하들의 주도로 이뤄졌다는 점 역시 다른 점이다.

그렇다면 중종반정은 과연 그 뜻대로 모든 것을 바르게 돌렸을까? 중종은 중단됐던 경연을 다시 실시하고 홍문관과 사간원을 복구시킨다. 그리고 금표를 해제해 백성들을 고향으로 돌아오게 했고, 피해가 극심한 지역은 다음 추수까지 세를 연기해주는 정책을 폈다. 그러나 폭정이 남긴 상처는 쉽게 회복되지 못했다.

또한 반정 이후 조정은 연산군을 폐위시킨 반정 주역들을 중심으로 운영이 이루어진다. 하늘이 내린 임금이 아닌 반정 주역에 의해 추대된 임금, 중종. 그리고 무려 130여 명이 넘는 반정 공신들. 반정은 조선 역사에 한 획을 그었던 것이다.

"폭정한 임금을 신하들이 폐위시키고 새 왕을 추대했다, 중종반정의 의미는 거기서 그치지 않는다. 연산군 때까지를 보면 조선의 역대 왕은 상당히 강력한 왕권을 행사했다. 따라서 붕당을 이룬다거나 왕이 부르는데 오지 않고 하면 왕명을 거역한 중죄로 취급됐는데, 그 이후론 달라진다. 이것은 연산군의 폭정이 중요한 교훈이 되어 왕의 권력이 적절한 수준에서 견제되어야 한다는, 조선정치 변화의 기점이 되었기 때문이다."

— 수원대학교 오종록 교수

결국 연산군은 사림이 등장하면서 시작된 여론정치를 왕권에 대한 도전으로 인식했고, 훈구와 사림이란 두 세력의 갈등을 도리어 자신의 왕권 강화를 위해 악용했다. 그 결과 자신만을 위한 권력을 휘두르며 희대의 폭군으로 남았던 것이다.

폭군이 역사에 남긴 또 하나의 폭정

반정 후 연산군은 왕자의 신분으로 강등된 채 강화도 교동에 유배됐고, 유배 두 달 만에 병으로 사망했다. 31살의 짧은 생이었다. 조선의 열 번째 임금, 재위 기간 11년 8개월, 조선의 역대 임금 중 최고의 절대권력을 향유했던 연산군. 결코 짧지 않은 기간, 조선의 임금이었던 그는 그러나 조선왕조가 끝나는 날까지 종묘에 모셔지지 못했다. 그를 부르는 칭호 역시 왕에 붙이는 조, 종이 아닌 왕자의 칭호, 연산군으로 불린다.

실록의 명칭 또한 역대의 임금들과 구분해 실록이 아닌 〈연산군일기〉다. 그러나 이미 그의 손에 의해 상당 부분 지워지고 훼손된 사초로 만들어진 이 실록은 가장 부실한 실록 중 하나가 될 수밖에 없었고, 내용도 다양한 사회상 대신 왕의 어명과 실정의 잔재로 채워진 그의 시대, 결국 이 시대의 역사는 제대로 기록될 수도, 전해질 수도 없었던 것이다. 그리고 이것은 연산군이 영원히 역사에 남긴 또 하나의 폭정이었다.

■글/이혜진

2
언관 채수가 귀신 이야기를 쓴 까닭은?
― 최초 공개 : 조선의 금서, 〈설공찬전〉

한글 소설 〈설공찬전〉, 마침내 세상에 모습을 드러내다

예나 지금이나 '귀신 이야기'는 묘하게 사람들의 호기심을 자극하는 구석을 갖고 있는 모양이다.

조선 중종 때인 1508년 무렵, 채수蔡壽라는 인물이 쓴 귀신 이야기인 〈설공찬전薛公贊傳〉은 당시 백성들에게도 상당한 인기가 있었다고 한다. 그리고 그 책은 결국 금서의 딱지가 붙게 되어 책들이 불살라졌고, 숨기고 내놓지 않는 자는 처벌하라는 명령까지 내려지게 된다.

그렇다면 귀신 이야기라는 〈설공찬전〉이 대체 어떤 내용이었는지, 그 '귀신 이야기'의 한 토막을 들어보기로 하자.

어느 저녁, 설충수네 집 식구들이 밥상에 둘러앉아 밥을 먹고 있었다. 이때 설충수의 아들인 공침이 갑자기 숟가락을 오른손에서 왼손으로 옮겨 쥐더니 그악스럽게 밥을 퍼넣는 것이었다.

그러자 아버지인 설충수는 아들 공침에게 그 까닭을 물었다.

"공침아, 어찌하여 왼손으로 수저질을 하는 게냐?"

아버지의 물음에 고개를 든 공침. 그러나 그의 얼굴에는 이미 소년다운 말간 표정은 간 데 없고, 음산하고 싸늘한 표정으로 뒤덮여 있었다. 그러면서 대답하길,

"숙부님, 뭘 그리 놀라시오? 저승에서는 다 이렇게 왼손으로 수저질을 한다오."

이미 그 목소리는 아들의 것이 아니었다.

놀란 설충수와 가족들은 뒤로 나자빠질 지경이었다.

"뭐, 뭣이… 대체 넌 누구냐?"

"작은아버지, 저 설공찬이를 잊으셨습니까? 저는 5년 전에 죽은 조카 공찬입니다."

이렇듯, 죽은 자의 혼령이 산 자의 몸을 빌려 대꾸하는 것이었다.

그후로도 공침은 귀신인 공찬의 넋이 들어와 있으면 세 끼 밥을 모두 왼손으로 먹었다.

뿐만 아니라 이 일로 병을 얻게 되어 자리에 누운 공침은 피골이 상접해졌고, 마침내 고을의 귀신 쫓는 김석산이를 부르기에 이른다.

자리에 누운 공침이 자신을 내려다보고 있는 부모를 붙잡고 애원했다.

"어머니, 공찬의 귀신이 날마다 저를 괴롭히니, 저는 서러워 죽겠습니다."

"그래, 그래. 조금만 참고 기다리거라. 내, 귀신 쫓는 사람을 불렀으니, 다시는 공찬이 귀신이 너를 괴롭히지 못하게 할 것이다."

아버지는 이렇게 대답하며, 아들의 손을 꼭 쥐어주었다.

순간, 공침의 얼굴빛이 다시 사색이 되며, 비명을 질러댄다.

"아, 아, 아버지, 저기 또 공찬이 귀신이 와요, 저기, 저기요!"

어느새 싸늘하게 표정이 변한 채 음산한 목소리를 내며 설충수를 바라

보는 공침.

"숙부님, 귀신 쫓는 사람을 부르셨다구요? 어림없는 소리, 만일 그 자가 이 문 안에 한발짝만 들어선다면 숙부의 얼굴을 흉측하게 만들어버릴 테니 그런 줄 아시오!"

"뭐, 뭣이라고!"

설충수는 기겁을 하지 않을 수 없었다.

이때 마침 김석산이 사립문을 열고 들어오며 사람을 찾았다. 그러나 설충수는 그를 그냥 돌려보내는 수밖에 없었다….

어디선가 한 번은 들어보았음직한 별로 낯설지 않은 이야기이다. 이 〈설공찬전〉의 존재가 세상에 알려진 것은 지난 71년. 그후 학계의 비상한 관심을 모아오던 조선의 금서 〈설공찬전〉은 올해 5월, 한 국문학자에 의해 그 한글본이 극적으로 발견되었던 것이다.

남의 책 안쪽에 적혀져 500년이나 잠자고 있던 사연은?

고문서 전문가인 서경대 이복규 교수는 지난 5월, 국사편찬위원회로부터 뜻밖의 연락을 받았다.

조선 초기의 문사 이문건이 쓴 일기의 복사본인 〈묵재일기〉 이면에 얼른 알아보기 힘든 한글 문장이 실려 있는데, 그것을 좀 해독해달라는 것이었다.

문제의 책은 당시의 선비들이 그랬듯이 먹물이 배어나지 않도록 두 겹으로 접어서 그 위에 글을 적었고, 발견된 한글 기록은 바로 그 겹으로 된 종이의 안쪽에 기록되어 있었던 것이다.

안쪽에 적힌 글을 읽어내려가던 이교수는 순간 자신의 눈을 의심하지 않을 수 없었다. 바로 거기에는 말로만 듣던 〈설공찬전〉의 전문이 숨겨져 있었기 때문이었다.

맨 먼저 작품의 정확한 제목이 '설공찬이' 라는 사실이 확인되었고, 그 외에 설충란, 설충수 등 다른 등장인물들과 구체적인 내용이 차례로 밝혀지게 되었다.

즉, 이 '설공찬이' 는 〈양아록〉이라는 육아일기를 썼던 조선 초기의 문사 이문건의 〈묵재일기〉 안쪽 면에 적혀진 채 500여 년의 긴 세월 동안 잠자고 있다가, 마침내 지난 5월 한 학자의 눈에 띄어 세상에 그 모습을 드러내게 된 것이다.

이렇게 남의 책 안쪽에 마치 몰래 적어넣은 것처럼 기록되어 있는 것만 보아도 〈설공찬전〉이 그 시대에 사회로부터 얼마나 따가운 눈총을 받았었는지를 쉽게 짐작해볼 수 있다.

실제로 실록을 들춰보면, 중종 6년 9월에 처음 〈설공찬전〉에 대한 공방이 나오는데, 9월 2일에 사간원에서 중종에게 다음과 같은 보고를 올린 기록이 있다.

"채수가 〈설공찬전〉을 지었는데, 내용이 모두 화복이 윤회한다는 논설로, 매우 요망한 것으로 사료되오며, 중외中外가 현혹되어 믿고서 문자로 옮기거나 언어로 번역하여 전파함으로써 민중을 미혹시키고 있습니다."

위에서 보듯이, 이 이야기는 한문이나 한글로 베껴써가면서까지 서로 돌려읽을 정도로 사람들 사이에 큰 인기를 끌었던 모양이다.

그렇다면 〈설공찬전〉이 그렇게 백성들의 관심을 끌었던 이유는 어디에 있었을까?

그 몇 가지 이유들을 짚어보기로 하자.

사실 많은 기록들이 〈설공찬전〉에 대해 적고 있는데, 그중 〈대동야승〉

△〈묵재일기〉 이면에서 발견된 〈설공찬전〉.

에는 이런 내용이 적혀 있다.

"설씨 집안의 일을 그대로 기록하여 백성들을 미혹하니…."

그렇다면 이는 꾸며낸 이야기가 아니라 실제 이야기라는 말일까?
또한 〈설공찬전〉을 직접 읽었다는 어숙권의 〈패관잡기〉를 살펴보자.
그 말미에는 이런 글이 실려 있다.

"모두가 말과 글을 그대로 적어 전할 뿐, 한 자도 덧붙이지 않아, 모두로
하여금 믿게 하려 한 것이라…."

허무맹랑한 이야기가 아니라 실화였다는 이 기록, 바로 이런 점 때문
에 백성들은 더욱 귀가 솔깃했던 것이다.

그렇다면 설공찬은 실존인물?

과연 그럴까?

그렇다면 우선 〈설공찬전〉 원본과 당시의 관련기록들을 통해 소설 속에 등장하는 설씨 인물들을 조사해보기로 하자.

〈설공찬전〉에 나오는 설씨 집안 인물은 모두 다섯이다. 설공찬이 증조부라 말한 설위, 그리고 귀신 공찬의 아버지인 설충란, 숙부인 설충수, 공찬이 몸을 빈 사촌동생 설공침, 그리고 이야기의 주인공인 설공찬이다.

마침내 족보연구가의 도움을 얻어 설薛씨 성의 두 계파인 경주 설씨와 순창 설씨 중, 순창 설씨의 족보에서 설위라는 이름을 찾아낼 수 있었고, 그의 문중을 찾아가 그 가계에 대해 좀더 상세한 정보를 얻을 수 있었다.

공찬의 증조부인 설위는 실제로 대사성까지 지낸 인물이며, 족보를 통해 그의 아들 중 설충란과 설충수까지를 확인할 수 있었다.

그렇다면 소설의 주인공격인 공찬과 공침도 족보에서 그 이름을 찾기가 시간 문제일지도 모른다.

그런데 이게 어찌 된 일일까?

설공찬 대의 항렬자가 공자인 것만은 틀림없는데, 아무리 뒤져봐도 설공찬은 물론 공침까지도 그 이름을 찾을 수가 없었다.

채수는 이렇게 당시 실존인물들을 절묘하게 등장시키는 실감나는 장치를 이용함으로써, 사람들이 마치 실제의 이야기인 것처럼 그 이야기의 마력에 속수무책으로 끌려들게 만들었던 것이다.

이로 인해 '설공찬이' 는 빠른 속도로 전파되었고, 조정에서 〈설공찬전〉에 대한 애기가 처음 거론된 지 불과 사흘 뒤인 중종 6년 9월 5일, 중종은 마침내 내용이 요망하고 허황되니 금지함이 옳다고 하면서, 금서라는 붉은 딱지를 붙이기에 이른 것이다.

하지만 한 가지 의문을 피할 수가 없다.

당시 윤회화복이나 사후세계를 다룬 소설이 〈설공찬전〉만은 아니었는데, 왜 유독 이 책만이 금서로 지목되게 되었을까 하는 점이다.

그런 종류의 책들로 당시에 유행했던 대표적인 것을 꼽는다면 〈금오신화〉와 〈전등신화〉를 들 수 있다.

명나라 사람인 구우瞿佑가 쓴 〈전등신화〉는 불교와 도교의 철학을 바탕에 깐 심오한 작품으로 평가받고 있는데, 그 속에 등장하는 21편의 이야기가 사후세계를 배경으로 삼고 있다. 이승과 저승, 죽은 자와 산 자 사이의 교류를 담고 있는 것이다. 하지만 그 탁월한 문장과 그 안에 담긴 풍부한 문학적 비유로 인해 중국은 물론 조선과 일본, 멀리 베트남의 문인들에게까지 널리 사랑을 받았었다. 특히 문장을 수련하는 조선의 선비들에게 〈전등신화〉는 교과서적인 작품으로 널리 읽혀졌었다.

또한 매월당 김시습이 세조 때 썼던 〈금오신화〉 역시 그 내용이 방대하고 심오하며, 사후세계를 배경으로 삼고 있다. 이러한 소설들은 〈대동야승〉〈패관잡기〉 등 당시 많은 기록들을 통해 상당수가 전해오고 있고, 일부는 단순한 이야기의 형태를 넘어 귀신과 사후세계에 관한 학술적인 이론으로까지 발전한 사례도 있다.

한림대 국문학과 오춘택 교수의 설명에 따르면, 〈설공찬전〉 같은 소설이 채수에 의해 갑자기 등장한 것이 아니며, 당시 지식인들은 철학적 관점에 바탕을 둔 귀신에 대한 상당한 지식을 갖고 있었던 것이다. 김시습은 '귀신설'을, 남효은은 '귀신론'을, 서경덕은 '귀신사생론'을 발표하기도 했다. 〈설공찬전〉 전후에 발표된 소설들이 대부분 이렇게 귀신을 다루고 있으며, 그 가운데서 유독 〈설공찬전〉을 지은 채수만이 치죄의 대상이 되었던 것이다.

그렇다면 다른 소설들에 비해 내용도 가장 단순하고, 분량도 7장 정도 밖에 되지 않는 이 짧은 소설만이 금서로 규정되어 불태워졌던 까닭은 과연 무엇일까?

여기서 우리는 저자인 채수란 인물에 대해 주목해볼 필요가 있다.

앞에서 살펴본 것처럼 당시에는 귀신이 등장하는 소설들이 상당수 있었다. 예를 들어 〈금오신화〉를 쓴 김시습 같은 인물은 생육신의 한 사람이자 대표적인 기인으로서, 이미 속세에 뜻을 잃고 세상을 떠돌아다니는 인물이었다. 그런 사람이 쓴 저승 이야기라니, 그러려니 하고 넘어갈 수도 있었을 것이다. 하지만 〈설공찬전〉을 쓴 채수는 그와는 전혀 다른 인물이었던 것이다.

조선 초기 사림파의 거두 김종직의 문인이자, 용재 성현과 학문을 겨루었던 나재懶齋 채수.

그는 21살이 되던 1469년, 과거에 급제하면서 관직에 첫발을 내딛는데, 그해 치러진 세 단계의 과거인 관시 · 회시 · 전시에서 모두 1등을 하는 진기록을 세운다. 관시는 성균관 유생이 응시하는 시험이었고, 회시는 정기적으로 치르는 대과거, 그리고 전시는 임금 앞에서 치르는 시험인데, 여기서 모두 1등을 한 것이다. 이런 예는 세종 때의 이석형李石亨과 채수, 단 두 사람뿐이었다.

성종은 이러한 채수를 크게 신임하여 독서당학사로 선발했고, 〈세종실록〉과 〈예종실록〉의 편찬자로 임명하기도 했다. 그는 붓을 잡으면 거침없이 문장을 써내려갔고 내용 또한 탁월하여, 누가 글을 잘 쓰면 나재 채수의 글솜씨 같다는 비유가 있었을 정도라니, 보통 인물이 아니었던 것만은 분명하다.

특히 인재를 널리 등용했던 성종의 총애를 받아, 채수는 약관 34살의 나이에 대사헌에 오르는 영예를 얻는다. 이때 성종은 이 일을 매우 흡족해하며 채수에게 손수 금허리띠를 둘러주었을 뿐 아니라, "너무 강하지도, 약해지지도 말라"는 말로 친히 언관의 덕목을 일러주기도 했다고 한다.

채수는 이렇게 성종의 총애 아래 유교질서의 감시자 역할을 하는 언관이었을 뿐만 아니라, 유교사회에서 뛰어난 학식과 문장으로 주위의 존경을 받던 인물 중 한 사람이었다. 그런 그가 난데없는 귀신 이야기를 썼으니, 당연히 그 파문은 이만저만이 아니었던 것이다.

〈설공찬전〉은 당장 금서로 지목되어 불태워졌고, 사헌부에서는 혹민, 혹세한 죄명으로 저자인 채수를 교수형에 처하자고 주장하기에까지 이른다. 하지만 중종은 이를 허락치 않고, 다만 파직을 시키는 것으로 일을 마무리지었다.

유교적 기틀 잡기의 희생양

아무리 그래도 귀신 이야기책 한 권 썼다고 해서 교수형에 처하자는 주장까지 나오다니, 너무 심한 처사가 아닐까?

이를 이해하기 위해서는 좀더 상세한 당시의 시대적 배경을 살펴볼 필요가 있을 것 같다.

〈설공찬전〉 파문이 있었던 것은 1511년. 중종 즉위 6년째 되던 해였다. 당시 조정은 연산군으로 인해 어지러워진 나라의 질서를 바로잡는 데 전력을 기울이던 때였다.

연산군 때 없어진 경연을 다시 시작했으며, 쫓겨났던 사관도 다시 편전 안으로 불러들였다. 그리고 사회적으로는 어지러워진 유교적 사회질서와 윤리를 되살리고자 힘썼으며, 미신을 타파하는 데도 심혈을 기울였던 것이다. 이를 위해서 향촌의 질서를 되살리기 위한 〈향약조목〉을 간행하기도 하고, 전국적으로 향약을 실시했다.

유교적 도덕과 미덕을 그 내용으로 하는 〈소학〉이나 〈삼강행실도〉와 같은 책을 한글로 펴내어 백성들에게 보급하는 데도 소홀함이 없도록 했다.

이런 움직임과 함께 유교적 이념과 상충되는 불교나 무속은 속속 정리되어갔다. 중종 2년에는 승려들의 과거응시를 금했고, 중종 3년에는 무당이 잡신을 섬기며 귀신을 부르는 굿을 하지 못하게 했다. 도교제사를 지내던 소격서를 혁파하자는 논의가 거세어진 것도 바로 이즈음의 일이다.

바로 이런 분위기 때문에 채수의 〈설공찬전〉은 실록사상 개인의 저작물로서는 가장 최초로 금서가 되었던 것이다.

물론 채수 이외에도, 정치이념에 도움이 되지 않는 내용의 소설이나 글을 써서 처벌을 받은 인물이 있기는 하지만, 이런저런 사회적 분위기를 감안한다 하더라도 교수형까지 언급되었던 인물은 그가 처음이다.

그렇다면 아직 우리가 읽지 않은 〈설공찬전〉의 뒷부분에 교수형에 해당될 만한 그런 불온한 내용이 들어 있었던 것이 아닐까?

잠시 쉬어가는 뜻에서, 설공찬의 안내를 받아 그 뒷이야기에 해당하는 저승 구경을 한번 해보도록 하자.

곳곳에 연기가 피어오르는 가운데 군데군데 사람들의 모습이 보이기도 하고, 찬찬히 사방을 둘러보니 어둡고 침침한 기분 나쁜 곳이 있는가 하면, 보기만 해도 마음이 편안해지는 아주 환한 곳도 있다.

가장 먼저 구석에 앉아 괴로워하는 죄인 차림의 한 남자가 눈길을 끈다.

그의 이름은 애박. 중국 명나라 성화 황제 총애를 받던 간신이다. 황제는 그래도 그를 잘 봐달라고 염라대왕에게 특별히 부탁까지 했지만, 이 승에서의 권세가 저승에서는 통하지 않는지, 결국 염라대왕은 황제가 보는 앞에서 애박의 두 손을 잘라버렸던 것이다.

그 모습은 차마 보고만 있기에도 처참하여, 이번에는 눈길을 밝은 곳으로 돌려본다.

환한 등불 아래서 깨끗한 옷차림의 선비가 단정하게 앉아 낭랑한 목소리로 글을 읽고 있다.

공찬의 설명에 따르면, 그는 이승에서 임금에게 충언을 하다가 억울하게 죽은 관리인데, 비록 임금의 노여움을 사서 저승에 왔지만, 충언을 한 덕분에 저승에서는 저렇게 귀인 대접을 받는 것이라고 한다.

거기서 얼마 떨어지지 않은 곳에서는 한 여인이 다소곳이 자리를 잡고 앉아서 손에 붓을 쥐고 무엇인가 열심히 적고 있는 모습이 보인다. 그 여인은 이승에서는 그저 평범한 아낙이었지만, 보기 드물게 글에 밝았다고 한다. 그래서 저승에서는 어엿한 직분을 얻게 되었고, 이곳에 오는 사람들의 명단과 신상명세서를 작성하는 일을 맡고 있다. 이승에서라면 사대부나 할 수 있는 일이고, 여자는 언감생심 꿈도 꿀 수 없는 일이다. 저승에서는 바로 남녀차별의 악습이 존재치 않는 것이다.

신기하고 놀란 마음을 애써 진정시키려 하는데, 등 뒤쪽에서 청천벽력 같은 소리가 들려왔다.

"네 이놈, 네놈이 신하 된 몸으로 왕을 죽이고 그 자리를 훔쳐놓고도 웬 말이 그리 많단 말이냐, 이 고얀 놈!"

진노한 목소리의 주인공은 바로 염라대왕이며, 저승사자에게 매달리며 살려달라고 아우성치는 인물은 당나라 사람인 주전충이다. 그는 당나라의 신하였다가 결국 임금을 배반하고 반란을 일으켜 양나라를 세웠던 것이다.

주전충은 염라대왕 앞에서 손이 발이 되도록 빌며 자신의 죄를 용서해 달라고 매달렸지만, 그 정도에 넘어갈 염라대왕이 아니었다.

"이놈을 당장 지옥불에 처넣어라!"

잠시 설공찬이 안내한 저승세계를 둘러보았는데, 대체로 우리가 알고 있던 상식적인 저승과 크게 다른 점은 없는 것 같다. 그런데 한 가지 주목할 만한 점은 설공찬이 본 저승의 인물들 중에 유독 간신·충신·반역자 등 정치적인 인물이 많다는 것이다.

〈설공찬전〉에 이르길,

"이승에서 어진 재상이면 죽어서도 재상으로 다니고, 이승에서 비록 여인일지라도 약간의 글을 하면 저승에서 일을 맡아 잘 지낸다. 이승에서 비록 임금을 하였더라도, 주전충 같은 자는 다 지옥에 있었다…"

그렇다면 채수는 과연 이런 이야기를 통해 사람들에게 자신의 어떤 속내를 토로하고 싶었던 것일까?

언관 채수가 선택한 신하의 길

〈설공찬전〉이 씌어진 것은 중종반정이 있는 지 불과 2,3년 무렵, 그런데 반정을 통해 왕위에 오른 임금과 간신배들은 모두 지옥에 떨어진다고 하니, 그 당사자들이 이런 이야기를 접했을 때 얼마나 간담이 서늘했겠는가.

바로 이 부분이 중종과 반정공신들을 자극했던 듯하다.

그러고 보면 채수는 참으로 대담한 데가 있는 인물이었으며, 실제 채수는 언관으로 있을 때 상당히 민감한 사안까지도 남의 눈치를 보지 않고 과감하게 얘기했던 인물이다.

그는 특히 성종에게 총애를 받았었는데, 동시에 성종을 가장 불편하게 만드는 인물이기도 했다. 왜냐하면 늘 첨예한 정치사안을 서슴지 않고 거론하는 대쪽 같은 언관이었기 때문이다.

언관 채수의 예리한 붓은 성종 8년, 임사홍 부자의 비리를 폭로한 것
으로부터 시작됐다. 당시 임사홍 부자는 세도 당당한 외척으로 권력을
함부로 휘둘러 그 폐해가 심각했으나, 후환을 두려워하여 아무도 이를
공론화하지 못하고 있었다. 이 상소를 올린 후 채수는 성종의 노여움을
사게 되어 결국 파직을 당했지만, 그 직후 임사홍 부자도 조정에서 축출
되게 된다.

그로부터 5년 뒤, 성종의 부름으로 다시 언관이 된 채수. 이제는 그의
붓끝이 좀 무뎌졌을 만도 한데, 그는 다시 한번 미묘한 정치사안을 거론
하기에 이른다. 사육신 관련자의 방면을 주장하는 간곡한 상소를 올린
것이다. 채수의 이러한 상소는 마침내 성종의 마음을 움직였다. 사육신
과 관련되어 투옥되었던 수백 명이 풀려났고, 이는 사육신의 복권문제로
까지 발전했다.

그러나 채수는 여기서 멈추지 않았다. 대사헌에 자리에 오르던 해, 그
는 성종 앞에 나아가 폐비 윤씨 문제를 거론하기에 이른다. 당시 조정에
서는 한때 국모였던 폐비 윤씨를 궐 밖에 그렇게 방치해서는 안된다는
여론이 일고 있었지만, 성종의 노여움이 두려워 감히 누구도 먼저 말을
꺼내지 못하고 있었다.

사실 폐비 윤씨의 일을 거론한다는 것은 성종과 인수대비에 대한 도
전, 즉 왕실에 대한 도전이나 다를 바 없었으니, 당연히 금기시될 수밖에
없었다. 하지만 당시 세자인 연산군이 성장하면서 그런 여론이 없지 않
았고, 성종 스스로가 강개한 인물이라 특별히 총애하여 대사헌에 앉혔던
채수가 먼저 그 일을 언급했던 것이다.

— 서울산업대 사학과 김돈 교수

폐비에 대한 성종의 노여움은 깊었고, 더구나 가장 신임했던 채수가
폐비를 옹호하고 나서자 성종의 진노는 하늘을 찌를 듯했다.

결국 채수는 국문 끝에 파직을 당하고 고향으로 돌아온다.

조선 초기 사림파의 거두였던 조위는 채수의 행적을 이렇게 칭송했다.

"당시에 독수리 한 마리가 조정에 있어
평생에 철석 같은 간장이라 자부했도다
일편단심 성왕에게 보답코저 했건만은
위태로운 말 자주 하여 성안을 범하누나."

그러나 채수의 고난은 거기서 그치지 않았다. 채수는 폐비와 관련하여 그 죄상을 역사에 남겨야 한다는 주장을 했었는데, 연산군 시대에 그 사실이 발각됨으로써 끝내 유배를 당하고 마는 신세가 되는 것이다.

그리고 채수가 바른 말 한 죄로 유배를 갔다가 다시 정계로 복귀했을 무렵, 연산군의 폭정에 몸을 사리고 침묵하던 일부 인물들은 연산군 축출 계획을 세우고 있었다.

연산군이 폭군이라는 사실은 세상 사람이 다 아는 일이고, 그의 노여움을 사서 유배생활까지 했던 채수였지만, 그럼에도 왕을 쫓아낸다는 데 대한 채수의 생각은 남들과 달랐다.

술에 곯아떨어진 끝에 반정공신에 오른 채수

연산군 축출 당시 채수가 어떤 생각을 갖고 있었고, 또 어떤 태도를 보였는지에 대해서는 채수의 문집 가운데 중종 당시 홍문관 부제학을 지낸 이연이 쓴 채수의 행장을 보면 무엇보다 소상히 알 수 있다.

중종반정 당시 박원종·성희안 등은 반정의 명분을 세우기 위해 사람들의 존경을 받는 명현지사를 끌어들이려 했고, 이때 이들이 지목한 인물 중 한 사람이 바로 채수였다.

△채수의 위패를 모시고 있는 상주의 임호서원.

　하지만 채수는 결코 반정에 동조할 인물이 아니었으며, 임금의 잘못은 충언으로 바로잡는 것이 신하의 길이라고 생각하는 사람임을 이들도 모르지 않았다. 그렇기에 이들은 채수를 끌고라도 오든지, 아니면 목이라도 베어와야 한다고 생각했다.

　때문에 반정 주모자 중의 한 사람인 사위 김안로의 걱정은 이만저만이 아니었다. 상황을 불 보듯 뻔히 알고 있었기 때문이다. 만약 채수가 가지 않는다면, 기다리는 것은 죽음뿐이었다. 채수를 살리기 위해서는 어떻게든 그를 현장에 데려가야만 했다.

　고민하던 김안로는 꾀를 내어 그날 저녁 채수에게 인사불성이 되도록 술을 권한다. 결국 채수는 술에 곯아떨어졌고, 사위 김안로는 장인을 들쳐업고 사건현장으로 달려갔다.

　이렇게 얼떨결에 사건현장에 있게 된 채수는 정신이 들자 불같이 성을 내며 "대체 이게 무슨 해괴한 짓들이오?" 하고 소리쳐보았지만, 이미 때는 늦어 있었다.

결국 사건현장에 있었다는 이유로 그 역시 반정공신의 한 사람에 오르게 되었고, 그 충격으로 채수는 스스로 관직에서 물러나고 만다.

그리고는 시골에 파묻혀 야인생활을 시작하게 되는데, 채수가 〈설공찬전〉을 쓴 것은 바로 이때였다.

약관의 나이로 관직에 올라 임금의 총애를 한몸에 받는가 하면, 파직과 유배, 그리고 원치 않는 반정공신의 자리에 오르는 등 온갖 우여곡절을 겪어온 그가 이즈음에 과연 무엇을 보았으며, 무슨 생각을 했던 것일까?

세태에 대한 언관 채수의 서릿발 같은 경고

경상북도 상주시 이안면. 중종반정 이후, 채수는 이곳에 쾌재정이란 정자를 세우고 말년을 보냈다. 당시 조정에서는 새 임금을 세운 반정공신들이 새 세상을 만들어갈 것이라 공언했지만, 현실은 그렇지가 못했다. 몰염치하고 부도덕한 정치행태―이는 권력을 손에 쥔 이들의 한치도 다를 바 없는 모습이었다. 임금까지 쫓아내고 태평성대를 이룩하자던 반정공신들은 모두들 제몫 챙기기에 혈안이 되어 있었다.

〈중종실록〉 1년 12월 7일의 기록을 살펴보면, 반정이 있은 지 석 달이 채 못 되었는데 대간들로부터 공신 명단을 새로이 작성해야 한다는 상소가 줄을 잇는다. 한마디로 공신의 수가 너무 많아 나라의 기둥뿌리가 휘청거릴 정도였기 때문이다.

예를 들어 태종 때는 개국공신이 45명, 인조반정 관련 공신도 53명에 불과한 데 반해, 중종반정 때 박원종 등의 추천으로 확정된 공신은 무려 126명, 이는 7년간의 국난을 극복한 임진왜란 관련 공신의 수보다도 많은 인원이었던 것이다.

이렇게 공신이 많았던 이유는 박원종 · 성희안 · 김수동 등 반정의 주모자들이 반정에 참여하지도 않은 친인척의 이름까지도 공신명단에 올렸기 때문이다. 후에 중종은 이들을 가려내어 공신 자격을 다시 심사하라고 명했는데, 그 수만도 무려 70명이 넘었다.

그런데 사람들이 이렇게까지 기를 쓰고 공신대열에 오르려 한 데는 물론 다 그만한 이유가 있었다.

공신이 되면 우선 본인의 벼슬은 최고 3등급, 그 가족들의 직분은 최고 2등급이 높아진다. 또한 최고 30명의 노비와 저택, 그리고 100결에서 250결에 이르는 공신전을 받았는데, 이는 세금을 내지 않아도 되는 면세전이었다. 또한 후손들은 과거를 치르지 않고도 관리가 될 수 있었으니, 한마디로 자손대대 영화를 누릴 수 있는 엄청난 특혜가 주어졌던 것이다.

이런 공신이 무려 100명이나 생긴다는 것은 백성들의 부담이 그만큼 커진다는 것을 의미했다. 민초들은 연산군 시대, 금표에 의해 빼앗겼던 땅의 상당 부분을 또다시 공신전으로 빼앗기게 된 것이다. 폭군은 쫓겨났지만, 백성들의 고통과 조정에 대한 원성은 크게 달라진 것이 없었다. 채수가 〈설공찬전〉을 쓴 것은 바로 그런 즈음이었다.

세도 당당했던 외척 임사홍 부자의 비리를 폭로하여 이들을 정계에서 몰아냈던 언관 채수, 성종에게 나아가 폐비 윤씨의 일을 말하던 언관 채수.

그런 그가 연산군 축출과 반정공신들의 탐욕스러운 이권다툼을 지켜보면서 과연 어떤 생각을 했을까?

채수의 문집에도 실리지 못한 조선의 금서, 〈설공찬전〉.

3천여 자, 7장에 불과한 이 짤막한 귀신 이야기는 세상의 흔하디흔한 그런 납량소설이 아닌 것이다. 이 소설은 어쩌면 당시의 세태를 향한 언관 채수의 서릿발 같은 경고였는지도 모른다.

왕의 잘못을 바로잡는 신하는 간 데 없고, 충언 대신 반정을 택하는 세태.

왕까지 몰아내고 태평성대를 이룩하자더니, 더러운 이권다툼과 논공행상에 휘말린 답답한 정치 현실.

〈설공찬전〉은 어쩌면 그런 비뚤어진 정치를 매섭게 질타한 언관 채수의 마지막 간언이었는지도 모른다.

■글/김정희

3
1531년, "조선팔도는 지금"

조선 최대의 지리지 〈여지승람〉

숙종 29년 12월 19일자 실록을 열어보면, 당진의 사민들과 한학이라는 인물 사이에 벌어진 소송사건 한 가지가 실려 있다. 당진의 맹곶이라는 동네에 느닷없이 한학이라는 자가 나타나서 그곳이 원래 자기네 목장이라고 우기자, 그곳 농민들이 집단으로 소송을 냈던 데서 사건이 시작됐다. 그곳에서 대대로 밭 갈고 씨 뿌리며 수백 년 농토를 지켜오던 농민들로서야 마른 하늘에 날벼락이나 다름없는 일이었다.

그러자 관헌은 한학에게 맹곶이가 자기 땅이라는 증거가 있느냐고 묻는다. 한학은 이때를 기다렸다는 듯이 당당하게 대꾸하길, "맹곶이가 원래 목장이었음은 〈여지승람〉에도 분명히 적혀 있는 사실입니다"라고 응수한다.

이 사건은 오래도록 조정의 논란거리가 됐지만, 결국 한학의 승소로 끝이 난다. 이때 결정적인 역할을 한 것이 바로 〈여지승람〉이라는 책인 것이다.

비단 이 사건뿐만이 아니라, 실록에는 〈여지승람〉을 근거로 무엇무엇을 했다는 기록이 적지 않게 나온다. 그렇다면 도대체 〈여지승람〉이 어떤 책이었길래 그토록 중요하게 여겨졌던 것일까?

실록에 나오는 〈여지승람〉이란, 곧 〈동국여지승람〉과 〈신증 동국여지승람〉을 일컫는 말이다. 〈동국여지승람〉은 성종 9년인 1481년에 50권으로 편찬된 조선 최대의 지리지이다. 그리고 곧이어 55권으로 보완돼 재편찬됐지만, 그 원본은 사라져버리고 말았다.

지금 남아 있는 것은 〈동국여지승람〉이 편찬된 지 50년 뒤인 중종 43년, 1531년에 증보편찬됐던 〈신증 동국여지승람〉뿐이다. 그것도 광해군 대에 재인쇄된 한 부만이 서울대 규장각에 소장되어 있다.

〈신증 동국여지승람〉은 실록의 일부인 '세종실록지리지'를 제외하면, 현재까지 남아 있는 조선시대의 가장 오래 된 지리지인 것이다. 또한 지도를 덧붙인 최초의 지리지였으며, 〈여지승람〉 각권 첫머리에 붙어 있는 8장의 지도는 현재 우리가 소장한 지도 중 가장 오래 된 것이기도 하다.

〈여지승람〉은 지금의 수도권이 경도와 경기·충청 등 조선 8도의 부·목·군·현 모두 329개 지역을 각기 26개의 항목으로 기록하고 있다.

그 안에 실린 내용을 살펴보면, 각 고을의 역사를 기록한 건치연혁으로부터, 그 고을 사람들의 특징적인 풍속과 성씨, 그리고 그 고장의 특산물인 토산, 산천, 나아가 학교와 역원 등이 실려 있다. 뿐만 아니라 그 고장이 배출한 역대의 인물과 관청, 정자나 사찰에 이르기까지, 1531년경의 조선의 모습이 55권의 책 속에 고스란히 담겨 있는 것이다.

게다가 해당지역에 관한 역대 문인들의 시문까지 함께 기록하고 있어, 당대의 문화적 수준까지를 가늠케 하는 귀중한 자료이기도 하다.

성신여대 지리학과 양보경 교수는 이 책이 갖는 또다른 의의를 이렇게 설명한다.

新增東國輿地勝覽序
東國輿地勝覽我
成宗大王朝所纂集也
成宗大王以緝熙之學乃於萬機之暇留
意輿地圖誌
命宣城府院君盧恩慎等撰次為書首
自京都下及諸道沿革之有異風俗
之不同尊而

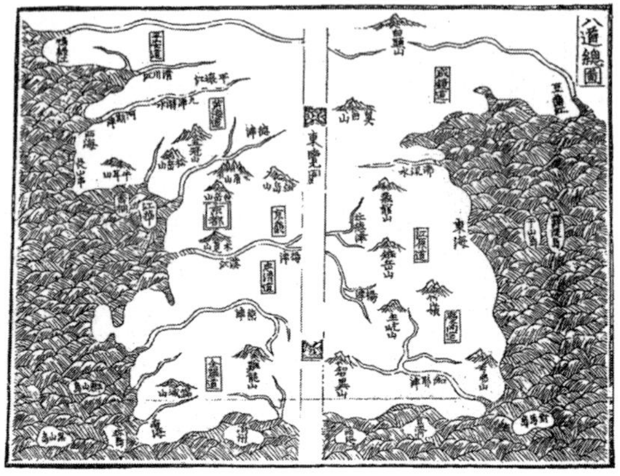

△〈신증 동국여지승람〉의 서序 부분(왼쪽)과 팔도총도.

　　"이 책은 물론 조선 전기 문화의 전성기라 할 수 있는 성종대에서 중종대에 걸친 각 지방의 모습이 구체적이고 종합적으로 들어 있는 중요한 책인데, 이 책이 가지는 또다른 의미를 찾는다면 이 책의 형태가 필사본이 아니고 간행본이라는 데 있다. 즉, 목판본 인쇄를 해서 배포한 덕분에 각 지역에 관한 자료를 국가나 중앙정부만이 아니고, 각 지방이나 민간에서도 받아볼 수 있었다는 데 있다. 이 지리지는 또한 지도가 첨부되어 있어서, 그 지역의 실체가 추상적이 아니라 구체적으로 담겨져 있기도 하다. 즉, 지역에 관한 공간적 인식과 파악에 커다란 진전이 있었던 것이다. 따라서 〈동국여지승람〉은 조선 말기까지도 지리지의 대명사로 일컬어졌으며, 이후 읍지 등의 편찬에 모범이 되었다."

　　〈동국여지승람〉이 편찬됐던 성종대에는 조선 최대의 법전인 〈경국대전〉과 〈동문선〉〈국조오례의〉〈동국통감〉 등 조선을 대표하는 주요 서적들이 편찬됐던 시기이기도 하다. 〈동국여지승람〉 이후, 〈여지승람〉과 같이 정부사업으로 추진된 전국적인 지리지는 다시 편찬되지 않았다.

태조·태종의 건국기와, 세종대의 발전기를 발판으로 태평성대를 구가하던 시기, 국가체제 정비의 일환으로 편찬된 지리지가 곧 〈동국여지승람〉인 것이다.

〈동국여지승람〉은 중종대에 다시 증보편찬되어, 현재는 7권으로 국역본으로 번역되어 있는데, 이 7권 속에 바로 450년 전, 전성기 조선의 모든 것이 담겨 있는 셈이다.

그렇다면 그 모습은 과연 어떠했을까?

이제부터 〈동국여지승람〉이 전하는 당시 조선의 흥미로운 모습들을 더듬어보기로 하자.

조선에도 소방서가 있었다

우리의 서울이 처음 도읍으로 정해진 것은 백제 근초고왕 때였고, 그 뒤 서울은 통일신라시대에는 한양군으로, 고려 때는 남경으로 이름이 바뀌었다가, 조선 태조 3년에 다시 도읍지로 정해져 오늘에 이르고 있는데, 〈신증 동국여지승람〉의 '경도京都 편'을 보면 당시 서울의 모습이 한눈에 들여다보인다.

북으로는 북한산을, 남으로는 한강을 끼고 있는 서울은 둘레 9975보, 즉 약 18km가 되는 경성京城으로 둘러싸여 있고, 그 안으로는 각종 궁궐과 사묘들이 즐비하게 늘어서 있음을 알 수 있다. 그중에는 우리가 잘 알지 못하는 서울의 모습들도 적지 않은데, 지금의 용두동에 자리하고 있는 선농단先農壇에 관한 내용이 눈길을 끈다.

선농단은 매년 정월이면 임금이 친히 나와 풍년을 기원하며 직접 제사를 올렸던 곳이다. 선농단이라는 말뜻에서도 알 수 있듯이, 임금은 이곳에서 친히 농사를 지어 농사가 만사의 근본이라는 모범을 보였고, 자신이 손수 추수한 쌀로 종묘에 제사를 지냈다고 한다. 그때 농사를 짓던 사람들을 위로하는 뜻에서 쇠뼈를 고아 만든 국에 밥을 말아주었던 것이 바로 설렁탕이며, 오늘날 우리가 즐겨 먹는 설렁탕은 바로 선농단에서 유래된 것이었다.

그리고 또한 선농단과 짝을 이룬다고 할 수 있는 곳이 지금의 성북동에 자리한 선잠단이다. 왕이 친히 농사를 지을 때, 왕비는 이곳 선잠단에서 손수 누에를 쳐서 안팎으로 백성들의 모범이 됐다고 한다.

이제 광화문 한복판으로 나가보자. 지금은 대부분의 정부기관들이 과천으로 이전했지만, 지금의 광화문 일대에는 조선시대에도 많은 정부기관들이 즐비하게 늘어서 있었다. 그중에서도 흥미로운 부서들을 살펴보면, 노예를 담당하는 부서인 장례원, 음악을 담당하는 부서인 장악원, 통역관을 육성하는 사역원, 심지어 궁궐의 청소만을 담당하는 부서인 전연사 등을 비롯하여 온갖 부서들이 빠짐없이 갖춰져 있었다.

그런데 조선시대에도 소방서가 있었다는 사실을 아시는지? 이곳 중루 옆에는 조선시대의 소방서인 수성금화사修城禁火司가 있었다. 기록에 따르면 여기에는 각종 소화기구가 갖추어져 있었고, 멸화군滅火軍이라고 하는 당시의 소방대원 50여 명이 24시간 대기근무를 하면서 도성의 화재방비와 재난구조를 맡아봤다고 한다. 당시에는 소방대원이 방화범의 체포까지도 맡고 있었는데, 아쉽게도 당시 소방기구들의 흔적은 전혀 남아 있지 않기 때문에 그 실체를 확인하기는 어렵다.

또 〈여지승람〉에는 궁궐 장례물품과 장의절차를 담당하던 귀후서歸厚署라는 부서도 기록되어 있는데, 귀후서가 설치된 데에는 백성들에게 싼 값에 관을 만들어 공급하기 위한 목적도 있었다고 하는 것을 보면, 당시 조선은 서민의 입장을 헤아릴 줄 아는, 생각보다 훨씬 인간적이었던 나라였던 모양이다.

물과 세금의 고장, 충주

"수려한 물, 아름다운 명산이 명승의 땅을 만들어
만가의 밥 짓는 연기가 성모롱이를 덮었도다.
마루와 창은 사람이 신선의 집에 누워 있는 듯,
바람과 비는 하늘의 수묵을 이루었다."

이는 〈여지승람〉에 실린 홍귀달洪貴達의 시로서, 충주의 아름다움을 읊은 것이다.

예로부터 중원中原이라 불렸던 우리 땅의 한복판인 충주는 〈여지승람〉 충청도 항목의 가장 첫머리에 소개되고 있다. 충주호와 월악산이 어우러져 만들어내는 풍치가 전국 제일로 꼽히는데, 조선시대에도 충주는 물 좋고 경치 좋은 곳으로 이름이 높았던 모양이다. 〈여지승람〉에서는 이곳의 형승을 신선이 사는 곳과 비견해놓을 정도였다.

서울에서는 282리(120km) 떨어져 있고, 고구려 때는 국원성, 신라 경덕왕 때는 중원경이라 했다는 기록이 나오는데, 중원은 바로 신라 때의 이름에서 유래된 것임을 알 수 있다.

특히 충주의 물은 경치뿐 아니라 백성들의 먹거리와 진상품이 나는 삶의 터전이기도 했다. 또한 〈여지승람〉에는 충주의 토산으로 수달이 많이 났다는 기록도 있다. 수달은 현재 거의 멸종 위기에 놓인 천연기념물이지만, 그 귀한 수달이 아직 충주호에 서식하고 있다는 것을 보면, 옛 선조들이 살았던 그 땅에서 여전히 우리가 살아가고 있음을 실감할 수가 있다.

그런가 하면 충주의 물길은 또한 조선시대에는 가장 중요한 교통로였다. 당시에는 육로보다 물길이, 수레보다는 배가 더 중요한 운송수단이었기 때문이다. 경상도의 여러 고을과 충청도의 음성·괴산·보은·단양에서 거두어진 세금, 곧 쌀은 모두 이 물길을 따라 충주로 모였고, 그것을 모아두었다가 다시 배를 이용해서 서울의 마포나루나 광나루 등지로 실어보냈는데, 그 거리가 뱃길로 260리였다고 한다.

그 쌀을 서울로 실어내기 전에 모아두는 창고가 가흥창可興倉이었는데, 지금은 그 터만이 남아 있다. 이 가흥창은 본래 건물이 없다가, 〈신증동국여지승람〉이 편찬되기 직전인 중종 16년에 비로소 70간 규모의 건물을 지었다고 전한다.

세곡을 싣고 오는 수많은 조운선漕運船들이 머물렀다 서울까지 가곤했던 창고와 수운의 도시 충주. 충주호가 만들어지면서 충주 땅의 상당 부분이 물에 잠기고 말았지만, 우리는 〈여지승람〉의 기록을 통해 당시 충주의 번화한 모습을 짐작해볼 수가 있다.

선비의 고장, 선산

조선시대 선비의 고장으로 이름이 높았던 선산은 오늘날의 구미를 일컫는다. 바로 선산도호부가 있던 곳이며, 서울과는 586리가 떨어져 있다고 기록되어 있다.

그런데 여기서 잠깐, 586리라면 약 264km인데, 과연 이 거리는 오늘날의 측정치와 얼마나 차이가 있을까? 10km, 50km,100km? 답은 놀랍게도 293km이다. 당시 조선에서는 이처럼 거의 정확하게 거리를 측정했다.

그렇다면 조선시대에는 어떻게 거리를 측정했을까? 실록을 살펴보면 거리를 측정하는 데 쓰였다는 기리고차記里鼓車에 관한 설명이 나온다. 기리고차는 커다란 바퀴가 달려 있는 수레로, 10리를 갈 때마다 북을 둥둥 울려서 거리를 알려주었던 기구다. 이처럼 〈여지승람〉은 발달했던 조선의 과학기술 수준까지를 읽을 수 있게 해준다.

그럼 다시 당시의 선산에 관해 알아보기로 하자. 〈여지승람〉에는 '이곳의 풍속은 문학을 숭상하고 백성들의 풍습이 순박하다. 땅이 사방 백리요, 천 년 고을로 한 도의 큰 거리다'라고 되어 있는데, 이처럼 구미 일대에는 아직도 옛 모습을 그대로 간직한 종가가 많이 남아 있는 편이다.

또한 이곳이 바로 고려말 조선초의 대학자인 포은 정몽주, 목은 이색과 더불어 고려 3은의 한 사람으로 꼽히는 야은 길재가 은둔해 있었던 곳이다.

〈여지승람〉에 의하면, 길재는 고려 말 정치가 어지러운 때에 벼슬을 받자, 어머니가 늙었다는 핑계를 대며 벼슬을 버리고 돌아와 어머니를 봉양하며 살았다. 선산의 진산인 비봉산 북쪽이 바로 길재가 늙은 어머니를 봉양하며 은둔생활을 했던 곳이다.

길재는 조선건국 이후 태조대에도 태상박사라는 벼슬이 내려졌으나, 역시 사양하고 받지 않았다. 인간의 도리로서는 두 임금을 섬길 수 없다는 것이 그 이유였다. 길재는 또한 벼슬을 내리려 하니 임금을 알현하라는 명을 받고도 임금을 뵙기는커녕, 다음과 같은 편지만 올린다.

"신이 듣기에 여자에게는 두 남편이 없고, 신하에게는 두 임금이 없다 하였으니 고향으로 돌려보내주시어 끝내 늙은 어미를 봉양함으로써, 신이 두 성의 임금을 섬기지 않으려는 뜻을 이루게 하옵소서!"

태조도 이러한 길재의 충절에 감복하여 화를 내기는커녕 오히려 그 뜻을 가상히 여겨 융숭한 예를 차려 그 집을 복호復戶하게 했다고 전한다.

또 세종대에는 그 아들 사순에게 벼슬을 내렸고, 길재에게는 특별히 좌사간대부라는 시호를 주고 정문을 세워 그 뜻을 기렸다고 하는데, 지금 그 정문은 사라져버리고 대신 영조대에 세워진 채미정採薇亭이라는 정자가 남아 있다.

길재의 충절은 조선시대 선비들에게 본받아야 할 모범으로 오래도록 기려졌고, 길재의 학풍을 이어받은 선비들은 사림이라는 이름으로 역사의 전면에 등장하게 된다. 이처럼 조선시대 선산, 곧 구미는 충절의 고장으로 널리 알려졌던 것이다.

특산물의 고장, 제주

이번엔 바다 건너 저 멀리 제주도로 가보자. 제주도는 조선시대에는 제주목이라 불렸다.

"제주목은 돌을 모아서 담을 쌓고, 초가가 많다. 집에는 부엌과 온돌이 없다. 등에 나무통을 걸머지고 다니며, 머리에 이는 자가 없다."

〈여지승람〉에 실린 이 글을 보면 오늘날 우리가 알고 있는 제주의 모습과 크게 다르지 않다.

"집집마다 귤과 유자요, 곳곳마다 준마로다"라는 구절도 보이는데, 조선시대 제주도는 한마디로 토산품의 고장이라 할 수 있다. 제주도에는 다른 지방에서는 나지 않는 특산물이 25가지나 기록돼 있다. 물론 말도 유명하지만, 특히 소목장은 이 지방에서만 있었던 것 같다. 〈여지승람〉을 보면, "검정이·누렁이·알록이 등 여러 종류가 있는데, 뿔이 심히 아름다워 술잔을 만들만 하다"고 기록돼 있다. 또 당시의 이름들은 지금과는 많이 달랐다. 궤자미록麂子麋鹿은 이 고장에서만 나는 것으로, 가죽이 세밀하고 질겨서 가죽신을 지을 만하다고 되어 있다. 미록은 고라니와 사슴을 일컫은 말인데, 궤자는 특히 큰 고라니를 가리킨다.

또한 무회목無灰木이라고 하는 것도 있는데, 이는 주로 우도에서 난다. 바다 가운데 있을 때는 부드럽고 연하여 물을 따라 올라갔다 내려갔다 하고, 물 밖으로 나오면 굳고 단단해진다고 되어 있다. 사전에는 나와 있지 않지만, 아마도 해파리나 그런 게 아니었나 싶다.

아마 그 많은 특산물 중에서 뭐니뭐니 해도 가장 으뜸은 귤이었을 것이다. 지금이야 겨울이면 가장 흔한 과일이 귤이고, 제주의 농민들도 귤나무를 베어내고 수익성이 높은 다른 작물을 심는 실정이지만, 몇십 년 전만 해도 귤나무 한 그루면 자식 대학공부 시키는 데 걱정이 없다고 했었다. 그러니 더욱 거슬러올라가 조선시대의 귤은 그 귀하기가 지금으로서는 상상도 하기 어려울 정도였다.

각종 기록에 따르면, 감귤은 원래 신라 때부터 제주도의 진상품으로 이름이 높았다. 고려대에는 소 12마리를 동원해 이 감귤나무를 두 그루 개경으로 옮겨가 왕궁에서 재배했으나, 결국 실패했다는 기록이 있다.

또 〈여지승람〉에 의하면 귤에는 금귤·산귤·동정귤·왜귤·청귤, 이렇게 5가지가 있는데, 청귤은 열매가 열어도 봄이 되어서야 익고, 때가 지나면 다시 말랐다가 때가 되면 다시 익는다고 돼 있다.

그중에서 왜귤은 볼 수가 없고, 동정귤·산귤·금귤·청귤은 몇백 년 된 고목이 지방문화재로 지정되어 있어 지금까지 계속 보존되고 있다. 하지만 그 재배가 농가에까지는 활발히 안되고 있으며, 주로 재배되는 감귤은 온주밀감이라는 종류라고 한다. (제주도 농촌진흥원 강성균 과수과장)

당시 이 귤이 얼마나 귀한 음식이었는지에 관해 〈동국세시기〉 등에 실린 내용을 살펴보면, 11월이면 제주목사가 귤과 유자를 조정에 진상했는데, 감귤을 실은 배가 도성에 도착하면 임금이 친히 나가서 맞이할 정도였다고 한다. 그리고 이 귤은 우선 종묘에 진상했고, 그 다음 각궁의 하인들과 가까이 모시는 신하들에게 특별히 하사되었다.

뿐만 아니라 대궐에서는 이를 축하하기 위해 성균관과 서울의 동서남중의 4개 학교 유생들에게 특별과거까지 보게 했다. 이는 귤이 왔다고 해서 황감제黃柑製라고 했다.

하지만 막상 제주 사람들은 귤 보기를 독약과 같이 하여 귤나무를 심지 않으려 했다는 또 다른 기록이 있으니, 참으로 아이러니가 아닐 수 없다. 이는 귤나무를 심고 가꾸는 데 따른 폐단이 컸던 데에 그 원인이 있다. 귤나무에 열매가 달리면 관에서 찾아와 열매 하나하나를 헤아렸고, 거기에 꼬리표를 매달아 하나라도 없어지면 그 주인에게 엄한 벌을 내렸기 때문이다.

그 공물의 폐단은 마침내 백성들이 귤나무를 아예 뽑아버리거나 말려 죽일 정도에까지 이르렀는데, 그 방법도 매우 특이하다. 나무그루에 상어뼈를 박아넣기도 하고, 송곳으로 구멍을 내어 후추를 밀어넣으면 감쪽같이 죽었다고 한다. 그래서인지 조선의 토종 감귤은 거의 자취를 감춰버렸고, 지금 제주에서는 모두 온주밀감을 재배하고 있다. 이 온주밀감은 본래 중국산을 일본이 개량한 품종이다.

지도 모양이 영 서툴고, 동해와 남해가 육지에 있다?

〈동국여지승람〉을 편찬한 노사신은 서문에 이런 글을 남기고 있다.

"〈여지승람〉을 펼쳐보면, 위로는 경도에서 아래로는 각 지방에 이르기까지, 가로 세로 수천 리의 지역을 문 밖에 나가지 않고도 자세히 볼 수 있으며, 위 아래 몇백 년의 사적이 손바닥을 보듯 분명하옵나이다."

그의 말처럼, 〈여지승람〉을 뒤져보면 심지어 거제도 모기에 대한 기록까지도 찾아볼 수가 있다.

"거제도에서는 여름이면 벌보다 큰 모기가 사람을 깨무는데, 참으로 무섭다고 한다."

멀리 떨어진 섬의 모기 이야기까지 기록되어 있는 〈여지승람〉. 그러나 좀더 자세히 그 행간과 지도들을 들여다보노라면, 글자로는 기록되어 있지 않은 당시 조선의 모습까지도 적잖이 엿볼 수가 있다.

〈신증 동국여지승람〉의 첫머리에는 우선 동람도東覽圖 중 팔도 총도인 조선의 전도가 실려 있다. 그런데 이 지도의 모양이 우리가 알고 있는 실체와는 상당한 거리가 있어 보인다. 또한 동해·남해 등도 바닷가 아닌 땅 위에 표시가 되어 있다. 대체 그 까닭이 무엇일까?

동람도는 지금의 지도에 비해 동서가 매우 넓고, 남북은 짧게 그려져 있다. 당시의 지도 제작 수준이 그 정도였기 때문일까? 그렇지는 않다. 왜냐하면 그보다 훨씬 전 시기에 만들어진 세계지도인 '혼일강리역대국도지도'를 보면 훨씬 더 정확하게 그려져 있기 때문이다.

그 답은 바로 동람도가 인쇄를 위해 만들어졌다는 데 있다. 즉, 목판에 맞추어 찍기 위한 판심版心 때문에 그렇게 제작된 것이다. 또한 우리 나라에서는 최초로 지리지에 첨부된 것이기에, 그 대략의 모양만 알면 되지 다른 필요는 없었던 것이다.

그건 그렇다 치고, 그럼 바다에 적혀 있어야 할 동해·남해는 왜 육지에 적혀 있었던 것일까?

그 답을 찾기 위해 지도의 동해라 적혀 있는 지점에 해당하는 양양으로 향하여 양양 문화원장에게 도움을 청했다. 고경제 문화원장은 동해라 적힌 그곳이 바로 동해신묘가 있는 곳이라고 했다.

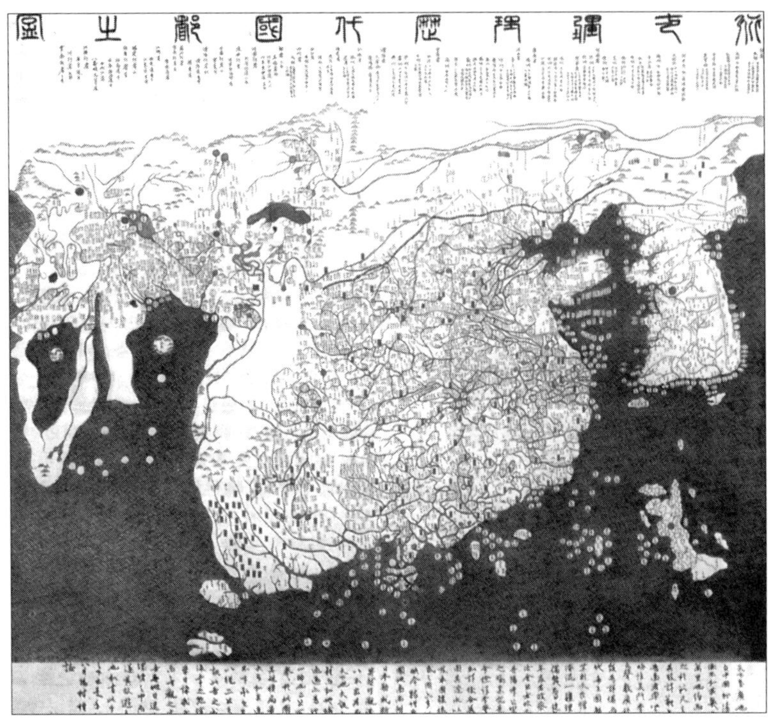

△혼일강리역대국도지도. 김사형·이무·이회 등 그림.
146×164cm. 일본 소재.

여기서의 묘는 곧 나라에서 제를 올리는 곳을 말한다. 그리고 동서남북의 바다 4해에 각각 왕의 관작을 주어 동해는 광덕대왕, 서해는 광리왕, 남해는 광륜왕이라는 식으로 칭했으며, 어사나 관찰사를 파견해 안전과 풍요를 기원했던 것이다.

동해란 곧 동해 바다가 아닌 나라에서 제사를 올리던 곳이었다. 언제부터 이런 제사를 지냈는지, 그 기원에 대해 정확히 알 수는 없지만, 우리가 확인할 수 있는 기록에 따르면 조선 초부터라고 되어 있다. 이는 곧 조선 초기, 국민의 통치기반을 종교적 신앙에서부터 재정비하려는 노력의 일환이었던 셈이다.

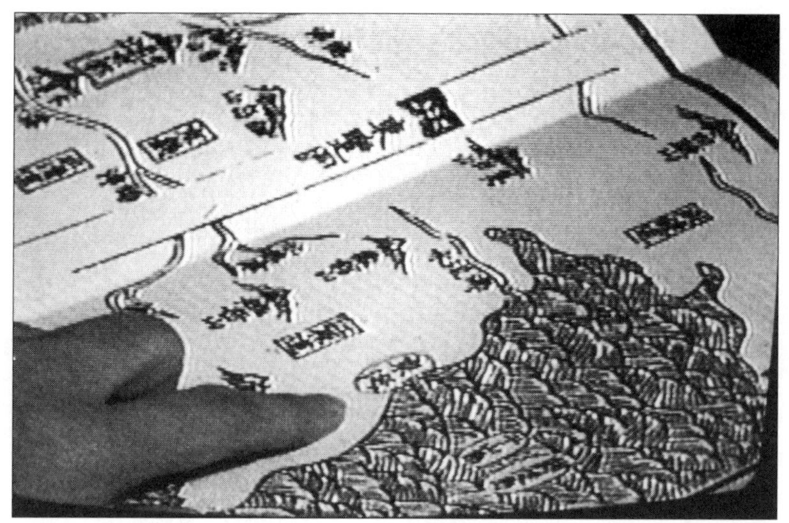

△대동여지도에 보이는 동해신묘가 있는 위치.

태종 11년 7일자 실록을 보면, "사전祀典(제사의전)을 정비하여 무녀의 제사를 금하고, 내시 별감에게 제사를 받들게 하라"는 어명이 실려 있다. 전통적으로 무당들이 지내던 자연신에 대한 제사는 모두 음사라는 이름으로 금지시키고, 모든 제사는 국가에서 관장케 했던 것이다.

동람도의 지명들은 모두 이처럼 나라의 제사처였고, 이는 곧 민간의 종교행위마저 왕과 나라의 유교적 통치 아래 두고자 했던 당시 조선의 또 다른 모습인 셈이다.

이곳 동해신묘의 신위는 순종 2년, 일제의 사주에 의해 이곳 뒷산에 묻히고 말았다. 그러면서 자연 이곳에 미치던 조선왕의 권위도 더불어 사라져버리는 비운을 맞아야 했던 것이다.

어느 날 갑자기 과부의 개가를 금지시킨 사연은?

〈신증 동국여지승람〉에 실린 항목 중 재미있는 것 하나가 열녀조라는 별도항목인데, 그 수는 모두 128명에 이른다. 그 많은 조선시대의 열녀 중에서 대체 어떤 여인네들이 〈여지승람〉에까지 기록된 것인지 궁금하지 않을 수 없다.

그렇다면 이 자리에 〈여지승람〉에 기록된 열녀 한 분을 초청해서 자신의 이야기를 직접 들어보는 것이 어떨까? 기꺼이 먼 길을 와주신 분은 전라북도 무주 지방의 열녀로 기록된 양씨 부인이다.

"이제부터 한 많은 제 이야기를 한번 해보도록 하겠습니다. 저는 젊은 나이에 남편을 먼저 보낸 죄 많은 여자지요. 남편이 갑자기 병으로 세상을 뜬 뒤, 조석으로 상식을 올리고 매일 가슴을 짓찧으며 눈물로 세월을 보냈지요. 허나 그런다고 그 슬픔을 다 이길 수가 있었겠소.

그래서 하루는 내 이제 남편을 따라 저세상으로 가리라 마음을 먹었지요. 몰래 남편의 무덤을 파헤치고는 관을 안고 통곡하고 있는데, 그만 시부모님이 그것을 보시는 바람에 뜻을 이루지 못했습니다. 그래서 어쩔 수 없이 집으로 돌아가는데, 눈 앞에 물이 불어 넘쳐나는 강이 보이지 않겠소. 그래서 내, 뒤도 돌아보지 않고 뛰어들었지요. 그것이 당연한 아녀자의 도리라 여겼으니까요.

그런데 모진 것이 목숨인지라 마침 친정 오라버니가 뛰어들어 겨우 목숨을 구했지만, 내 끝내 몇달 뒤 침방에서 목을 매었소. 그랬더니 그제서야 도리를 다한 듯하여, 저승이나마 편히 가서 쉴 수가 있었지요…."

이런 양씨 부인의 정절은 멀리 서울까지 알려지게 되었고, 조정에서는 열녀문을 세워 그 뜻을 기렸다고 한다. 정말이지 그 시대의 열녀로 기록되기 위해서는(?) 이처럼 요즘의 상식으로는 도저히 이해되지 않는 일까지도 감행해야 했던 모양이다.

그런데 한 가지, 이상한 점이 있다. 〈여지승람〉의 열녀 항목에는 모두 신증이라는 꼬리표가 붙어 있는데, 어째서 그런 것일까? 사실, 우리가 일반적으로 알고 있는 것과는 달리 조선 초만 해도 과부가 수절하는 일은 드문 일에 속했다. 조선 초 실록을 넘겨보면 단지 수절한 것만으로도 나라로부터 포상을 받은 많은 기록들이 나온다.

태종 5년 12월 29일자 실록에는, 안동 사람 최씨가 28세에 남편을 잃은 후, 가족들이 개가를 시키려 하자 죽음을 맹세코 수절했다고 하여 열녀문을 세웠다는 기록이 있고, 또 정조 1년 12월 1일자 기록에는, 연산 사람 허씨가 19살의 나이에 지아비를 잃고 3년상을 마친 뒤 가족이 개가시키려 했으나, 수절하며 시어머니를 봉양했다 하여 상을 내렸다는 기록이 나온다.

사실 세간에 알려진 것과는 달리 칠거지악이라는 풍습도 실제로는 부인을 내칠 수 없는 세 가지 조건인 삼불거三不去라는 조항 때문에 유명무실했고, 결혼을 해도 여성이 독자적인 재산권을 가지고 있었을 만큼 여성의 지위가 높았던 것이 조선 초기의 상황이었다. 삼불거의 내용을 살펴보면 다음과 같다.

"첫째, 부모의 3년상을 함께 치른 경우,

둘째, 가난했다가 결혼해서 부귀해진 경우,

셋째, 내치면 갈 곳이 없는 경우."

이렇게 인간적인 면이 엿보이는 삼불거의 보호 아래 있었던 당시 여성들의 지위에 관해서, 국사편찬위원회 이순구씨의 설명을 들어보기로 한다.

"조선 초기 여성의 지위가 높았던 것은 결혼을 하더라도 흔히 생각하는 것과는 달리, 남자집에 가서 사는 게 아니라 친정에서 살았고, 아들이 없을 때는 딸도 제사를 모실 수 있었으며, 외손도 얼마든지 봉사할 수 있었다.

뿐만 아니라 재산상속에서도 아들과 딸은 구별없이 동등한 대접을 받았다."

그러던 것이 어떻게 해서 그렇게 사태가 일변하게 되었던 것일까? 그것은 한 대신이 임금께 올린 상소문에서 비롯된다.

"만일, 한번 더불어 초례를 치른 부인이 만약 두 지아비를 고쳐 산다면, 어찌 이를 금수와 다르다고 하겠습니까? 국가에서 금령이 없으며, 실절한 자의 자손이 관직에 나서게 한다면, 그 풍속의 난잡함을 어찌 막을 수 있겠사옵니까. 금후로는 재가한 자를 한결같이 모두 금단하고, 이를 어기면 실행失行한 것으로 치죄하되, 그 자손도 입사를 허락하지 말아야 할 것으로 아옵니다!"

결국 논란 끝에 과부의 재가금지는 법으로 규정되고, 〈경국대전〉에는 과부의 재가를 금한다는 규정이 명문화되기에 이른다. 또한 재가한 여성의 자손은 대소과거에 응시할 수 없게 하여, 관직에 오르지 못하도록 했던 것이다. 자신의 문제는 차치하고 이렇게 자식의 앞길까지 막아놓았으니, 그 어떤 어미가 감히 팔자를 고치겠다고 나설 수 있었겠는가. 그로부터 여성의 지위는 크게 달라지며 세차게 곤두박질치게 된 것이다.
다시 이순구씨의 인터뷰 내용을 들어보자.

"그것은 건국 이후의 유교주의의 성숙을 반증하는 것이었지요. 더구나 연산대에 문란해졌던 풍속을, 뒤이어 등극한 중종이 풍속규제를 강화하면서, 열녀나 충신에 대한 표창을 통해 전반적인 재정비에 나섰던 것이고, 이런 과정을 거치며 유교 윤리가 좀더 확고해지면서 정비되어갔던 것입니다."

조선 초 유교를 국가통치의 근본으로 삼고 성리학적 윤리를 백성들에게 널리 보급해갔던 조선. 그 통치이념은 성종대에 들어가 드디어 전국민적인 가치로 자리잡게 된 것이다. 조선 초기에는 수절만 해도 열녀로 대접받던 부덕의 기준이, 이제는 남편을 따라 죽어야 겨우 열녀 소리를 들을 수 있을 정도로 크게 강화되고 말았다.

세칭 '마당과부'라는 것이 있다. 초례만 치른 채 과부가 된 여인네를 일컫는 말이다. 1530년경의 조선에서는 마당과부라도 수절을 해야 했고, 열녀의 이름이라도 얻으려면 죽기를 서슴지 않아야 했던 것이다.

이제까지 보아왔듯이 조선 초기까지가 여자들의 세상살이가 한결 수월했으며, '열녀' 또한 조선 중기 이후에야 강조되었던 여성의 덕목이었던 것이다.

〈신증 동국여지승람〉에는 인구와 경제 규모가 없다?

앞서 보았듯이 〈여지승람〉에는 열녀까지도 별도항목으로 들어가 있다. 그런데 지리지라고 하면 당연히 있어야 할 그 지방의 인구와 경제 규모는 실려 있지 않다. 그 사연은 또 무엇일까?

조선 초 최초의 지리지인 〈세종실록지리지〉를 보면 거기에는 각 지방의 가구호수와 인구, 군사의 수, 토지결수와 토산품 등 군사·경제적인 분야들이 주요항목으로 실려 있다. 강원도 회양도호부 난을 예로 보면, 호수는 222호요, 인구는 592명, 간전이 4500결이요, 논이 7결, 군정은 시위군이 158명이요, 선군은 10명, 토산으로는 금이 부의 동쪽 30리, 보재진 냇가와 부의 북쪽 5리 임계사 아래 냇가에서 난다고 상세히 기록되어 있다.

반면, 그로부터 50여 년이 지나서 만들어진 〈신증 동국여지승람〉에는 호수와 군사의 수, 토지 항목은 아예 빠져 있고, 토산에 대해서도 간단히 그 종류만 기록하고 있는 것이다.

그 답은 이렇다. 실록을 넘겨보면 중국 사신들이 조선의 지리지를 보여달라고 해서 고심하는 대목들이 적지 않은데, 〈여지승람〉은 간행을 목적으로 만든 지지였기에, 보이고 싶지 않은 그 부분은 아예 빼고서 편찬했던 때문이다. 이 때문에 지역에 관한 상세한 정보나 경제적 측면들이 유출될 경우 불리한 점이 있고, 대외적으로 문제의 소지가 될 만한 군사나 경제·행정은 아예 적어 넣지 않았던 것이다.

중종 12년 8월 18일자를 살펴보면, 당시 몰래 중국으로 유출되는 금·은의 양이 늘어가고 있는 것을 걱정하는 대목이 실려 있다. 이 무렵 조선은 금이 난다는 사실을 중국에 숨기고 있었던 것이다.

대신 〈여지승람〉에는 역대 문인들의 시문과 풍속 등이 대폭 보강되어 실렸다. 예를 들어 서울에 있는 망원정望遠亭을 설명하면서 예겸乂謙이라는 인물의 시문을 함께 실어놓는 식이다.

> "푸른 솔 깊은 곳에 정자 그윽한데,
> 배 대고 올라오니 취한 누 밝아지네.
> 이 경치에 넓은 회포 마음놓고 한번 취할 것이,
> 덩굴 사이 밝은 달 물가에 비쳐도 좋으리."

〈여지승람〉에는 이처럼 인물과 시문, 예속에 관한 내용이 풍부하게 실렸는데, 이러한 내용들은 당시의 문화적 수준을 알리기에 효과적인 항목이기도 했다. 이와 같이 〈여지승람〉은 조선왕조의 높은 문화수준을 알리기 위한 목적도 있었고, 또한 거기에 큰 몫을 했다고 양보경 교수(성신여대 지리학과)는 설명한다.

〈여지승람〉을 편찬하는 데 활용됐던 〈동문선東文選〉. 이는 신라부터 조선 초에 이르는 시인 500여 명의 4300여 편의 시를 총망라한 성종대의 대표적인 시문집이다. 성종대는 이같이 방대한 시문집이 널리 편찬됐던 문화적 융성기였던 것이다.

〈민국여지승람〉을 위하여

〈여지승람〉이 편찬될 당시의 조선은 이처럼 문화적으로 뛰어난 사회였다. 전국 각지의 자연과 인물, 거기에 수많은 시문들까지 선별해서 편찬을 하려면 얼마나 많은 시간과 노력이 필요했을지 짐작이 가고도 남는다. 그것은 한마디로 그만큼의 경제적 토대와 뛰어난 인재들, 무엇보다 이 같은 문화사업에 대한 위정자의 굳은 의지가 선행되었기에 가능했던 당대의 역작이었다.

그럼 이런 엄청난 노력의 산물인 〈여지승람〉이 당시에 어떻게 활용됐는지, 실록을 통해 살펴보기로 하자. 실록에 〈여지승람〉이라는 색인어를 쳐보면, 모두 116건의 기록이 나온다. 중종 5년 1월 27일자 실록을 보면 〈여지승람〉을 참고해 새로운 인물천거 제도를 마련했다는 기록이 나오고, 중종 29년 12월 8일자 실록을 보면 〈여지승람〉을 참고해, 각 고을의 공물을 정하자는 논의가 실려 있다.

또한 가장 많이 나오는 것은 〈여지승람〉을 상고해 기우제를 지냈다는 기록이다. 선조 27년 3월 15일 실록을 보면, 임진왜란 당시 왜적이 부산에 살고 있는데, 이는 조선이 부산을 왜적에게 떼어주었기 때문이라는 소문이 나돌자, 조정에서는 명나라 사신에게 〈여지승람〉을 보여주며 그것이 헛소문임을 입증하기도 했다.

또 임진왜란이 끝난 뒤에는 유실된 능묘를 복구하는 데 〈여지승람〉을 참고로 하고 있다. 그런가 하면 숙종대에는 독도가 우리 땅임을 증명하는 자료로 쓰이기도 한다.

　　"우리 나라의 〈여지승람〉에 신라, 고려와 본조의 태종·세종·성종 3조
　　에서 여러 번 관인을 독도에 파견한 일이 상세히 기록되어 있다."

　이는 숙종 21년 6월 20일자 실록이다. 독도를 침범한 왜인들이 독도
가 원래 자신들이 자유롭게 고기잡이를 하던 곳이라고 주장하자, 대마도
의 사신들에게 독도가 원래 우리 땅이었음을 보여주는 대목이다.

　즉, 〈여지승람〉은 당시 조선에서도 중요하게 여겨진 살아 있는 과거였
다. 그리고 선조들은 그것을 계속 수정·보완하며 살아 있는 역사로 만
들어나가는 작업을 게을리하지 않았다. 덕분에 오늘날 우리는 그 자랑스
러운 우리의 과거와 옛 선조들의 모습을 생생하게 접할 수 있는 것이다.
그렇다면 우리는 지금, 우리의 모습을 과연 어떻게 기록하고 있을까?

　〈신증 동국여지승람〉 이후, 400년 사이 정부 차원의 지리지로는 1980
년경에 국립지리원에서 펴낸 〈한국지지〉가 유일하다. 이는 600쪽짜리, 5
권으로 책으로 되어 있다. 조선시대와는 비교할 수 없이 덩치가 커진 현대
대한민국의 지리지라고 하기에는 그 분량부터가 소략하기 이를 데 없다.

　한편 민간차원에서는 80년대 초반, 브리태니커 사에서 펴낸 11권짜리
〈한국의 발견〉 시리즈가 있다. 여기에는 4천여 장의 사진을 포함한 각 지
역의 민중사가 충실하게 담겨 있다. 그러나 한편으로는 일개 출판사가
이처럼 방대한 지리지를 편찬하는 데 따랐을 어려움을 짐작하기 어렵지
않다.

　지난 94년, 정신문화연구원에서는 가칭 〈민국여지승람〉을 위한 연구
자료라는 책을 펴낸 바 있다. 현대판 〈동국여지승람〉을 만들기 위한 사
전 작업의 일환이었는데, 그러나 조사의 기본틀만을 연구한 상태에서 작

업은 더이상 추진되지 못하고 말았다.

대략 예산만 뽑아보니, 10년 이상의 기간에 현재 물가로 약 200억 정도의 예산이 소요되고, 또 전국 각지의 전공교수와 향토사학자, 향토문화가를 동원하는 일이 너무 엄청난 작업이라 판단되어 그렇게 되었다는 것이 박경연 기획예산실장의 설명이다.

그런가 하면, 광주의 한 고등학교 지리담당 교사인 김경수씨는 지금껏 혼자만의 노력으로 전남지방에 대한 지리지를 무려 10여 권이나 펴냈다. 이대로 가다가는 우리 땅 위에서 과거 우리의 모습과 뿌리가 영원히 사라져버리고 말 것이라는 절박함 때문이었다고 한다.

현대판 〈여지승람〉이랄 수 있는 〈민국여지승람〉을 만드는 일은 김경수씨와 같은 향토사학자나 각 지방문화원의 손에 맡겨져 있는 형편이다. 나무 한 그루, 거리 하나하나까지 그 뿌리를 찾아 밝혀내는 그 작업은 곧 우리 후손에게 물려줘야 할 우리의 땅, 우리 사람들의 모습을 담는 대단히 의미 깊고 중요한 일인데도 말이다.

〈신증 동국여지승람〉을 편찬한 노사신은 그 서문에 다음과 같이 밝히고 있다.

"이 책을 편찬함이 어찌 오늘 한때, 선비들의 총명함을 자랑하기 위한 것이겠사옵니까. 이 책으로써 훗날 우리 자손들이 나라의 넓은 것과 임금의 덕이 멀리 뻗은 것을 알고, 그 뜻이 이어나가 이 나라를 만세토록 지켜나갈 것을 믿어 의심치 않습니다."

그 뜻대로 우리는 이 〈신증 동국여지승람〉을 통해 450년 전, 융성한 조선의 참모습을 그대로 볼 수 있는 행운을 누리고 있다.

그렇다면 과연 450년 뒤, 우리의 후손들은 오늘 우리 대한민국의 모습

을 어떻게 기억할 수 있을지 우리 모두가 한번 곰곰이 생각해볼 필요가
있을 것 같다.

■글/김주영

4
전하! 뜻을 거두어주소서
— 조선시대의 언론정신

"사람을 등용할 때는 모름지기 벼슬의 만기滿期를 따져 대간臺諫이 말썽
을 부리지 않도록 하라."

— 중종 2년 11월 임무조

"당-원 판별사 유숭조는 경서에 정통하여 경연직에 합당하니 공조참의
와 그 직을 맞바꾸는 것이 가하다는 의정부의 제의에 대해서 중종은 '유숭
조가 네 자급資級을 뛴 것은 전적으로 당-원을 위한 것이었다. 만약 공조참
의와 서로 바꾼다면 대간臺諫이 어떻게 생각하겠는가' 하고 전교하였다."

— 중종 원년 11월 정해조

위의 기록을 보면 한 가지 의문이 생긴다. 왕조국가였던 조선시대 왕
이 인사문제를 결정하면서 '대간臺諫'이라는 존재에 대해 왜 저렇게 신
경을 썼을까? 어쩌면 왕이 대간의 눈치를 본다는 느낌마저 든다. 조선시
대가 중앙집권적 군주전제체제였다는 것을 생각한다면 언뜻 이해가 되

지 않는 일이다.

그런데 이뿐이 아니다. 중종 2년에 발생했던 한 가지 사건을 보면 조선시대 대간의 영향력이 어느 정도였는지 짐작할 수 있다.

중종반정의 1등공신인 유자광을 유배 보내다

중종 2년 4월 유자광에 대한 대간들의 탄핵이 빗발쳤다. 유자광은 당시 최고의 권세를 누리던 인물이었다. 세조 때 궁궐문을 지키던 무사에 불과했던 유자광은 이시애의 난을 진압해 일약 병조정랑에 오른 뒤 5조(세조·예종·성종·연산군·중종)에 걸쳐 권력을 누린 인물이다. 그런데 그런 유자광을 대간들이 탄핵하고 나선 것이다.

사건의 발단은 다음과 같다.

대간이 고성·창녕현감의 부정을 적발해서 파직시켰는데 유자광이 이 일을 두고 대간들을 비난하는 상소를 올렸다. 대간들이 잘못 알고 고성·창녕현감을 파직했다는 것이다. 이에 분개한 대간들은 유자광을 탄핵하기 시작했는데, 그 실제적인 이유는 다른 데 있었다. 유자광에 대한 다음의 탄핵상소 내용을 좀더 살펴보자.

"전에도 그 누가 자광의 악함을 폭로하려 하지 않았겠는가. 자광은 심술이 간휼하여 올바른 선비를 배척하고 권세를 마음대로 하며 간계를 부리려는 것이 본뜻이다. 폐조 말년 종사의 위태로움을 보고도 조금도 생각이 없다가 일이 다 정해지게 되자 비로소 온갖 계책으로 따라붙어 외람되이 1등공을 차지하고 지금 또 권세를 마음대로 부려 시험하려 하는 것이다."

그간 5조에 걸쳐 유자광이 권력의 핵심부에 있었던 것은 간교한 꾀를 부렸기 때문이라는 것이다. 실제 예종 때 남이장군이 역모를 꾀한다고 모함해서 남이장군을 형장의 이슬로 사라지게 했으며, 연산군 때에도 김종직을 모함해 무오사화를 일으켰다. 이 무오사화로 김종직을 비롯한 많은 사림파 학자들이 목숨을 잃었다. 그러나 유자광은 연산군의 신임을 얻어 권력의 핵심부에 자리하게 된다.

대간들이 유자광을 탄핵한 건 이러한 유자광의 간악함을 비난하기 위해서였다. 유자광에 대한 탄핵은 하루도 거르지 않고 계속되었다. 그러나 중종은 대간들의 탄핵을 받아들이지 않았다. 그러자 상소를 올린 지 7일 만에 모든 대간들이 직분을 다하지 못했다며 사직상소를 올렸고, 중종이 복직을 명하며 술을 하사하기도 했으나 대간들은 뜻을 굽히지 않았다.

이렇게 언관들이 동맹사직을 하자 각 관청의 관리들과 성균관 유생들까지 유자광을 탄핵하기에 이르렀다. 결국 대간에 의해 탄핵이 시작된 지 19일 만에 유자광을 공신록에서 삭제하고 유배 보내라는 어명이 내려진다.

이렇게 당시 1등공신으로 권력의 핵심부에 있던 유자광을 유배 보내는 데에 결정적인 역할을 했던 사람들이 바로 대간이다. 과연 이러한 막강한 힘을 가지고 있는 대간이란 무엇인가?

대간이란?

대간이란 사간원과 사헌부의 관리를 말한다. 사간원이란 임금의 동정을 살피고 시정時政이나 인사의 잘못을 논하고 간諫하는 기관이며, 사헌부란 시정을 논하고 백관의 잘못을 규찰하며 풍속을 바로잡는 기관이다. 지금으로 말하면 언론과 같은 역할이다. 물론 현대적인 의미와 똑같지는 않다. 현대언론이 불특정 다수를 대상으로 하는 반면, 대간제도는 특정 수요자(임금, 대신)를 대상으로 하고, 현대언론이 비정치적 · 비제도적 · 비공식적 기구인 반면 대간제도는 공식적 제도기구라는 차이점이 있다.

하지만 기본적으로 임금과 대신 그리고 사회를 감시 비판하는 기능은 현대언론과 같다. 그래서인지 대간을 언관言官이라고도 한다.

이렇게 대간은 시정일반과 인사행정 전반에 관하여 시비를 논하는 일을 하므로 그와 관련해 임금에게 간하고 신료들을 탄핵하는 것이 주임무다. 특히 인사행정에 있어서는 서경권署經權이라고 해서 임금이 5품 이하의 관리를 임명하면 대간의 동의를 얻도록 되어 있었다. 새로 임명된 5품 이하 관리에 대한 자격심사권이 대간에게 있었던 것이다.

이러한 대간제도는 자칫 왕이나 특정대신에게 집중될 수 있는 권력구조의 균형을 잡기 위한 것이었다. 그렇다면 이렇게 중요한 역할을 하는 만큼 그 선발기준도 까다로웠을 텐데 대간은 어떤 사람들로 어떻게 구성이 되었을까?

〈경국대전〉에 의하면 사간원은 최고책임자인 대사간을 비롯해서 사간(1명), 헌납(1명), 정언(2명) 등 모두 5명이며, 사헌부는 대사헌을 비롯해 집의(1명), 장령(2명), 지평(2명) 등 모두 6명이다. 그러니까 조선시대 대간은 모두 11명이다. 이들에게 무엇보다 중요한 자격요건은 임금의 과실을 기탄없이 간쟁하고 고위관료의 그릇됨을 규탄할 수 있어야 했다. 그래서 조선시대 대간은 주로 젊고 패기있는 20~30대였으며, 청렴결백한 가문의 출신들이었다. 본인 자신의 허물은 물론이고 부모의 4조祖와 처가의 4조까지 허물이 없어야 대간이 될 수 있었다.

그런데 특이한 것은 이들을 추천하는 과정이다. 대개의 경우 이조판서나 참판이 관리를 추천했는데, 이들 대간은 이조의 중하급 관리인 이조낭관이 추천했다. 여기에는 중요한 의미가 있었다. 대간은 주로 고위관리들에 대한 탄핵업무를 해야 하므로 이조참판이나 참의 같은 고위관리에 의해 추천되면 탄핵업무가 제대로 이루어지지 않을 것이라는 염려 때문이다.

이렇게 기용된 대간들에겐 특별한 권한이 있었다. 다른 관리들과 달리 근무성적을 평가하지 않았으며, 실제 품계는 낮지만 정2품 이상의 대우를 해주었다. 일례로 대간이 인사를 하면 당상관도 정중히 답례를 해야 했다.

그럼 조선시대 대간의 하루를 좀더 자세히 들여다보자. 실록과 〈경국 대전〉을 바탕으로 중종 때 사간원 사간이었던 김준손의 하루를 정리해 보았다.

사간원 관리 김준손의 하루

묘시(새벽 5시에서 7시 사이), 김준손은 갈마가 이끄는 말을 타고 사간 원으로 출근을 한다. 사간원에 도착한 김준손은 우선 지금의 출근부인 공좌부에 서명한다. 다른 부서의 경우 공좌부에 기록된 출근일수로 근무 성적을 평가해 승진에 반영하지만 사간원의 공좌부는 형식적인 것에 불과하다. 오전엔 최근 사간원의 가장 중요한 현안인 홍북간의 일을 논의 했다. 홍북간은 지금 왕실의 재산을 관리하는 내수사의 노비로, 중종이 보위에 오르기 전 알고 있던 노비다.

그런데 중종은 자신에게 '사공私功'이 있다고 해서 홍북간을 1등공신 으로 올리려 하고 있다. 사간원과 사헌부 그리고 홍문관까지 합심해서 임금은 사사로운 정에 이끌려 정사를 펴서는 안된다며 어명을 거둬주기 를 간청하고 있다.

7일째 김준손을 비롯한 사간원 관리들이 상소를 올리고 있지만, 임금 은 뜻을 굽히지 않고 있다

어제는 중종께서 "날씨가 몹시 더운데 작은 일(북간의 일)로 수고한다" 며 홍소주를 내리셨다. 그리고 "후일에는 이런 일이 없도록 하겠다"고 하셨다.

그러나 사간 김준손을 비롯한 사간원의 관원들은 이대로 물러서지 않을 작정이다. 오전 내내 논의한 끝에 모두들 사직서를 제출하기로 결정했다. 임금이 뜻을 받아들이지 않는다는 것은 대간으로서 직분을 다하지 못했음을 의미하기 때문이다.

회의는 상하급 구분 없이 자유롭게 진행된다. 점심은 궁에서 제공된다. 사직서를 내면 잠시 동안 보지 못할 것 같아 점심을 먹으며 술을 한 잔씩 했다. 사간원은 업무중에 술을 마셔도 문책을 받질 않는다. 그만큼 사간원의 분위기는 자유롭다.

오후엔 서경 업무를 했다. 5품 이하의 새로 임명된 관리들의 평소 행실이나 가문을 조사해서 그 직책을 행하기에 흠이 없는지를 결정하는 것이다. 퇴근시간은 유시인 오후 5시부터 7시 사이다. 하지만 사간 김준손은 오늘 숙직이다. 전체 5명의 사간원 관리들이 돌아가면서 숙직을 해야 하기 때문에 숙직은 자주 돌아온다. 밤 깊은 시간 김준손은 그 동안 밀린 업무를 처리하며 빈 관청을 지킨다.

사간원 사간 김준손의 하루를 통해서 사간원의 분위기가 자유롭다는 것을 알 수 있다. 회의중에 상하급 관리 구분 없이 자유롭게 이야기할 수 있었고, 업무시간에도 술을 마실 수 있었으며, 상하 직급간에도 규범이나 예절을 까다롭게 따지지 않았다. 이는 대간이 임금과 대신의 잘못을 서슴없이 비판할 수 있도록 하기 위해서였다. 실제 대간들은 임금에게 간쟁하고 대신들을 탄핵하는 데 주저하지 않았다.

노비 북간의 일도 임금이 홍소주를 내리며 앞으로는 이런 일을 하지 않겠다고 했음에도 모두 사직서를 냈고, 결국 사직서를 낸 다음날 임금은 "이런 작은 일로 그대들이 수고하니 내 그대들의 뜻대로 하겠소"(중종 2년 5월 신미조)라고 하며, 언관의 뜻을 받아들여 노비 북간을 공신의 명단에서 삭제했다.

대간들은 어떻게 정보를 얻으며, 어떤 경로를 통해 왕에게 전하는가?

조선시대 대간들은 국정 전반에 대한 일뿐 아니라 전국 각지의 잘못된 풍속이나 지방수령들을 탄핵하는 일도 했다. 그래서 조선시대 대신을 임금의 팔과 다리에 비유하고, 대간을 임금의 눈과 귀에 비유했다. 때문에 대간을 이목지관耳目之官이라고 불렀다. 그럼 지금처럼 통신매체가 발달되어 있지 않던 조선시대, 대간들은 어떻게 정보를 얻었으며, 어떤 과정을 통해 자신들의 뜻을 임금에게 전달했을까?

사헌부의 회의 내용을 통해 그 과정을 알아보자.

대사헌 : 오늘 논의할 사안은 어떤 게 있습니까? 편안하게 얘기들을 해
　　　　보시지요.

언관 1 : 네. 이번에 어미 병환을 보고자 광주에 갔다가 돌아오는 길에
　　　　여산에 들렀다가 들은 얘긴데, 여산군수 이원영이 관청에 드나
　　　　드는 물건을 자식들이 관리하게 하면서 부정을 저지르고 있다
　　　　고 합니다. 감사를 보내서 조사를 해봐야 할 것 같습니다.

대사헌 : 네. 그리고, 또 다른 사안이 있습니까?

언관 2 : 함경도 지역에서 온 소장을 보니까, 함경도 지역 주민들의 원성
　　　　이 대단합니다.

대사헌 : 아니, 왜요?

언관 2 : 이번에 중국사신이 온다고 해서 함경도 지역에 도로 보수공사
　　　　를 하지 않았습니까. 그런데 길을 넓힌다고 농토 일부를 잘라내
　　　　기도 하고, 또 농민들을 불러다가 일을 시켜서 농민들 피해가
　　　　이만저만이 아니랍니다.

회의 내용에서 알 수 있듯이 직접 현지인들에게 듣거나 억울한 사람들이 보내온 소장을 통해 정보를 얻는다. 이외에 사헌부의 경우는 사헌부 소속의 감찰이 지방에 다녀온 뒤 올리는 보고가 중요한 정보가 되고, 사간원의 경우는 매일 아침 임금과 대신들이 한자리에 모이는 조회에 참여해 임금의 동정이나 국정 전반에 관한 일을 파악하기도 한다.

이렇게 해서 안건이 정해지면 사간원과 사헌부는 각 관청에서 회의를 한다. 그러나 중요한 사안인 경우에는 사간원과 사헌부가 함께 회의를 하기도 한다. 대간이 세 명 이상 모여서 회의하는 것을 원의圓儀라고 한다. 이때는 상하직급 구분 없이 자유롭게 회의가 진행되며, 만장일치제로 결정한다. 그리고 이 과정을 통해서 결정된 것을 공론公論이라고 한다.

공론이 정해지면 임금에게 아뢰게 되는데, 그 방법은 문서를 이용하기도 하고 직접 구두口頭로 하기도 한다. 문서는 상소를 올리거나 상소보다 간단히 작성하는 차자箚子로 올리고, 구두의 경우는 경연장에서 임금께 아뢴다. 임금을 위해 유교강좌가 열리는 경연장에는 대간이 늘 참석해서 공론을 전하게 된다.

중종 때 대간활동이 가장 활발했다는데…

대간의 활동이 가장 활발했던 때가 중종 때다. 언론활동의 횟수를 조사해보면 중종 때 언관들의 언론 횟수는 한 달 평균 98회. 그러니까 하루 3회 이상 대간은 중종을 향해 상소를 올리거나 간언을 했다. 이는 다른 왕이 집권했을 때의 한 달 평균 언론 횟수에 비해 17배에 달하는 수다. 왜 이렇게 중종 때 대간들의 활동이 활발했을까? 이는 중종의 즉위 초의 시대상황과 관련이 깊다.

중종은 1506년 반정에 의해 왕위에 오른 인물이다. 연산군의 폭정을 보다 못한 몇몇 대신들이 주축이 돼 연산군을 몰아내고, 연산군의 동생

인 진성대군을 추대했는데, 그가 바로 중종이다. 그러나 중종이 즉위한
뒤에 조정 내에 주도권을 잡은 이들은 연산군 때 실권을 잡고 있던 훈구
파들로, 개혁의 의지를 가지고 있는 이들이 아니었다. 일례로 연산군 때
지탄의 대상이 되어온 유순이 영의정에 그대로 유임되었다. 더구나 공신
책록에는 많은 문제점이 있었다. 중종 2년 11월 사간원과 사헌부에서 올
린 상소에 공신책록에 대한 문제점이 거론돼 있다.

> "반정 당일날 넋을 잃고 간담이 떨어져 울부짖으며 문 밖에 넘어지기도
> 하고, 혹은 엉금엉금 기어서 흙탕물 도랑에 빠지기도 하고, 혹은 겁에 질려
> 도망쳐 숨기도 하고, 혹은 큰 일이 이미 정해진·뒤에 나타나기도 하고, 혹
> 은 과거 보는 곳에 숨어들어갔다가 일이 정해진 다음에 비로소 나타나기도
> 하고, 혹은 성 밖에 있다가 문이 열린 뒤에 들어오기도 하고, 혹은 눈물을
> 흘리며 공신에 기록되기를 애원하기도 하고, 혹은 진흙에 꿇어앉아 애걸하
> 기도 하여 온갖 작태가 다 있었다. 이러한 무리들이 무슨 공로가 있어서 공
> 신의 반열에 있을 수 있는가?"
>
> — 〈중종실록〉 2년 11월

당시 공신책록이 어떻게 이루어졌는지 짐작할 수 있게 하는 기록이다.
이외에도 뇌물을 받고 공신에 오르는 이들이 많았는데, 관련기록을 한번
살펴보자.

> "청탁자들의 서간과 재물을 소매 속에 감추어 넣고 다녔다고 해서 소매
> 속 공신이라는 야유가 사람들 입에 오르내렸다."
>
> — 〈중종실록〉 원년 10월 계축조

"심지어는 노와공신怒臥功臣이라는 웃지 못할 촌극까지 벌어졌는데, 이는 성희안이 그의 노모에게 자신의 나이 어린 매부를 차마 공신으로 넣지 못했음을 실토하자 그의 노모가 내 다시는 너의 얼굴을 보지 않겠다고 하며 노하여 드러눕자 하는 수 없이 공신으로 책록했다는 데서 나온 이야기다."

―〈중종실록〉 원년 9월 갑신조

이렇게 해서 책록된 공신의 수는 126명으로, 건국 초 개국공신이 45명, 인조반정 때의 공신이 53명이었던 것에 비해 많은 수가 공신 반열에 올랐음을 알 수 있다. 이들은 온갖 부와 특권을 누리고 있어 이제 연산군 대신 공신에게 백성들이 시달린다는 이야기가 나올 정도였다. 이에 중종은 공신세력의 과도한 확대를 견제하기 위해 연산군 때 폐지되었던 사헌부와 홍문관을 부활시키고, 사헌부의 최고책임자인 대사헌에 안당, 홍문관의 최고책임자인 부제학에는 정광필을 기용했다.

이 두 사람은 사림파다. 연산군 때 무오사화로 조정에서 물러나 초야에 묻혀 있었던 이들이다. 이들을 기용한 것은 당시 공신의 대부분을 차지하고 있는 훈구파를 견제하고 개혁을 단행하고자 하는 중종의 의도에서였다. 당시 조정의 주도권을 잡고 있던 공신들은 중종의 이러한 생각에 동의할 수 없었다. 하지만 반정의 합리화를 위해서는 울며 겨자 먹기로 사림파의 등용을 인정할 수밖에 없었다.

이렇게 해서 중종은 대간의 의견을 적극적으로 듣고 수용했으며, 그들이 자유롭게 간언을 할 수 있도록 지원했다. 당시 중종의 생각을 엿볼 수 있는 기록이 실록 곳곳에 남아 있다.

"중종은 대간에게 '그대들이 재상, 문사의 일까지 서슴지 않고 말해주니

나는 매우 가상히 여긴다. 임금은 구중궁궐에 칩거하고 있으니 대간이 말
해주지 않으면 어찌 알겠는가?"

— 중종 2년 11월 2일

"중종은 대간에게 '그대들은 숨김없이 할 말을 다 하라. 그대들은 만약
내가 사사로운 정을 따른다고 의심하면 곧은 말로 진술하라.'"

— 중종 3년 4월 23일

대간의 활동이 중종 집권기에 활발했던 이유는 기존의 정치세력인 훈
구파가 아닌 사림파를 통해 개혁을 하려는 중종의 생각 때문이다.

당시 사림파에서도 개혁에 앞장섰던 인물은 조광조다.

중종조 대간들에 의한 개혁이 가장 활발히 이뤄진 게 조광조가 활동하
던 시기인 중종 10년부터 14년 사이라는 것만 봐도 조광조의 활약이 어
떠했는지 짐작할 수 있다. 조광조는 사림파인 김굉필의 문하생으로, 중
종 10년 문과에 급제해 관직에 오른 뒤 불과 3년 만에 홍문관 부제학에
올라 주위를 놀라게 했던 인물이다.

그는 유교적인 이상국가를 실현하고자 했던 급진적인 개혁가였다. 조
광조는 많은 개혁을 감행했는데 그중 대표적인 것이 소격서 혁파다.

소격서를 혁파하라!

중종 13년 9월, 조정은 소격서昭格署 문제로 몸살을 앓고 있었다. 소격
서를 혁파해야 한다는 대간의 상소와 간언이 8월에 이어 9월까지 계속
이어지고 있었다. 소격서란 지금의 삼청동에 위치해 있던 관서로, 나라
에 경사나 재앙이 있을 때 도교식으로 제사를 지내던 곳이다. 그만큼 왕
실에서 소격서는 중요한 의미를 가지고 있었다. 그런데 조광조는 이러한

소격서는 미신의 온상이며 유교국가인 조선에선 이단이라며 혁파를 주장했다(중종 13년 8월 1일). 그리고 이에 동의한 대간들은 소격서 혁파를 주장하는 상소를 올리기 시작했다.

그러나 중종은 윤허할 수 없다는 말만 되풀이했다. 결국 상소를 올린 지 23일째 되는 날 대간들은 사직상소를 올렸다.

중종은 사직서를 받아들이지 않고 언관들에게 관청으로 다시 나올 것을 명했다. 그러나 언관들은 공론을 저버리지 말라는 간곡한 내용의 상소만을 되풀이해서 올렸다. 그러자 중종은 대간들의 사직서를 받아들이고 대간직에 새 인물을 임명했다. 그런데 이번엔 새로 임명된 이들마저 사직서를 내며 물러갔다.

그리고 조정 내 대신들과 종친회까지 대간들의 소격서 혁파 주장에 동조했다. 그러자 결국 9월 2일 중종은 소격서를 혁파할 것을 명했다. 32일간의 힘겨운 줄다리기는 이렇게 해서 끝이 났다.

중종시대 대간들에 의한 개혁

소격서 혁파 과정을 통해 당시 대간들이 얼마나 자신의 임무에 투철했는지를 알 수 있다. 한번 공론이 정해지면 그것이 임금에게 받아들여질 때까지 어떠한 고초도 마다하지 않았다.

그럼 이들이 일을 추진해나가는 데 있어서 그 뿌리가 되었던 것은 무엇일까?

그건 유교적인 대의명분이었다. 이는 이들이 한 일을 보면 더욱 분명히 알 수 있다. 중종 12년엔 성리학의 시조라고 할 수 있는 정몽주의 신위가 문묘에 모셔지도록 상소했으며, 이단이라고 해서 도교식으로 제사를 지내던 소격서와, 불교식으로 죽은 이를 달래던 기신재를 폐지했다.

이외에도 사림파 언관들은 여악女樂을 폐지할 것을 주장했다. 여악은 궁중이나 지방관아의 관기들이 행하던 가무로, 이로 인한 폐해가 심하다는 것이 그 이유였다.

사림파 언관들은 이러한 유교이념을 왕실이나 관아뿐 아니라 향촌사회에도 전하려 했다. 〈속 삼강행실도〉와 〈이륜행실도〉를 한글본으로 편찬했으며, 일상생활의 예의범절을 담고 있는 소학도 한글 번역본으로 발간했다. 또한 좋은 일은 서로 권하고 어려움을 당하면 서로 도와준다는 등의 향촌사회의 자치규약인 향약 보급에도 앞장섰다.

중종 13년엔 현량과를 실시했다. 이는 동료학자들의 추천을 받은 사람에 한해서 시험을 치르도록 하는 새로운 관리등용제도로, 실시 여부를 놓고 논란이 많긴 했지만 신진사류 28명이 이 현량과를 통해 등용됐다.

현량과 실시와 소격서 혁파, 그리고 향약 실시 ─ 조광조를 비롯한 사림파에 의해 불과 4년 만에 이루어진 일들이다. 이것은 당시로서도 아주 혁신적인 일이었다.

하지만 이러한 급진적이고 도전적인 사림파의 개혁정치는 당시 정권을 잡고 있던 훈구세력에게 점차 위기감을 안겨주게 된다. 그리고 사림파를 신임하던 중종마저도 언관들이 끊임없이 올리는 상소와 그들의 빈번한 동맹사직에 점차 지쳐간다.

그러던 중 조광조를 비롯한 언관이 이번엔 위훈삭탈 문제를 거론하고 나오면서 조정에선 또다시 긴장이 감돌게 된다.

위훈삭탈과 몰락 그리고 교훈

반정공신에 대한 문제는 반정 초부터 문제가 되었던 것이다. 연산군을 쫓아내고 중종을 왕위에 올리는 데에 아무런 공이 없는데도 공신 반열에 오른 사람들이 많았다. 이러한 잘못 책록된 공신을 공신록에서 삭제해야 된다는 건 중종 집권 초부터 대간들에 의해 조금씩 거론됐었다.

그러던 것이 중종 14년 조광조에 의해 본격적으로 제기되었던 것이다. 이번에도 대간과 중종간의 힘겨운 줄다리기가 이어졌고, 17일간의 논의 끝에 결국 중종은 자신의 뜻을 굽힌다. 중종은 76명의 공신들을 공신록에서 삭제할 것을 명했다. 그러나 이 사건은 사림파 대간들에게 예상치 못했던 결과를 가져다준다.

76명의 공신을 공신록에서 삭제하고 단 4일 만에 조광조를 비롯한 사림파 언관들은 의금부로 압송되었다. 이들에게 씌워진 죄목은 붕당을 결성해 나라를 위태롭게 했다는 것이다. 그러나 실상 이 모든 것들은 훈구파의 반격으로 일어난 일이었다.

반정공신의 30% 이상을 차지하고 있던 훈구계 인물들은, 반정공신에 대한 부정은 반정에 의해 왕위에 오른 중종을 부정하는 것이라며 조광조를 모함했다. 이때 중종은 사림파 언관들의 급진적인 개혁정치에 지쳐 있던 터다. 결국 조광조는 의금부로 잡혀왔고, 이틀 뒤 능주로의 유배령이 떨어졌다.

그로부터 한 달 뒤 조광조에게 사약이 내려졌다. 이날 조광조와 함께 활동하던 사림파들도 대부분 파직되어 유배 보내졌다. 이것으로 이들의 개혁은 종지부를 찍게 되고 대간 활동도 위축되었다.

조광조가 중심이 된 대간제도가 성공을 거두지 못했던 이유는 뭘까? 어쩌면 개혁을 해나가는 데는 완만을 조절하는 것이 중요한데 너무 급진적으로 개혁을 해나가다 보니 적을 많이 만든 건 아닐까?

조선시대 대간제도는 자칫 비대해지기 쉬운 왕권과 신권을 견제하는 역할을 했다. 특히 대간들이 왕에게 올리는 공론이라는 것은 여론을 수렴한 것이었다. 이러한 대간제도는 중종 때만큼 번성하지는 못했지만 이후에도 계속 이어진다.

　　왕조국가인 조선시대 이러한 언관제도가 있었다는 것, 그것이 왕조국
가인 조선을 무려 500년 동안이나 유지할 수 있게 한 밑바탕은 아니었을
까?

■글/빈선화

5
발 뒤의 정치
— 문정왕후의 수렴청정

'양재역 벽서 사건'에 숨겨진 음모

때는 명종 2년 9월 18일. 당시의 부제학 정언각은 과천 양재역 부근을 지나다가 우연히 벽에 붙은 붉은 글씨로 된 문서 한 장을 발견하게 된다. 가던 길을 멈추고 서서 찬찬히 그 내용을 살펴보니, 이는 놀랍게도 당시의 집권세력을 혹독하게 비판하고 있는 괴문서였던 것이다.

> "여주女主가 위에서 정권을 잡고,
>
> 아래에서는 간신들이 권세를 농간하고 있으니,
>
> 이제는 나라가 망하는 것을 기다릴 수밖에 없도다.
>
> 이 어찌 한심한 일이 아니겠는가?"

이때의 여주란 당시 수렴청정을 하고 있던 대비, 즉 문정왕후를 일컫는 말이었다. 이것이 바로 '양재역 벽서 사건'의 시발이다.

그러자 이 일을 전해들은 문정왕후는 당장 서릿발 같은 분부를 내린다.

"경들은 들으시오! 왕실을 우롱한 이런 발칙한 자들은 분명 을사년의 죄
인들과 같은 세력들일 것이오. 그자들을 하나도 빠짐없이 색출해 잡아들이
도록 하시오."

이름을 밝히지 않은 익명서 한 장이 일으킨 이 벽서 사건의 파장은 일
파만파로 퍼져나갔다. 중종의 아들인 봉선군 등 3명이 목숨을 잃고, 이
언적·노수신 등 20여 명이 귀양을 가는 대규모 옥사가 일어난 것이다.
여기서 이언적이라고 하면 선왕인 중종의 사부를 지낸 바 있으며, 당시
사림의 대부격인 인물이었다. 그는 수렴청정을 올바로 시행하고, 외척의
정치 개입을 막아야 한다는 건의를 한 바 있어, 척신戚臣 세력들에게는
눈엣가시와도 같은 존재였던 것이다.

그렇다면 과연 누가 이런 벽서를 만들었을까?

실제로 이 일로 목숨을 잃고 귀양가야 했던 이들이 벌인 일이었을까?
아니면, 당시 유생들 사이에 은밀히 나돌던 소문대로, 반대파를 제거하
기 위해 척신세력의 최측근인 윤원형 일파가 꾸민 일이었을까?

그 대답부터 한다면, 이러한 계략을 꾸민 것은 바로 윤원형 일파 그 자
신들이었다. 그리고 이 옥사를 주도한 세력도 윤원형 일파였다. 게다가
그 뒤에는 수렴청정을 하고 있던 문정왕후가 굳건히 버티고 있었다. 바
로 양재역에 나붙은 벽서에서 '여왕 혹은 여주'로 지칭된 인물이다.

여기서 수렴청정이란 왕이 15살이 안돼 즉위했을 경우, 왕실의 최고
어른인 대비가 발을 내리고 섭정을 하는 제도를 말한다. 문정왕후의 경
우는 명종이 12살에 즉위했기 때문에 수렴청정을 하게 된 것이다. 그러
면 과연 대비의 수렴청정은 어떻게 하는 것이길래, 그 대비에게 여주라
는 말까지 썼을까?

그럼 우선 당시의 수렴청정을 하던 편전의 모습부터 한번 더듬어보기

로 하자. 국사를 논의하기 위해 왕과 대신들이 자리했을 때, 수렴청정을
하는 대비의 자리는 왕 뒤쪽에 놓여졌으며, 이때는 내외법에 따라 대비
앞쪽에 발을 치도록 했다. 또한 왕이 앉는 의자인 용상도 왕과 대비가 자
연스럽게 대화를 나눌 수 있도록 등받이와 팔걸이가 낮은 의자를 사용토
록 배려했다. 그런가 하면 왕이 항시 남향을 향해 앉은 반면, 대비는 동
남향으로 45도 각도를 틀어 앉았는데, 이는 왕에 대한 겸양의 자세였다
고 한다. (김용숙 문화재 자문위원)

수렴청정을 하는 대비가 앉은 자리는 왕의 뒤쪽으로 동쪽에 가까웠고,
정남이 아닌 동남향을 향하고 있었던 것이다. 그렇다면 이러한 모습을
토대로, 여기서 잠시 수렴청정의 실제를 재연해보기로 하자.

주사관 : 전하, 부사용 김영의 상소입니다. 아뢰옵기 송구하오나, 근래
　　　　의 재변이 수렴청정의 소치라는 내용입니다.
명 종 : (대비 쪽을 바라보며) 마마, 어찌하면 좋을는지요?
문정왕후 : 경들 생각은 어떻소?
윤원형 : 동조마마, 심려치 마오소서. 김영의 상소를 다 보지 못하여 자
　　　　세히는 알 수 없사오나, 이는 분명 윗사람에 대한 유언비어를 퍼
　　　　뜨린, 도리를 거스른 죄에 해당하는 것으로 사료되옵니다. 부디
　　　　참부대시에 처하소서.
문정왕후 : 김영의 글은 참으로 용렬하고 망령스럽기 짝이 없으니, 형을
　　　　유보할 필요도 없소! 즉시 교수형에 처하도록 하시오!

여기서 참부대시라 함은 나라에 흉년이나 천재지변이 있을 때 형집행
을 유보했다가 참형에 처함을 일컫는 것인데, 참으로 놀라운 일이 아닐
수 없다. 왕이 아무리 어리다고는 하지만, 그래도 왕은 왕인 것이다. 하

지만 수렴청정을 하는 대비는 이처럼 직접 대신들을 상대할 수 있었고, 또 왕의 생각을 물어보지 않고도 중요한 결정들을 내릴 수 있었으니, 사실상의 여왕이었던 셈이다.

그렇다면 수렴청정을 하는 대비도 어차피 국정운영에 참여할 바에야 왕으로서 갖추어야 할 제대로 된 학문적 지식과 자질이 필요했을 것이다. 그러나 대비가 받은 교육은 왕비로서 갖추어야 덕목에 초점이 맞추어졌지, 수렴청정까지를 생각하여 여왕이 될 교육을 받았을 리 만무하다.

그렇다면 수렴청정을 하는 문정왕후는 무엇을 기준으로 정책을 결정하고 인사권을 행사했던 것일까? 그 답을 얻기 위해서는 먼저 문정왕후가 어떤 인물인지, 또 그 주변상황은 어떠했는지를 알아보는 것이 순서일 듯하다.

세번째 왕비가 된 윤지임의 딸

문정왕후는 중종 임금의 세번째 왕비다. 그녀는 1501년, 파평 윤씨 가문에서 미관말직인 윤지임의 딸로 태어났다. 중종의 첫번째 비인 단경왕후 신씨는 1506년에 폐위되었고, 이후 두번째 비인 장경왕후 윤씨도 세자를 출산한 뒤 1515년에 세상을 뜨자, 그 뒤를 이어 1517년에 세번째 왕비로 간택되었던 것이다.

당시의 대비였던 정현왕후 윤씨와 또 장경왕후의 외척세력인 윤임 등이 나서서 이왕이면 파평 윤씨 가문에서 왕비가 나는 것이 낫지 않겠냐고 하면서, 당시 파평 윤씨 가문 중 비록 한미한 집안이지만 총명하다고 소문이 난 윤지임의 딸을 흔쾌히 선택하게 된 것이다. (이화여대 사학과 이배용 교수)

이후 문정왕후는 경원대군을 출산했으며, 이로 인해 이들을 지지하는 세력인 소윤과, 장경왕후 소생의 세자를 지지하는 대윤 세력으로 서로 양분되어 이들간의 대립이 일어나게 된다. 그리고 문정왕후 윤씨는 그 중심에 서 있었다.

그러던 중 1544년 11월 중종이 승하하자, 중종의 두번째 왕비인 장경왕후의 소생 인종이 즉위하게 된다. 그러자 자연히 대윤이 세력을 떨쳤으며, 문정왕후는 그녀 모자의 처지에 불안감을 느끼지 않을 수 없었다.

게다가 그녀는 인종이 세자로 있을 때 동궁전에 일어났던 화재의 배후인물이라는 의심까지 받고 있었다.

그러나 왕위에 오른 인종이 8개월 만에 후사 없이 병으로 세상을 떠나자, 그 뒤를 이어 경원대군이 왕위에 오르면서 세상은 다시 한번 뒤바뀌게 되었다. 정국구도에 커다란 변화가 생기면서 상대적으로 밀려나 있던 소윤이 득세케 된 것이다.

1545년 7월, 왕위를 이어받은 명종의 나이는 12살이었다. 그리고 졸지에 어린 아들 대신 정치를 하게 된 문정왕후. 하지만 구중궁궐 속에만 있던 그녀에게 그 어떤 정치적 기반이 있을 리 만무했다. 정치적 입지란 조직적인 정치 기반이 있어야 하는 것인데, 그 당시는 엄격한 유교적 가부장제 사회였기에 당연히 여성이 정치일선에서 능력을 발휘하기가 매우 어려울 수밖에 없었다. 따라서 학문적 기반도, 인맥도 없는 여자의 몸으로서는 자연 피붙이인 자신의 친정세력에 의지할 수밖에 없는 상황이었다. (이배용 교수)

이렇게 해서 문정왕후의 수렴청정은 결국 그녀의 동생인 윤원형을 중심으로 한 소윤파의 득세와 세력 강화로 이어지게 되는 것이다. 그리고 그녀가 수렴청정을 시작하면서 제일 먼저 한 일도 반대세력인 대윤파를 제거하는 일이었다. 대윤파의 거두인 윤임과 그 주변세력들을 제거하고, 소윤파에 반대하는 사람들을 모두 역모죄로 몰아 처형하니, 이것이 바로 을사사화였다.

또한 대윤파 제거에 공을 세운 사람들은 공신으로 봉하여 땅과 노비를 주었다. 그러자 항간에는 이런 말이 떠돌았다. "공신들은 공없이 공을 세웠고, 죄인들은 죄없이 죄를 지었다."

이는 당시의 비판적인 여론을 말해주는 것이다. 따라서 윤원형 세력들은 이러한 여론을 무마하면서 정국을 주도하기 위해서는 반대세력을 철저하게 탄압하는 강경책을 쓸 수밖에 없었던 것이다.

'양재역 벽서 사건'도 바로 이러한 배경에서 나온 것이다. 그러나 이것도 사실 수렴청정이 몰고온 소용돌이의 시작에 불과했다.

용서받지 못한 사관의 직필

명종 3년, 사관 안명세가 필화사건으로 사형을 당하는 일이 벌어졌다. 이는 당시 윤원형 등 척신세력들이 〈속무정보감續武定寶鑑〉을 편찬하는 과정에서 일어난 사건이었다. 〈속무정보감〉의 편찬은 을사사화의 정당성을 홍보하기 위한 목적으로 추진된 작업이었는데, 이때 편찬의 기본자료로 삼은 시정기에서 문제점이 발견되었던 것이다. 안명세는 당시 자신이 기록한 시정기에 을사사화의 정당성에 문제가 있음을 놓치지 않고 적어넣었다. 을사년 8월 28일, 윤임 등 사화 연루자들에게 죄가 정해지던 날의 상황을 그는 다음과 같이 기록했다.

"이날 주상은 끝내 말 한마디 하지 않았다. 하지만 대비는 윤임 등을 죄주지 않을 수 없다는 말을 반복해서 말했다. 선왕 인종대왕이 아직 빈소에 계신데 그의 신하들을 죽이니 이 어찌 불행한 일이 아니겠는가."

"형량을 정하는 추관들이 대부분 죄를 주지 않으려 했지만, 윤원형 일파가 강제로 형량을 정하게 했다."

"참형을 당한 이들의 시체가 안치됐다. 이를 본 사람들이 모두 가슴 아파
했다."

안명세는 소윤 척신세력들을 비판한 이 기록 때문에 사관의 자격이었
음에도 불구하고 사형에 처해지고 만다. 당시는 척신세력들의 세상이었
기에, 사관의 직필조차도 용납치 않았던 것이다.

또한 척신세력은 이조판서와 병조판서직을 독점하면서 조정의 인사권
까지 장악한다. 명종 8년까지 이조와 병조판서에 재직했던 인물들을 살
펴보면, 이조에 최보한·민제인·김광준·윤원형·허자 등이 있었고,
병조에는 상진·이준경·안현·김광준 등이 재직했다. 이들 대부분이
소윤파였다.

명종 8년 4월자 실록을 보면, "이조와 병조가 재상이 있는 줄은 알아
도, 임금 있는 줄은 모른다"는 기록이 있는데, 이것만 보아도 왕의 고유
권한인 인사권이 척신세력에 의해 장악되고 있음을 한눈에 알 수 있다.

뿐만 아니라 윤원형 등 척신세력은 정국의 주도권을 완전히 장악하기
위해 언관직에 자기 세력을 심어놓는다. 그 대표적인 인물이 사헌부 집
의 정준鄭浚인데, 그는 윤원형의 첩에서 정실부인이 된 정난정의 사촌오
빠였다.

실록에 따르면 정준은 윤원형을 상전처럼 떠받들었으며, 성품이 매우
경박했고, 윤원형의 위엄을 빌려 대관이 된 뒤에는 마음 내키는 대로 사
람들을 공격했다고 한다.

김우기 박사(한국사)의 말을 빌리면, 언관조차도 집권층에 예속되어
정상적인 기능을 담당하지 못한 시기가 있었는데, 이 시기가 바로 그런
때였다고 한다. 그리고 집권층이 반대세력을 공격하거나, 집권의 명분을
찾기 위해 자파세력 중 문제가 있는 사람을 공격할 때도 역시 언관을 이

용했던 것이다.

실록을 펼쳐보면, 언관이 윤원형 세력의 눈과 귀, 손톱과 이가 되려 했다는 기록이 있는데, 이는 당시 언관의 위상이 어떠했는가를 단적으로 말해주는 부분이라 하겠다.

이처럼 척신세력이 정권을 완전히 장악할 수 있었던 데는 바로 문정왕후라는 든든한 배경이 있었기 때문이다. 대비의 뜻을 거스르는 것은 왕권에 대한 도전이나 다름없었고, 결국 왕실의 최고 어른인 대비에 대한 탄핵은 현실적으로 불가능했던 셈이다.

따라서 발 뒤의 문정왕후는 안에서, 그리고 그녀의 동생인 윤원형 등 척신세력들은 바깥에서 공조하는 체제에 의해, 당시 척신정치의 기반이 만들어졌던 것이다. 그리고 이러한 상황은 임금조차 어찌해볼 수 없는 지경에 이르러 있었다.

이렇게 어느 한 세력이 권력을 독점했을 때는 어떤 일이 벌어질까? 더군다나 수렴청정이라는 비정상적인 상황에서 정권을 장악한 세력들이라면 말이다. 아마도 예나 지금이나 이런 경우 가장 먼저 나타나는 것이 집권세력의 부정부패일 것이다.

명종 대의 척신세력들도 역시 예외가 아니었다. 백성들은 이들의 부정부패 때문에 살기가 어려워지자, 그들에 대한 원성이 날로 높아만 갔다. 그렇다면 당시의 부패상이 어떠했는지를 한번 알아보기로 하자.

조선판 '필리포스' – 부패의 현장을 찾아서

〈추적 60분〉 취재팀이 제보를 받고 달려간 곳은 전라남도 바닷가의 한 마을이다. 지금 이곳에서는 바다를 메우는 간척사업이 한창 벌어지고 있었다. 여기서 일하는 농민들과 잠시 인터뷰를 해보았다.

기 자 : 지금 뭘 하고 계신 겁니까?

농 민 : 보시다시피 바다를 메워 밭을 만들고 있지라.

기 자 : 지금 한창 추수할 때일 텐데….

농 민 : 배는 고픈디 논에 멀쩡히 서 있는 나락들을 보면 우들도 애간장
이 타 죽겠소. 하지만 어쩔 것이오. 다 원님이 시키는 일인디….

기 자 : 그럼 이 고을 수령이 자기 밭을 만드는 건가요?

농 민 : 그란 건 아닌 것 같고… 우리 원님두 다 누가 시켜서 하는 일이
라 그랍디다.

기 자 : 그게 누군가요? 엄청난 인력이 필요한 만큼 아무나 할 수 있는
일은 아닐 텐데?

농 민 : 그란 거 우들한테 묻지 마소. 나중에 화 당하기 싫응께.

농민들은 밝히길 꺼렸지만 제보에 의하면 척신세력 중 하나가 이 일을
시킨 것이라고 한다.

이번엔 함경도 지방의 갈대밭을 찾아가보았다. 이 근방의 고리백정들
은 이곳 갈대로 바구니를 만들어 생계를 유지해왔었다. 그런데 이제는
살 길이 막연해졌다는 하소연이었다.

고리백정 : 아니, 갑자기 관가에서 사람이 나오더니, 이 갈대밭이 윤대
감 땅이 됐다면서, 길을 막아놓고 들어가질 못하게 합디다. 그러
면서 아, 그놈들이 이제는 갈대를 돈을 내고 갖다 쓰라는 거지
뭡니까. 이런 자다가도 기가 찰 일이 있나. 저승사자는 원 뭐 하
는지, 그런 놈들을 안 잡아가고, 나 원 참 세상에….

방모씨는 백정으로 사는 것도 서러운데 땅까지 빼앗기니 도저히 살 수

가 없다고 말했다.

이외에도 척신세력들의 땅 넓히기 비리는 상상을 초월했다. 심지어 국유지인 제주도의 말목장까지 자신들의 전답으로 만들어놓은 경우도 있었다.

또한 관아의 경비를 조달하고 군량을 확보하기 위한 둔전도 예외가 아니었다.

한양 근처의 수락산. 엄연히 국유지임에도 이곳은 척신세력들의 땔나무 조달지가 되어버렸다. 어떻게 이런 불법이 가능할 수 있을까? 얼마 전까지 권문세가 댁 청지기였던 김모씨의 이야기를 들어보자.

> 청지기 : 나라에서는 버려진 땅이 3년 이상 묵어 있으면 아무라도 경작을 할 수 있게 해놨거든요. 그러니까 지방수령들과 얘기해서 3년 이상 묵은 땅이라고 바꿔놓기만 하면 자기 땅이 되는 거지요.

척신세력들은 이렇게 법을 교묘히 이용하고 있었던 것이다. 취재진은 〈경국대전〉을 한번 확인해보기로 했다. 실제로 〈경국대전〉 호전을 보니 3년이 지나도록 묵어 있는 땅은 관에 고하고 경작하는 것을 허용한다고 되어 있었다. '관에 고한다' — 이는 바로 지방관들이 척신들의 비리에 깊숙이 연루되어 있음을 짐작케 하는 대목이다. 〈추적 60분〉 팀은 갈대밭을 빼앗았다는 함경도의 한 관아를 찾아가보기로 했다.

> 기 자 : 이 일이 윤대감이 시킨 것이라는데, 사실인가요?
> 이 방 : 윤대감 말을 듣지 않았다가는 무사하질 못하죠. 얼마 전 파직당한 영광군수, 또 윤대감 쪽 언관한테 탄핵당한 정주 목사, 이런 사람들이 다 윤대감 청을 거절했다가 그렇게 된 거지요.

기 자 : 윤대감이라는 사람이 윤원형 대감 맞습니까?

이 방 : 허허, 다 아실 만한 양반이 왜 이러시나. 아, 군수를 파직하고 언
　　　　관을 동원할 정도면 뻔하지 않겠소?

여기서 잠시 서울대 국사학과 이태진 교수의 설명을 들어보자.

"척신들은 대부분 집안이나 자신이 고관의 배경을 갖고 있었고, 제도적
으로도 경재소京在所 제도가 있어서 서울의 현직 고관들이 지방 유지들의
모임인 유향소에 영향력을 행사할 수가 있었다. 그러니 현직에 가 있는 지
방관에 압력을 가하는 이런 이중적인 형태로 특정지역에 자신의 경제기반
을 확보하거나 확대할 수 있었던 것이다."

하지만 윤원형 대감 등 척신세력들의 비리는 이뿐만이 아니었다. 이들
은 군역과 각종 세금까지도 양민들에게 전가시키고 있었다.

숙명여대 한국사학과의 한희숙 교수는 당시의 상황을 이렇게 설명한
다.

"양민들의 부담은 훈척세력이 극심하던 16세기에 오면서 점점 늘어나는
데, 그 이유는 양반들이 제 토지를 확대하는 과정에서 농민들의 땅을 빼앗
는 경우가 많았고, 양반들은 군역이나 요역徭役을 남에게 대립代立시키거
나, 아예 지지 않으면서 그 부담을 양민에게 전가시켜버렸다. 또 그 부상負
商들이 권세가들과 결탁해서 공물을 대신 납부하는 대가로 농민들로부터
많은 공물을 받아들임으로써 공납세를 문란시켜놓자, 농민들의 처지는 더
욱 불안하게 되어갔던 것이다."

명종 3년 2월의 실록을 보면, '밭을 가진 백성 중 열에 팔, 구는 권세가에 땅을 등록시켰다'라고 되어 있는데, 요즘 농민들 사이에 성행하고 있는 권문세가에 땅을 등록하는 행위는 바로 이런 과중한 부담 때문이었다.

그러나 권문세가가 땅을 등록해주는 것은 그 땅의 주인까지도 권문세가의 소유, 즉 노비가 된다는 조건을 수용할 때뿐이었다. 그런 경우에 처한 농민 한 사람을 만나보았다.

농 민 : 아, 군대 안 가지유, 세금 안 내지유, 그리구 최소한 굶어죽지는
　　　　않지유….
기 자 : 그러면 가지고 있던 땅은 어떻게 했습니까?
농 민 : 그건 당연히 주인댁 차지가 된 거쥬. 우덜 같은 백성들은 우덜대
　　　　로 부담을 줄일 수 있고, 대감님네들은 대감님네들대로 땅이 많
　　　　아져서 좋고….
기 자 : 그럼, 누이 좋고 매부 좋고란 말인가요?
농 민 : 그렇게 말할 수는 없지유. 우덜은 굶어죽지 않으려고 울며 겨자
　　　　먹기로 하지만, 대감님네들이야 꿩 먹고 알 먹고 아니겠슈?

굶어죽지 않기 위해 양민의 신분으로 노비가 되는 길을 택했다는 장모 씨의 안타까운 처지는 대부분의 농민들이 비슷하다. 이렇게 척신들의 부정부패 때문에 갈수록 심화되고 있는 사회 혼란상은 취재진의 마음을 답답하게 만들었다.

임꺽정의 출현과 백성들의 동조

또 한 가지 명종 시대의 사회 혼란상을 이야기하면서 빼놓을 수 없는 것이 있는데, 바로 임꺽정 이야기다. 처음 황해도 지역에서 활동하던 임

꺽정 일당은 점점 서울로까지 활동범위를 넓히면서 당시 집권세력의 간담을 서늘하게 만들었다. 조정에서 대대적인 토벌작전을 벌였지만 이들을 섬멸하기가 쉽지 않았는데, 이는 당시 농민들이 임꺽정 무리에게 심정적으로 동조하고 있었던 데에 큰 이유가 있었다. 심지어 농민들이 더 무서워하는 것은 임꺽정이 아니라 토벌대라는 말까지 있을 정도였다. 게다가 농민이 임꺽정 무리에 가담해 도적이 되는 일도 드물지 않았다.

백성들이 이렇게 된 데는 처자식을 굶기지 않으려고 뼈가 빠지게 농사를 지어봐야 세금이 더 많이 나왔고, 언제나 주린 배를 움켜쥐고 살아야 했으며, 나중에는 그 손바닥만한 땅까지도 빼앗겼기 때문이다. 그러니 백성은 자연히 이처럼 자신들의 고혈을 짜는 권문세가의 권력층이 진짜 도적이라고 여겼으며, 청석골로 들어간 농민들이야 먹고 살 수만 있다면 다들 칼 버리고 호미 들 사람들이라는 정서가 팽배해 있었다.

즉, 도저히 먹고 살 길이 없어 도적이 되는 길을 택했다는 이야기인데, 사실 어느 시대에나 먹고 살기 힘든 사람들이 있게 마련이고, 그때마다 그들이 도적의 무리가 됐다면 세상은 하루도 조용할 날이 없었을 것이다. 그렇다면 이쯤에서 실록은 임꺽정 무리에 대해 어떻게 평가하고 있었는지 알아보기로 하자.

임꺽정 토벌작전이 시작되던 명종 14년의 실록을 찾아보면, 사관은 기사 말미에 이런 생각을 적어넣고 있다.

"도적이 성행하는 것은 수령의 가렴주구 탓이고, 수령의 가렴주구는 재상이 청렴하지 못한 탓이다. 지금 재상의 탐욕이 한이 없기 때문에 수령은 백성의 고혈을 짜내고 있다."

도적이 성한 것은 결국 당시의 권세가가 탐욕을 부리기 때문이라는 것이다.

이번에는 토벌작전이 한창이던 명종 16년 1월 3일자 기록을 살펴보자.

"윤원형은 외척의 명문 거족으로 물욕을 한없이 부려 백성의 이익을 빼앗는 데 못한 짓이 없었으니, 큰 도적은 오히려 조정에 도사리고 있는 셈이다."

당시 재상들이 도적을 만들었다는 데서 한걸음 더 나아가 도적은 오히려 당시 척신세력들이었다는 말이다.

다음 기사는 한양에 검문검색이 강화되고 대대적인 수색이 벌어지던 명종 16년 10월의 기록인데, 논조가 점점 더 격앙되고 있다.

"도적이 되었다면 원인은 정치를 잘못했기 때문이지, 그들의 죄가 아니다. 황해도의 도적이 방자하다고 하지만, 그들의 무리는 8, 9명에 지나지 않는다. 모이면 도적이고 흩어지면 백성이다. 나랏일이 날마다 그릇돼가는데도 구원하는 자가 없으니 탄식하며 눈물만 흘릴 뿐이다."

이렇게 사람들은 도적의 무리가 늘어나는 것이 잘못된 정치 탓임을 통렬히 지적하고 있으며, 당시의 혼란상은 이만큼 심각한 지경에 처해 있었다. 그렇다면 이런 문제들을 해결하기 위한 방법은 무엇이었을까? 당시 사림들은 부패한 척신정치가 수렴청정에서 비롯됐다고 여겼으므로, 문정왕후가 철렴撤簾, 즉 수렴청정을 거두기만을 기다리고 있었다.

끝나지 않은 발 뒤의 정치

명종 8년 7월 13일, 문정왕후는 드디어 9년이라는 긴 세월의 수렴청정에 마침표를 찍는다.

수렴청정을 거두는 데에도 당연히 그에 따른 절차가 있다. 우선 대비가 먼저 그 뜻을 밝히고, 왕은 이에 대해 수차례에 걸쳐 사양을 한다. 그러면 대신들은 대비의 뜻을 받들어 왕을 설득하고, 왕은 마지못해 대비의 뜻을 받드는 형식을 취해 친정을 시작하게 되는 것이다. 그렇다면 당시 편전에서 어떤 일이 있었는지, 그 상황을 한번 재연해보도록 하자.

문정왕후 : 이제 주상의 춘추가 장성하고 학문이 날로 높아져 여러 정사
　　　　　를 재결할 수 있게 되었소. 그러니 나는 이제부터 발을 거두고
　　　　　다시는 정치에 관여하지 않기로 했소. 앞으로 대신들은 성상을
　　　　　보도해주기 바라오.
명　　종 : (용상에서 내려와 엎드리며) 아니되옵니다. 뜻을 거두어주소서.
문정왕후 : 주상이 이러면 내 어찌 마음 편히 여기에 있을 수 있겠소? 어
　　　　　서 용상에 오르시오.
명　　종 : 아니되옵니다. 부디 명을 거두어주소서.
문정왕후 : 내가 지금까지 섭정을 한 것은 주상의 학문이 아직 성취되지
　　　　　못했기 때문이었소. 하지만 이제는 그렇지 않으니 섭정에서 물
　　　　　러나는 것이 도리요.
명　　종 : 종묘사직의 대계를 위해서라도 이처럼 서둘지 마옵소서.
문정왕후 : 정희왕후는 8년 만에 귀정했는데, 나는 9년이나 됐으니 더이
　　　　　상 섭정을 할 수는 없소.
명　　종 : 마마, 부디 거두어주소서.
문정왕후 : 그럴 수는 없소.

여기서 잠깐, 그토록 오랜 동안 수렴청정을 행하며 척신세력들을 통해

무소불위의 권력을 휘두르던 문정왕후가 이처럼 순순히 섭정의 자리를 내놓으려 하다니…. 여기에는 필시 또다른 사연이 있었던 게 아닐까? 여기서 김우기 박사의 설명을 들어보기로 하자.

"겉으로는 명종이 20세로 성인이 됐기 때문에 수렴청정을 할 명분이 없어졌다는 것이었지만, 진짜 이유는 그간의 수렴청정을 통해 반대세력을 어느 정도 제거했고, 친정을 행하더라도 국왕을 자기 영향력 아래 둘 수 있어 계속해서 정국의 주도권을 유지할 수 있으리라는 판단 때문이 아니었나 생각된다."

사실 명종의 친정이 시작된 후에도 문정왕후는 왕에게 영향력을 행사했고, 따라서 여전히 정국 운영의 막후 실력자였다. 문정왕후가 수렴청정을 그만둔 지 6년이 지난 명종 14년, 실록은 그 당시의 상황을 이렇게 기록하고 있다.

"임금이 안으로는 대비에게, 그리고 바깥으로는 윤원형에게 핍박을 받아 앞으로 어떻게 될지 알지 못했다. 임금이 윤원형의 권한을 점차 축소하려 했으나, 대비의 뜻을 거스를까 염려하여…."

이러한 상황은 그 뒤로도 크게 달라지지 않았다. 윤원형이 대비에게 의지해 자신의 주장을 관철시키려 하면 임금도 이를 어쩌지 못했던 것이다.

사실 명종은 친정을 시작한 이후, 척신세력들의 견제를 시도한 바 있었다. 하지만 〈연려실기술〉에 의하면, 문정왕후는 명종이 자신의 뜻을 들어주지 않을 때에는 임금을 때리기까지 하여 명종의 얼굴에 기운이 없어지고, 눈물자국까지 보인 적이 있다고 적혀 있다. 이러한 문정왕후의 존재는 결국 명종에게 소윤 척신세력의 견제를 포기하게 만든다.

효심이 극진했던 명종은 어머니 문정왕후의 뜻을 거스르지 못했고, 조정 요소요소에 자리하고 있던 윤원형 일파의 존재는 그의 입지를 더욱 어렵게 만들었다. 이런 이유로 문정왕후는 수렴청정을 그만둔 뒤에도 막후 실력자로 사사건건 정치에 개입하고 나섰던 것이다.

조선에 부활한 숭불정책

막후 실력자로 버티고 있던 문정왕후가 철렴 후까지 가장 큰 영향력을 행사했던 것은 바로 불교정책이었다. 이는 유교를 국시로 하며 불교를 이단시하던 당시 조선의 사회적 분위기로 볼 때 일대 혁명적인 사건이 아닐 수 없었다. 그녀는 명종 5년 12월, 좌의정에게 내린 친서를 통해 50여 년 만에 선교 양종을 부활시키기에 이른다.

그리고 선종의 본사로 봉은사를, 교종의 본사로는 봉선사를 지정했다. 이는 한마디로 조선이 건국 이래 강력하게 추진해오던 불교 탄압정책을 정면으로 거스르는 조치였다.

사찰이 일방적으로 빼앗겼던 토지를 반환케 하고, 또 유생들의 사찰 출입을 금하는 조치를 취했으며, 선교 양종의 부활 직후 다시 도첩제를 실시하고, 그 2년 뒤에는 연산군 때 폐지된 승과시험마저 부활시키기에 이른다.

이러한 숭불정책을 이끌어내는 데 주도적인 역할을 한 인물은 문정왕후에 의해 봉은사 주지로 임명된 보우 대사였다. 하지만 당연히 문정왕후와 보우의 숭불정책은 사림들로부터 거센 비판을 받았다. 6개월 사이 상소문이 무려 423건에 달했으며, 보우를 죽이라는 장계는 75건에 달했다.

특히 명종 14년 4월, 문정왕후의 남편인 중종의 능을 옮긴 것은 가장 큰 비판의 대상이 되었다. 중종릉이 옮겨온 곳은 봉은사 옆. 이는 곧 봉은사와 보우의 위상 강화를 의미하는 것이었다.

중앙승가대 불교학과의 김상영 교수는 당시의 상황을 이렇게 설명한다.

"문정왕후가 꾸준히 추진했던 중종릉 천릉이 사림에게는 매우 큰 관심사가 아닐 수 없었다. 또한 이러한 천릉의 배경에 보우 대사가 개입했다는 점도 간과할 수 없는 일이었다. 천릉의 위치가 봉은사에 인접했던, 지금의 선정릉 바로 위쪽이었기 때문에, 이는 문정왕후와 보우의 관계 속에서 파악해야 했던 문제였다."

그렇다면 과연 문정왕후는 조선이 엄연한 유교주의 국가임을 알면서도 이토록 강력하게 숭불정책을 편 이유는 무엇일까?

조선왕조는 성리학을 지배 이데올로기로 삼았기 때문에, 내세관이나 현실기복은 불교나 민간신앙에 위탁하는 경향이 있었다. 특히 이러한 몫은 왕실의 여성들이나 민간의 부녀자들이 담당하고 있었다. 그렇기에 문정왕후 자신도 정치적 격동 속에서 인간적인 고뇌를 다스리고, 하나밖에 없는 아들과 왕실과 국가의 평화를 기원하기 위해서 불교에 집착했던 것으로 보인다. (이화여대 사학과 이배용 교수)

인종의 요절과 명종의 12살 즉위, 그리고 병약한 세자… 이렇듯 끊이지 않는 왕조의 비상사태 속에서 문정왕후에게는 왕실의 안녕이 무엇보다 큰 바람이었던 것이다. 그래서 그녀는 불사를 통해 명종과 자신, 그리고 어린 세자의 무병장수를 기원했다. 그리고 이는 그러한 대비의 심정을 누구보다 잘 헤아리던 보우 대사에 의해 주도되었다.

그러나 대비의 기원도 허망하게 명종의 유일한 후사였던 어린 세자는 13살의 나이로 세상을 뜨고 만다. 그러자 이 어린 세자의 넋을 달래주기 위해 문정왕후는 보우 대사가 몸담았던 회암사 중창을 착수하기에 이른다.

△문정왕후의 능인 태릉. 서울 노원구 공릉동에 있다.

　명종 20년 4월 회암사 중창을 기념하는 무차대회無遮大會는 그 어느 때보다 성대했고, 실록은 그 화려함을 다음과 같이 전하고 있다.

　"사방에서 모여든 승려는 수천 명을 헤아렸고, 붉은 비단으로 깃발을 만들고 황금으로 연을 꾸미니, 그 화려함이 옛날에 보지 못하던 것이었다."

　그러나 이 불사는 문정왕후에게 마지막 불사가 되고 만다. 회암사 낙성식에 참석했던 그녀는 그날로 병을 얻어 자리에 눕더니 바로 다음날 세상을 뜨고 말았다. 도무지 끝날 것 같아 보이지 않았던 막후의 수렴청정이 이제 실질적인 대단원의 막을 내리게 된 것이다.

　이에 따라 사림들은 주저치 않고 궤도를 이탈했던 정치 사회의 질서를 본궤도에 올려놓는 작업에 들어간다. 그리고 이는 오늘날에도 그렇듯 과거 청산으로부터 그 실마리를 열고자 한다.

문정왕후 사후의 과거 청산작업

20년 동안 명종대의 정치를 좌지우지하던 문정왕후. 65살의 나이로 죽음을 맞이한 그녀가 남긴 유언은 자신이 부활시킨 선교 양종을 존속시키라는 것이었다. 그러나 대비의 장례가 끝나자마자 사람들은 지체없이 불교 탄압에 관한 상소를 올리기 시작한다.

그리고 결국 든든한 배경을 잃게 된 보우 대사도 승직을 박탈당하고, 서울 근교의 사찰 출입이 금지됐다가 제주도로 귀양을 떠나는 신세가 된다. 그리고 1565년, 제주 목사인 변협에 의해 결국 죽임을 당하고 만다. 그의 죽음이 세상에 알려진 것은 그로부터 넉 달이 지난 뒤였다.

문정왕후가 죽은 지 1년, 그리고 보우 대사가 죽은 지 6개월 만인 명종 21년 4월, 공론에 따라 선교 양종도 폐지되고 만다. 이로써 유교주의 조선사회를 궤도에서 이탈시켰던 숭불정책도 막을 내리고 조선은 다시 제자리를 찾게 된다. 그리고 소윤 척신세력의 수장인 윤원형도 귀양지에서 스스로 목숨을 끊는 신세가 된다.

그러나 과거 청산이 그렇게 손쉬운 일만은 아니었다. 그때까지도 척신세력이 정계나 관계에 다수 포진해 있는 상황이었으며, 명종이 그러한 혼란기 동안 주도적인 큰 역할은 하지 않았더라도, 국왕의 입장에서 최소한의 도덕적 책무까지 면제받기는 어려웠던 것이다. 게다가 어떤 의미에서 과거 청산은 곧 명종 자신의 존재를 부정하는 것이었기에, 그것은 불완전할 수밖에 없었다. 이것이 곧 명종대 과거 청산의 정치적 한계였던 셈이다.

따라서 필화사건으로 억울하게 죽임을 당한 사관 안명세, 그리고 양재역 벽서 사건으로 귀양을 갔다가 그곳에서 죽은 이언적 등, 척신세력이 정권을 장악하는 과정에서 화를 당한 이들에 대한 명예회복은 어쩔 수 없이 선조대의 과제로 남겨지게 된다.

문정왕후의 수렴청정으로 야기된 척신정치가 완전히 청산된 것은 선조 9년에 이르러서였다. 그러나 척신집권기에 정계에 진출한 선배 사림들과 선조 즉위 후 진출한 후배 사림들과의 갈등은 이후 정국에 또다른 파란을 일으키는 요인으로 작용하는 결과를 낳는다.

수렴청정은 물론 그 제도의 원래 목적이 그렇듯이 어린 왕이 즉위한 비상사태를 원만히 수습하는 기능을 했으며, 또한 혹시 있을지도 모르는 왕권 찬탈의 위기에서 왕권을 수호하는 역할을 했다고도 볼 수 있다. 그리고 이는 조선왕조가 500년을 이어올 수 있는 작은 연결고리의 구실을 하기도 했다.

하지만 앞에서 보아왔듯이, 수렴청정은 조선사회가 원래 가고자 목적했던 길에서 궤도를 벗어나 커다란 혼란을 초래하는 결과를 낳기도 했다. 그리고 물론 문정왕후 사후, 선조대에 이르러 그것을 바로잡으려는 노력이 경주되었다.

하지만 과거 청산작업에는 크고 작은 진통이 뒤따르게 마련이고, 또 그것이 완전히 이루어지기도 어렵다는 것을 우리는 다시 한번 확인해볼 수가 있다. 요즘에도 그렇듯 한번 잘못된 과거를 바로잡고 그것을 완전히 청산하기란 결코 쉬운 일이 아닌 것이다. 이렇게 가만히 들여다보고 있자니, 과거의 역사는 현재에도 끊임없이 되풀이되고 있으며, 그 안에서 우리에게 많은 시사와 교훈을 주고 있음을 새삼 깨닫지 않을 수 없다.

■글/황정연

6
7년 전쟁, 패배는 60일뿐이었다
— 임진왜란

왜군, 파죽지세로 조선을 침공하다

임진년(1592년) 4월 14일 새벽, 왜군은 대규모 함대를 이끌고 부산 앞 바다에 나타났다. 바로 그날, 부산의 부산진성을 가볍게 함락한 왜군은 다음날인 15일, 동래성을 수중에 넣는다. 그리고 12일 뒤인 4월 26일 충주의 탄금대 전투에서 파죽의 승리를 이끌어내며 한성의 방어선을 무너뜨렸다. 결국, 선조는 평양으로 도읍을 옮긴다는 칙서를 내릴 수밖에 없었다. 4월 30일의 일이었다. 그리하여 왜군은 5월 2일 한성을 함락했고, 6월 14일엔 평양까지 쳐들어갔다.

한성에 이어 평양성이 함락된 것은 전쟁이 반발하고 꼭 60일째인 날이었다. 그러나 왜군의 전쟁 시나리오대로 진행된 싸움은 여기까지였다.

왜란 7년, 패전은 60일뿐이었다

왜군은 전쟁이 시작된 지 단 두 달 만에 한성은 물론이고 평양성까지 점령해버렸다. 왜군의 침략을 예상치 못했던 조선군사들은 변변한 대항

한번 못하고 연전연패의 늪에서 허우적거릴 뿐이었다.

1592년, 선조 25년에 일어난 임진왜란의 초기 모습은 이렇듯 상상하기조차 무색한 패배의 연속이었다. 그리고 그로부터 4백여 년이 지난 지금, 우리에게 남아 있는 임진왜란에 대한 기억은 거기에서 한 발짝도 벗어나지 못한 모습들인 게 사실이다.

이 전쟁은 햇수로 무려 7년 동안이나 계속되었다. 그리고 바로 이 땅에서 치러진 전쟁이었기에 조선이 입은 피해는 상상조차 할 수 없을 만큼 엄청났다. 그럼에도 이 전쟁에서 조선은 결코 패배하지 않았다고 말하는 사람이 많다.

우리 역사에서 가장 치욕스런 기억으로 남아 있는 이 임진왜란이 진 전쟁이 아니라고 주장하는 근거는 무엇일까?

전쟁이 발발한 그 순간부터 다시 한번 짚어가보기로 하자.

동래성 - 죽음을 각오하고도 이길 수 없었던 전투

지금은 누대만 남아 있는 부산진성은 바다에서 육지로 올라오면 첫번째로 맞닥뜨리게 되는 부산의 관문이었다. 때문에 1592년 4월 14일 새벽 조선에 상륙한 왜군의 첫번째 공격목표였다.

왜군은 부산진성을 백 겹으로 포위하고 공격해왔다. 당시 부산진성의 책임자였던 정발은 이들에게 맞서 용감히 항전했지만, 그들이 왜군을 상대로 버틸 수 있었던 것은 단 두 시간뿐이었다. 결국 성 안에 있던 1천여 명은 몰살당한다.

왜군은 곧바로 수영만과 다대포로 진격해 들어갔고, 다음날 동래성을 포위한다. 당시 동래성 안엔 3천 5백여 명의 군민이 있었다고 한다.

1년 전 이곳으로 부임했던 송상현은 무기를 점검하고 성 주위에 참호를 파는 등, 언제 닥칠지 모르는 왜구의 침입에 대비해왔다. 그러나 왜군

△부산진 순절도와 동래부 순절도(오른쪽). 부산진 첨사 정
발과 동래부사 송상현이 많은 관민과 함께 분전, 순절했다.

의 선봉장 고니시 유키나와가 이끄는 선봉대는 1만 8천 7백 명으로 구성
되어 있었고, 그들은 왜구라는 도적떼가 아닌, 조총으로 무장한 일본의
최정예 군사였다.

왜군은 수적인 우위와 조총을 앞세워 끊임없이 공격을 가했다. 그리고
끝내 반나절이 지나자 성 안으로 밀고들어왔다. 기와를 깨고 돌을 던지
며 마지막 순간까지 항전했지만 이미 대세는 기울고 있었다. 하지만 3천
여 명의 군민이 왜군에게 죽임을 당하는 순간까지, 지원군을 부르겠다며
성 밖으로 나간 경상도 좌병사 이각은 돌아오지 않았다.

갑옷 위에 조복을 입고 최후의 순간을 준비하는 송상현에게, 평소 그
를 흠모했던 왜군장수가 숨기를 권했지만 송상현은 끝내 항전하다 죽음
을 맞는다.

이렇듯 초기 전투에서 조선 군사들은 너무도 어이없이 무너지는데, 여

기에 대해 강성문 교수(육사박물관장, 사학 교수)는 다음과 같이 설명한다.

"조선군에 비해 일본군은 실전의 경험이 풍부했다. 그 동안 대규모 병력을 이동하여 전쟁을 치러본 경험이 많았는데, 특히나 공성술에 아주 뛰어났던 것이다. 그러나 조선군사는 일본군의 4분의 1의 병력으로 맞섰으며, 또한 일본군은 조선군사들이 구경도 못해본 조총으로 무장하고 있었다. 그러한 이유가 복합적으로 작용해 조선 관군은 죽음을 각오하며 전쟁에 임했지만 패전을 면치 못한 것이다."

결국, 3천 명이 죽고 5백 명이 인질로 끌려가는 것으로 동래성 전투는 막을 내렸다. 죽음을 각오하고 왜군에게 맞서 싸웠지만, 활과 참호만으로는 조총으로 무장한 일본의 대군을 이길 수 없었던 것이다.

임진왜란 전까지 만약의 사태에 대비해 착실히 그에 대한 방비를 세웠던 송상현이었지만, 조총으로 무장한 일본의 대군이 쳐들어올 것이라고는 꿈에서조차 상상하지 못했으리라.

그렇다면 당시의 조선조정은 일본이 전쟁을 일으킬 가능성에 대해 전혀 의심하지 않았던 것일까? 〈선조수정실록〉 4월의 기록 중에 이런 내용이 보인다.

"13일 새벽 부산에서 망을 보던 관리가 먼저 온 왜선 4백여 척을 보고 진지에 알렸는데, 변장이 직접 확인하지 않고 조정에 보고하기를, '적의 배가 4백여 척이 채 못 되는데 한 척에 인원이 수십 명에 불과하니 그 대략을 계산하면 만 명쯤 될 거'고 하였으므로 조정도 그렇게 여겼다."

대략 계산해도 만 명이나 된다면, 혹 전쟁이라도 터지는 게 아닌가 최소한 의심이라도 해봐야 하지 않았을까? 왜군이 침공할 당시의 부산지역 상황보고가 그 답이 될 성싶다.

> "4월 14일 적이 왔다는 급한 보고가 있었으나 모두 조공을 실은 세견선으로 여겼다. 15일 아침 포를 쏜다는 급한 보고 때문에 처음으로 적인 줄 알았다."
>
> — 선조 25년 8월 7일

어찌 됐든, 조선정부의 이렇듯 안이한 초기 대응으로 전쟁의 시작은 일방적인 일본군의 우세로 금방이라도 결판이 날 듯했다.

그런데 당시 조선에 상륙한 왜군은 무려 20만이 넘는 대군이었다. 당시 일본에서 동원 가능한 병력수는 30만으로 추정된다. 그중 20만을 동원했다면 국운을 건 일대 총력전을 폈다는 얘기가 된다.

여기에서 그들이 조선을 침략한 이유에 대해 알아보기로 하자.

일본, 왜 쳐들어왔나? - 임란은 무역전쟁이었다

임진왜란 전 일본은 백 년간의 내전을 겪었다. 이름하여 전국시대가 그것이다. 그리고 그 전국시대를 통일한 사람이 바로 도요토미 히데요시다.

> "그러나 내전이 끝난 후에도 각 지방의 영주들은 여전히 군사력을 보유한 채 권력을 위협하고 있었고, 이에 도요토미는 나라 밖의 전쟁을 통해 정권을 안정시키려고 했다."

이것이 그 동안 일본이 임진왜란을 일으킨 원인으로 지적돼온 정치적 배경이었다. 그러나 오사카 성을 총기지 삼아 조선 침공을 진두지휘한 도요토미에겐 또 다른 목적이 있었는데, 그것은 다름아닌 무역을 둘러싼 거대한 이권 때문이었다는 것이 최근의 분석이다.

16세기에 이미 명나라와 조선, 일본 3국 사이에는 국제교역이 활발하게 진행되고 있었다. 조선의 삼포(제포·부산포·염포)와 명나라의 영파는 일본의 공식 무역창구였다. 그러나 겉보기와는 달리, 명나라와 조선은 왜관에 일본인을 거주하게 하고 엄격한 무역통제정책을 펴, 무역 확대가 절실했던 일본과의 갈등은 필연적일 수밖에 없었다. 당시의 무역거래 내용을 보면 명은 비단과 도자기를, 조선은 면포와 곡물을 수출했던 반면에 일본은 구리와 유황이 주요 수출품이 되면서 무역상의 적자를 면치 못하고 있었다.

그 당시 일본에 수입되자마자 커다란 반향을 불러일으켰던 면포를 예로 들어보자.

16세기 말까지 면화를 재배하지 못했던 일본에게 면포는 의생활의 일대 혁명이었다. 특히 면포를 이용해 만든 돛은 그 동안의 짚으로 만든 돛에 비해 조종하기 쉬웠고, 원거리 항해가 가능해 섬나라 일본의 교통에 일대 혁신을 가져왔다.

중종 20년 10월 8일자의 실록에 이런 기록이 보인다.

> "일본의 면포 수입량이 급격히 증가해, 남부지방 면포의 3분의 2를 일본이 수입해가기에 이르렀다."

그러나 생산은 한정되어 있었고, 국내수요를 이유로 명과 조선이 수출을 통제할 때마다 일본은 왜구들을 동원해 난을 일으킨다. 우리 나라의 경우 중종 때의 삼포왜란이 대표적이고, 명의 경우 1547년에 일어난 영파의 난이 있었다.

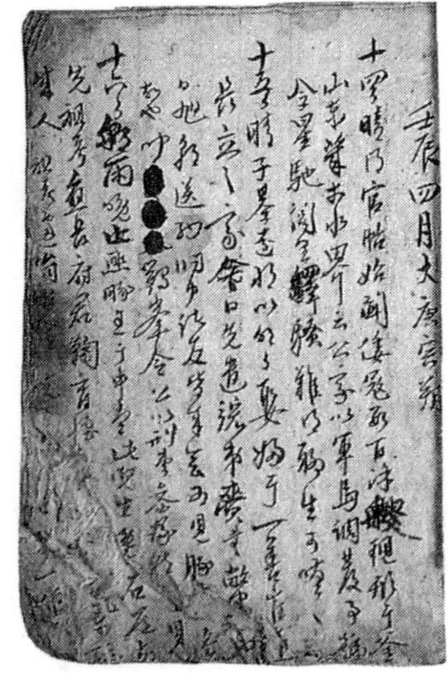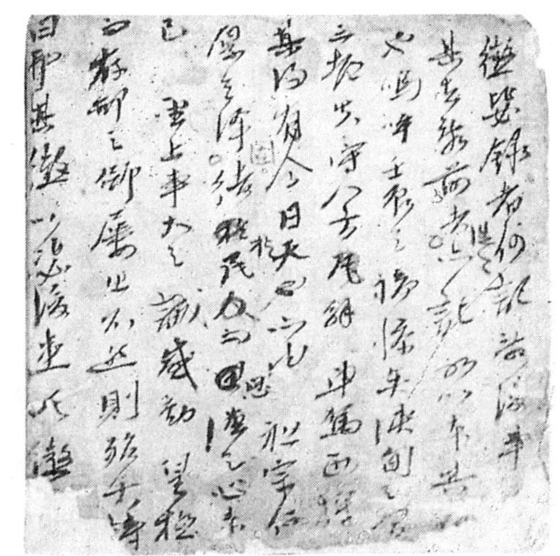

△임진왜란의 기록들. 이순신의 〈난중일기〉와 유성룡의 〈징비록〉(오른쪽).

하지만 그 결과는 일본의 의도와는 정반대의 모습으로 나타났다. 삼포 왜란 후 조선은 무역량을 절반으로 줄여버렸고, 명은 유일한 창구였던 영파를 폐쇄해버린 것이다. 일본으로서는 최악의 상황이 도래한 셈이다. 여기서 서울대 국사학과 이태진 교수의 이야기를 들어보자.

"중국과 조선에서 수출을 통제하자 왜구가 기승을 부리게 된다. 필요한 물건이 있으면 와서 약탈하는 것이다. 당연히 서로에 대한 인식이 악화될 수밖에 없다. 그러자 도요토미가, 내가 왜구를 종식시킬 테니 나와 정식으로 무역통로를 만들어 거래를 하자고 요구한다. 그걸 중국이 완강하게 거부하고 공식 루트를 끊어서 도요토미의 요구를 거절한다. 그러자 도요토미는 무력으로 해결할 수밖에 없다고 판단한 게 아닌가 생각되는 것이다."

〈선조실록〉 25년 4월 13일자를 보면 일본의 이런 야심이 한눈에 들어온다.

"중국이 조공무역을 허락치 않자 요동을 침범하러 가는 길을 빌려달라고
했다. 조선이 이를 거부하자 침입해온 것이다."

이처럼 임진왜란은 무역전쟁이기도 했던 것이다.

어찌 됐든, 이틀 만에 부산을 점령한 왜군은 거침없이 진격을 계속하
게 된다. 경상도 관군의 총사령관이었던 순찰사 김수는 동래성이 함락되
었다는 소식을 듣고는 그 길로 도주했고, 백성들은 풍문만 듣고도 놀라
서 피난길에 오르고 있었다.

그야말로 파죽지세의 기세로 왜군은 부산에서 한성으로 가는 주요 도
로를 따라서 북상했다. 제1진인 고니시 유키나와가 이끄는 부대가 밀양
과 대구를 거쳐서 상주로 가고 있었고, 2진인 가토 부대는 울산과 경주
를 거쳐 문경에서 1진과 합류했다. 3진은 추풍령을 넘어 청주 방면으로
올라가며 조선군을 격파했다. 그리고 그 뒤를 이어 4개 부대가 북상중이
었다. 불과 열흘 만에 수도인 한성이 위험하게 되었던 것이다.

여기에서 조정은 한성을 지키기 위한 최후의 결전을 준비하고 있었다.

탄금대, 총력전이었으나 패배할 수밖에 없었던 전투

조선조정은 한성 이남에서 왜군의 진격을 막기 위한 마지막 총력전을
준비한다. 한성과 충주 일대에서 급히 모은 군사는 8천여 명. 당시 동원
가능한 최대 병력이었다. 그리고 총책임자인 신립(그 당시 한성부사)은 북
방 여진족과의 전투에서 맹위를 떨친 이로, 선조가 가장 신임하던 장수
였다. 〈징비록〉을 보면, 신립은 신무기 조총에 대한 주변의 우려에 "조총
의 위력이 대단하다고는 하나 명중률이 낮아 쏘는 대로 맞을 리가 없소"

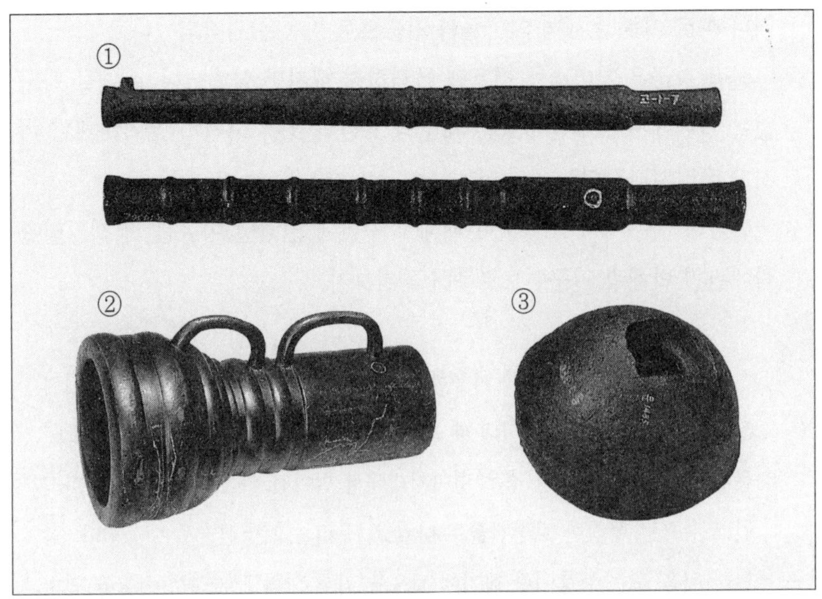

△임진왜란 때 조선군이 사용한 무기들. ①총통 ②대완구 ③비격진천뢰.

하며 자신만만해했다고 한다.

그러나 이들과 맞서는 고니시의 대부대는, 이미 50여 년 전 포루투갈 상인들을 통해 수입한 조총으로 내전을 치러본 경험이 풍부한 군사들이었다. 또한 조총을 이용한 왜군의 전술이 위력을 발휘하는 것이 바로 평야지대의 전투였다.

그러나 왜군의 이런 전력을 알지 못했던 신립은 충주성을 기점으로 삼아 탄금대 강 앞의 널따란 평지를 전투지로 결정한다. 부장 김여물이 수적인 열세를 이유로 들며 산세가 험한 조령을 요새 삼아 싸울 것을 주장했지만, 신립은 주력부대인 기마병을 활용할 수 없다는 이유로 탄금대를 선택했던 것이다. 또한 하루 전에 적이 이미 조령을 넘었다고 보고한 군관을, 군사들을 놀라게 했다는 죄명으로 목을 베는 실수까지 범한다. 그러나 바로 이튿날 새벽 왜군들의 기습으로 싸움은 시작되었다.

신립 장군은 기마병을 이용해 돌격하려 했지만 실패했다. 은폐물 하나 없는 평야에서 조선군사들은 왜군의 요란한 조총 사격에 무력하게 흩어지고 쓰러져나갔다.

탄금대 전투에서 조선군이 패배할 수밖에 없었던 이유를, 전쟁기념관 학예관인 박재광 연구원으로부터 들어보자.

"그 당시만 해도 화기를 이용한 전술이 우리 나라에는 제대로 갖춰지지 않았으나 일본군은 전국시대 때 화기를 들여와 적극적이며 효과적으로 이용했다. 탄금대 전투의 경우 평야지대에서 벌어진 싸움이었다. 적은 화기인 조총으로 무장한 보병전술로 나왔고, 우리는 기병전술로 대응했다. 당연히 처음 보는 조총이란 화기에 말도 놀라고 사람도 놀라서 전술을 펼치기가 어려웠으나, 그것을 감행하여 패할 수밖에 없었던 것이다."

이것이 한성을 사수하기 위한 조선의 마지막 전투였다. 혼자 분전했던 신립 장군은 끝내 자결했으며, 조총을 피해 스스로 강물로 뛰어든 조선 군사들의 시체가 탄금대 강물을 덮었다고 실록은 참담했던 당시의 상황을 그대로 기록하고 있다.

한성을 지키기 위한 조선의 총력전을 무참히 짓밟은 왜군은 더욱더 기세를 울리며 선조가 있는 한성으로 진군했다. 그리하여 선조는, 전쟁이 시작된 지 17일째인 4월 30일 새벽에 피난길에 오르게 된다.

왕의 피난행렬이 마치 야반도주라도 하듯 사대문을 빠져나간 뒤, 도성 안에는 곧 나라가 망한다는 소문이 떠돌며 민심이 극도로 혼란에 빠져들었다. 개성에서는 피난가는 선조 일행에게 백성들이 돌을 던지는 일까지 벌어지게 된다. 이런 조선 내부의 모습만 보더라도, 이것은 이미 끝난 전쟁이나 다름없었던 것이다.

5월 2일, 적의 선봉부대는 드디어 한성을 함락한다. 그리고 전쟁이 발발한 지 두 달째인 6월 14일에는 평양성까지 점령하게 된다. 이즈음 선조는 의주로 쫓겨가고 있었다.

그런데 아주 이상한 일이지만, 바로 여기에서부터 전쟁은 교착상태로 빠져들었다. 그리고 이후 무려 7개월 동안이나 평양의 왜군 선봉대는 더 이상 움직이지 못한다. 단 2개월 만에 평양까지 온 기세대로 조금만 더 진격했다면 선조가 있는 의주까지도 갈 수 있었을 텐데 여기에서 멈추었던 것이다. 그때까지의 전투에서 확인된 것처럼 조선군은 이미 왜군의 상대가 아니란 게 판명난 상황인데도 그들은 진격하지 못했다. 무엇 때문일까?

일본, 왜 더이상 진격하지 못했나?

6월 13일, 평양의 방어선을 지키던 김명원 부대를 물리친 왜군은 전쟁 발발 60일째 되던 6월 14일에 평양에 입성한다. 당시 선조는 의주로 피신한 후였는데, 왜군은 선조를 뒤쫓지 않고 진격을 멈춘다.

전쟁은, 당초 왜군이 빠른 시간 내에 한성을 함락해서 끝내려고 했던 계획과는 전혀 다른 방향으로 가고 있었던 것이다. 한국체육대 심승구(한국사) 교수의 말을 들어보자.

"일본의 전쟁은, 도성이 함락되면 영주가 자결하거나 항복하는 것으로 끝이 난다. 그런데 우리의 경우, 임진왜란뿐만 아니라 어떤 전쟁이든 종묘사직이 보존되는 한 진 전쟁이 아니다. 때문에 선조가 도성을 버리고 피난(파천)갔던 것이다. 결국, 선조의 파천을 예상치 못한 일본은 새로운 전략을 세워야만 했던 것이다."

　왜군의 두번째 전략은, 평양성의 선봉대와 서해로 도착할 일본 수군 10만 명이 합류해 북진을 하는 것이었다. 〈징비록〉에 이런 상황을 말해주는 내용이 보인다. 바로 고니시가 선조에게 보낸 편지 내용 중의 한 구절로, 고니시는 선조에게 이렇게 묻고 있다.

　"일본 수군 10만 명이 또 서해로부터 올 것이오. 조선왕의 행차는 이제 어디로 가시겠습니까?"

　그러나 서해에는 이순신이 이끄는 조선수군이 있었다. 5월의 옥포해전을 시작으로 계속된 조선수군의 승리로 서해는 완전히 봉쇄되어 있었다. 이로 인해 일본군은 병력은커녕 식량을 싣고 오는 배들마저 기착할 포구를 찾기 어려운 형편이었다. 또한 위로는 파병을 서두르는 명나라의 움직임이 하루가 다르게 보고되고 있었다.

　엎친 데 덮친 격으로, 당초 점령지에서 군량미를 조달하려던 왜군의 계획도 틀어지고 있었다. 조선 백성들이 들판의 곡식을 모두 거둬서 불태우고 떠나는 청야작전(들판을 깨끗이 한다는 뜻으로, 곡식을 거둬들여 왜군이 취할 양식이 없도록 한 작전)으로 맞서고 있었던 것이다.

　이제 평양성의 왜군은 보급까지 차단될 위기였고, 거기에 두 달간의 전쟁을 거치며 전력의 상당수도 상실한 상태였다. 이제 그들이 기대할 것은 오직 하나, 그 동안 북으로 진격해오며 거점으로 마련한 보급기지를 통해 육로로 병력과 군량미를 지원받는 길뿐이었다.

　그러나 보급기지를 지키던 후방의 왜군들은 6월 이후 전국 곳곳에서 일어난 조선의 민간부대, 곧 의병들의 공격을 받고 있었다. 포르투갈 신부 프로이스의 증언(〈일본사〉 참조)에 따르면, 왜군들은 부산에서 한성 사이는 3백 명, 한성에서 평양 사이는 5백 명이 모여야 안심하고 통과할 수 있었다고 한다.

성균관대 사학과 이장희 교수는, 일본군의 가장 큰 실책으로 바로 그 의병 문제를 지적하고 있다.

"그들의 실책이었다. 관군만 깨고 북진하면 이긴다고 생각했지, 후방에서 의병들이 일어나리라고는 생각도 못하다가 여기에 말려든 것이다. 각처에서 일어난 의병들은 왜군의 잔류병력을 공략하고 보급기지를 습격하며 보급망을 차단한다. 그래서 당초 조선을 침공했던 왜군은 대군이었으나 후방으로 분산되어 힘을 쓸 수가 없었다."

결국 두 달 뒤인 8월 경성에서 긴급 소집된 왜장들의 회담인 '경성군의'의 주된 논의는, 명나라의 파병에 대한 대책과 더불어 보급문제를 우려하여 평양성을 버리고 후퇴하자는 것이었다. 전세는 이미 달라지고 있었다.

위로는 명나라의 원군을 걱정해야 했고 아래로는 이순신이 이끄는 수군의 활약으로 서해를 통해 지원받으려 한 계획이 완전히 무산된 상황에서, 마지막으로 기대를 걸었던 육로를 통한 보급마저 의병들의 공격으로 막힘으로써 더이상의 승전보를 기대할 수 없었던 것이다.

결국 왜군들의 일방적인 승리는, 앞서도 얘기한 것처럼 평양성을 함락하기까지의 단 60일뿐이었던 셈이다. 그리고 일본이 애당초 세웠던 전략에 가장 큰 혼선을 준 것이 바로 이 의병들이었다.

의병들은 스스로 자원하여 무기를 든 사람들이었다. 그런데 이들이 왜군에게 위협이 될 정도였다면 결코 적은 수는 아니었다는 얘기가 된다. 전쟁 초기 극도로 혼란한 민심 속에서 의병을 모은다는 것이 결코 쉬운 일은 아니었으리라는 건 쉽게 짐작이 간다. 우리에게 가장 잘 알려진 홍의장군 곽재우 부대도 그 시작은 겨우 열 명뿐이었다고 하니까 말이다.

곽재우 – 10명에서 2천 명으로

곽재우가 경상남도 의령에서 의병을 일으킨 건 전쟁이 시작된 지 9일째 되던 4월 22일이었다. 그는 처음 의병을 모을 때, 나무에 매단 북을 두드리며 이제 곧 적의 수중에 들어갈 부모와 처자들을 우리 힘으로 지키자고 호소했다고 한다.

당시 곽재우는 관리로서의 경력이 전혀 없는 인물이었다. 전쟁이 일어나기 전까지 그가 소일거리로 삼은 것은 낚시질이었다고 한다. 결국 그를 따라나선 것은 그의 노비 10명뿐이었다.

그러나 실록에 기록된 대로 그는 일찍부터 병법과 무술을 익혔고, 군사를 일으킬 만한 재력을 갖추고 있었던 숨은 실력자였다. 그리하여 그는 단 10명을 이끌고 나가서 승리를 거둔다. 왜군의 보급 루트였던 거름강 어귀를 지키며 왜군들을 기습공격하여 승리했던 것이다.

이들은 계속해서 승리를 이끌어내며 백성들에게 자신감을 심어주었다. 하지만 곽재우는 여기에 만족하지 않고 자신의 전재산을 털어 의병에 참여할 사람들을 모아나간다.

이런 곽재우 부대의 명성은 일반 백성뿐만 아니라 곳곳으로 흩어져 있던 관군들을 불러모으는 효과까지 낳고 있었다. 그리고 5월 윤탁이 이끌던 합천의 삼가 지역 의병부대를 비롯하여 주변 지역의 의병부대들이 합류하며 2천 명이라는 대부대를 이루기에 이른다. 그리하여 6월에는 정암진을 건너던 왜군의 주력부대를 섬멸하며 또 한번 명성을 날리게 된다.

허백영 의령문화원장으로부터 정암진 전투의 의의를 들어보자.

"임란 당시, 왜병들은 강 건너 함안땅에서 의령을 경유하여 서부 경남을 거쳐서 호남으로 진출할 의도였다. 그러나 의령에서 최초로 일어난 우리 의병과 접전을 벌이게 되었고, 종국에는 남강과 낙동강 강변을 철통같이 방비한 의병들에 의해 호남 진출이 차단된 것이다. 우리 의병이 호남을 사수했다는 건, 곧 이 전쟁에서 승리할 수 있는 여건을 마련한 것이나 진배없는 중요한 의미가 있다."

이후 곽재우 부대의 활약은 의령과 현풍을 비롯하여 진주까지 미치게 되어, 피난갔던 그 지역 백성들이 다시 돌아와 마음놓고 농사를 지으며 생활할 수 있었다고 한다. 그리고 정암진 전투 이후 조정에도 홍의장군 곽재우 부대의 명성이 전해지기에 이른다. 다음은 실록에 기록되어 있는 곽재우 부대의 모습이다.

"곽재우 부대는 그 수를 불문하고 반드시 돌격하니, 적들은 그를 보면 퇴각하고 감히 대항하지 못하였다. 왜적은 이 지방에는 홍의장군이 있으니 조심하여 피해야 한다고 말하고 있다."

처음 10명으로 시작된 의병이 한 달 만에 2천 명의 대부대로 늘어났다는 것은 놀랄 만한 일이 아닐 수 없다. 그래서였을까, 왜군 장수들이 가장 두려워했던 것이 바로 이 의병들이었다고 한다. "의병은 관군과 달리 목숨을 걸고 싸우니 만나면 일단 피하라"고 지시할 정도였다는 것이다.
그런데 이 의병들은, 전쟁 초기 피난가는 왕에게 돌을 던지고, 관리들이 군사를 모을 때 철저하게 외면했던 바로 그 백성들이었다. 그런 백성들이 목숨을 걸고 싸우는 의병으로 바뀌게 된 이유는 무엇이었을까?
그 해답은 바로 의병장들에게 있었다.

당시 전국적으로 이름난 의병장 중 전라도 의병장 고경명(전 호조좌랑)은, 당시 60세의 나이로 고향에서 은퇴생활을 하던 원로였다. 그런 그를 담양에 집결한 유생들이 의병장으로 추대했고, 무려 6천 명이나 되는 백성들이 소속 의병으로 자원했다.

황해도를 주름잡은 이정암(전 이조참의, 전 연안부사)은, 연안부사 재직 중 선정을 베풀어 명성을 얻은 이였다. 그가 의병장이 되었다는 소문이 떠돌자마자 피난갔던 백성들이 돌아왔다고 한다.

충청도 의병장 조헌은 전직 보은현감으로서 충청도에서 손꼽히는 명망가였다.

의병장 출신성분 분석표

관직 경력자				관직 미경력자		
현직		전직				
문반	무반	문반	무반	진사 · 생원	유생	무사
1	1	43	9	17	19	9
계 54명						

앞의 표에서도 알 수 있듯이, 당시의 의병장들은 전직 문관출신 관료와 유생들 중에서 많이 나왔다.

그렇다면 백성들이 이들을 따른 이유는 무엇이었을까?

관군을 모집한다는 방에는 코방귀도 뀌지 않던 백성들이 의병에는 너나 없이 자원한 이유를 이장희 교수(성균관대 사학과)에게 들어보자.

"오랜 기간 요역과 세에 시달린 민중들은 특히나 현직 관료들에 대한 불신이 팽배해 있었다. 관 모집을 꺼린 건 당연한 일이다. 그러나 자신들이

존경하는 전직 관료나 지방의 덕망있고 식견 높은 유생들이 의병장으로 나
서자 그들을 따르려는 마음으로 기꺼이 의병에 자원한 것이다."

그런 의미에서도 의병장은 백성들의 구심점이었다. 8월에 있었던 금산
성 전투는 의병장에 대한 그들의 신뢰를 상징적으로 보여준 사건이었다.
당시 왜군 2만 명에 맞선 조헌부대는 7백 명. 약속했던 관군은 오지 않
고 세번째 전투가 끝나자 화살이 떨어져버렸다. 그리하여 육박전에 가까
운 전투가 벌어졌지만, 의병들은 그 누구 하나 도망가지 않고 왜군과 맞
서 싸우다 조헌과 함께 전사했던 것이다.
5백 명으로 연안성을 지키던 이정암 역시 8월 하순에 왜군 6천 명의
공격을 받게 된다. 이때 휘하의 장수들은 성을 포기하자고 주장했지만,
이정암은 의병들을 불러놓고 죽기를 각오하고 싸우자고 설득했다. 결국
모두 남아 성을 지켰고, 나흘간의 전투 끝에 왜군들은 물러났다.
연안성 전투에서의 승리는 임진왜란에서 중요한 위치를 차지한다. 조
선이 연안성을 확보함으로써 왜군의 피해를 받지 않은 전라도 지방의 병
력과 물자가 서해안을 통해 최전선으로 보급됐고, 단절됐던 행정조직망
이 연안성을 기점으로 재가동되었던 것이다.
이렇듯이 의병들의 전과가 계속 보고되자 조정에서는 이들 의병장들
에게 벼슬을 내리고 의병부대에게도 군량을 지원할 것을 논의하기에 이
른다. 실록에는 의병들의 역할을 다음과 같이 적고 있다.

"도내의 거족과 명망가들이 함께 의병을 일으키자 사람들이 격동하여 응
모하였다. 이들이 인심을 얻었고 국가의 명맥은 그들 덕분에 유지되었다."

'국가의 명맥이 그들 덕분에 유지되었다' 는 실록의 기록처럼, 의병들

은 전쟁에서 가장 중요한 요소인 백성들의 민심을 국난극복을 위한 하나의 대열로 모았던 것이다.

당시 전국 의병들의 규모가 얼마나 되었는지, 임진왜란이 시작된 다음 해 1월 명에 보고된 비변사 자료를 살펴보자.

"한강변의 왜군 진지를 공격하면서 경기도 강화에 주둔하고 있던 전라도 의병장 김천일 부대 3천 명을 비롯해, 우성전 등 경기도 의병장들의 부대가 한성 주위로 집중해 있고, 충주지방에 분산된 의병부대가 5천 명, 또 곽재우를 비롯한 경상도 의병부대까지…."

전체 의병장 중 지명도가 높은 몇 사람의 부대만을 합해도 모두 2만 2천 6백 명에 달했다니, 실제 활동하던 의병들은 얼마나 많았을까?

그런데 여기서 한 가지 의문이 생긴다.

수적으로는 많았다고 하지만 실제 이 의병들은 훈련을 받은 병사도 아니었고, 또 관군처럼 제대로 된 무기도 갖추지 못한 상태였다. 그런데도 신식무기인 조총으로 무장한 적을 상대로 승리를 일구어냈던 것이다. 어떻게 이런 일이 가능했을까?

의병, 조총을 가진 왜군에게 이길 수 있었던 비결은?

용산에 있는 전쟁기념관에 가면 임진왜란 당시의 유물이 잘 보존되어 있다. 그런데 아무리 둘러봐도 활과 화살, 칼과 창 종류만 있을 뿐 조총에 맞섰을 만한 비장의 무기 같은 건 보이지 않는다. 그렇다면 임란 당시 의병들은 어떻게 왜군과 맞서 이길 수 있었을까?

육사박물관장이기도 한 강성문 교수의 이야기를 들어보자.

"의병들은 왜군에 비해 수적으로도 열세하고 무기도 변변치 못했다. 물론 훈련도 제대로 받지 못했다. 그런데도 승리할 수 있었던 것은 그들이 평소에 잘 알고 있었던 지형지물을 최대한 이용했기 때문이다. 적이 주둔하면 기습공격해서 보급로를 차단하고, 적이 쳐들어오면 그들이 잘 알고 있는 지형에 매복하는 등의 위장전술을 이용해서 적이 발도 못 붙이게 막은 것이다."

이런 유격전의 대명사는 역시 곽재우 부대였다. 정암진 전투를 통해 의병들의 전술을 확인해보자.

호남으로 향하던 일본의 대부대는 수심이 깊어서 천연의 요새로 불리는 정암진을 건너야 했다. 그리하여 싸움은 물 속의 대나무를 옮기는 것으로 시작된다. 허백령 의령문화원장으로부터 당시의 상황을 들어보자.

"왜군들은 우선 수심이 얕은 곳을 조사한 뒤 무사히 강을 건널 수 있는 곳으로만 대나무를 꽂자, 곽재우 의병부대가 밤에 몰래 나와서는 그 나무 꼬챙이를 수심이 깊은 곳으로 옮겨 꽂았다. 새벽이 밝아오자 왜군이 나무 꼬챙이를 따라 강을 건너기 시작했다. 물론 의심 같은 건 하지도 않았다. 그런데 강 한복판에 이르렀을 무렵 갑자기 매복해 있던 의병들이 기습공격을 감행한 것이다."

그런데 정신없이 후퇴하던 왜군들은, 열 곳에서 동시에 나타난 붉은 옷의 병사들을 보고는 다시 한번 혼비백산한다. 곽재우가 신통력을 부린 것으로 착각했기 때문이다.

그렇듯이 이 전투는 매복과 위장술, 심리전 등이 다양하게 동원되었던 것이다.

이장희 교수(성균관대 사학과)는, 의병부대의 다양한 전술구사 배경을 이렇게 설명한다.

"의병장들은 평소에 왜란이 일어날 것을 예측했고, 이에 대비해서 무술을 익혔던 사람들이었다. 또 그 휘하 참모진들은 물론 문관이 주도했지만 무관출신들도 많았다. 그들의 공이 컸던 것이다."

무관출신 참모가 6명에 달했던 곽재우 부대는 특히 독특한 위장전술을 많이 구사했다.

또 한 가지, 의병부대는 무관출신 참모들을 통해 조총의 사격거리가 70보라는 걸 알고 싸웠다. 그래서 조총과 맞서 싸울 용기를 얻었던 것이다. 적을 알고 나를 알면 백전백승이라고 하는데, 의병의 한계를 잘 아는 참모진들은 정면대결 대신 이렇게 적의 후방을 치고 빠지는 작전을 기본으로 삼고 싸워나갔기에 승리한 것이다. 바로 현대 유격전의 전형인 셈이다.

그런데 이 의병들 중에서도 특히 유격전의 명수였던 사람들이 있었다. 바로 승병들이었다. 우리가 익히 알고 있듯이 유교사회인 조선에서 승려들은 천대받는 계층이었다. 장삼을 입고서는 도성문을 출입할 수 없었을 정도로 차별받던 그들이 정작 전쟁이 일어나자 전투의 가장 어려운 고비마다 돌격대로, 유격대로 맹활약을 펼쳤던 것이다.

승병군의 활약

첫번째로 승병을 일으킨 이는 영규다. 그는 임금의 파천 소식을 듣고는 3일 동안이나 통곡한 뒤 승병을 일으켰다고 전한다.

영규가 이끈 승병군은 특히 조헌의 의병부대와 함께 8월의 청주성 수

복전투에서 몸을 아끼지 않고 성으로 돌격해 승패를 결정지은 주역이었
다. 실록은 당시의 승병장 영규의 모습을 이렇게 전한다.

"그가 호령하는 것을 보면 바람이 이는 듯하여 그 수하에 감히 어기는 자
가 없었고, 질타하는 소리에 1천여 명의 중이 돌진하여 제군이 이를 믿고
두려움이 없었다."

그러나 어려운 고비마다 돌격대로 그 명성을 날린 승병장 영규는 금산
성 전투에서 전사한다.

한국체육대 심승구 교수(한국사)는 임란 때 승병들이 일어난 배경을
이렇게 설명한다.

"승병들이 일어날 수밖에 없었던 배경으로는, 수천 년간 이어져온 호국
불교의 전통을 빼놓을 수 없다. 또 한 가지, 당시 불교계를 영도해나가던
휴정과 유정 등이 명종 때 잠시 부활한 승과출신으로 국가체제인 조정과
긴밀한 관계를 유지해온 것도 승병이 활약하게 된 배경이라고 생각한다."

7월, 선조의 요청에 따라 8도도총섭의 직위를 부여받은 불교계의 지도
자 휴정(서산대사)은 전국에 격문을 띄운다. 그리하여 모인 승군이 무려
5천 명. 이들은 어떤 의병부대보다 조직적이고 군율이 강한 군대였으며,
특히 산세를 잘 알아 정찰대와 유격대로 전투의 선두에서 활약했다. 또
한 1593년 1월에 있었던 평양성 탈환전투 때 주력부대로 참여한다. 이
때 사명당 유정은 난공불락으로 불린 모란봉 전투를 승리로 이끈 주역이
었다.

승군들은 명나라와 일본의 강화회담 중 군량미 수송과 전국의 산성을

쌓는 임무를 맡았고, 이것은 모두 서산대사에 이어 도총섭에 임명된 사명당의 지휘 아래 이루어졌다. 사명당은 또 전쟁이 끝난 후 일본으로 건너가, 전쟁 당시 끌려간 3천 명의 조선인을 귀국하게 하는 등 외교적인 활약으로도 그 명성을 날렸다.

이런 승려들의 활동은 전쟁이 끝난 후 책봉된 공신목록을 통해서도 확인된다. 사명당과 영규가 선무원종공신 1등공신으로 책봉됐고, 그외에도 무려 32명의 승려가 공신명단에 올랐던 것이다.

이렇게 승병을 포함한 의병들의 눈부신 활약은 함경도에서 전라도까지 조선땅 어느 한 곳 빠짐없이 전개되었다. 비록 전쟁 초기에는 왜군에게 평양성까지 내주는 수치를 면할 수 없었지만, 의병들의 활약이 있음으로 해서 왜군에게 조선땅을 완전히 내준 것은 아니었던 것이다.

그렇듯 의병들이 전국에서 선전하는 동안 조선의 관군들은 다시 모여 재정비를 할 수 있었고, 이것은 임진왜란을 새로운 국면으로 전환시킨 결정적인 힘이 되었다. 그 전환점 중의 하나가 임진왜란의 3대대첩 중 하나인 진주성 싸움이다.

진주성, 재기한 관군을 영호남 의병이 응원하다

그 당시 진주성은 영남에서 호남으로 가는 관문이었다. 평양성을 함락한 이후, 왜군은 조선의 병력과 물자의 보급기지였던 전라도를 점령하기 위해 총력을 기울였다. 그러나 조헌이 이끈 금산성 전투와 이순신의 한산대첩으로 실패한 상태였기 때문에 왜군은 진주성을 차지하기 위해 후방의 군사 2만 명을 총집결해 쳐들어왔던 것이다.

당시 진주성 안에는 관군과 부녀자까지 합해서 모두 3천 8백 명이 모여 있었다. 전란 중에 진주 목사를 맡게 된 김시민은, 전쟁 초기 피난갔던 성민들을 귀향하게 하고 허술했던 병사들을 재정비해 진주성을 지켜온 구심점이었다.

왜군은 수적인 우세를 앞세워 끊임없이 성벽을 향해 돌진해왔고, 그 뒤에선 누대를 쌓아올리고 조총으로 성 안을 공격했다. 이에 조선군사들은 미리 준비한 화력무기로 왜군에 대응했고, 백성들은 돌을 던지고 끓는 물을 붓는 등 죽을 힘을 다해 싸워나갔다.

그러나 진주성 싸움은 진주성 안 사람들만의 고립된 싸움이 아니었다.

전투 첫날, 의령의 곽재우와 최강 등 경상도 의병 2백 명이 진주성 부근 비봉산에서 함성을 지르며 적을 위협했다. 나흘째 되던 날, 진주 의병장 정유경이 이끄는 의병 3백 명이 남강 주변의 왜군들을 몰살시켰고, 고성현령 조의도는 야음을 틈타 진현고개 위에서 적을 위협했다. 성 밖에서는 합천 의병장 김준민과 정기룡 부대가 왜군과 대결해 있었고, 남문으로 향하는 입구에서는 전라도 의병장 최경회와 임계영이 이끄는 2천 군사가 적을 견제했다.

이렇게 영호남의 의병들이 한 목소리로 성안의 군사들을 격려하는 동안 진주성의 관군들은 백성과 함께 무려 7일 동안이나 혈전을 벌였고, 마침내 그들은 승리를 쟁취한 것이다.

치열하게 싸워서 결국 승리한 싸움이 된 진주성 전투를 이장희 교수는 이렇게 평가한다.

"진주성 전투의 의미는 관군이 재정비됐다는 것을 왜군들에게 뚜렷이 깨우쳐준 싸움이었다. 또 하나는, 우리 힘으로도 왜군을 격퇴할 수 있다는 자신감을 갖게 한 것이다. 이것은 계사년 2월에 있었던 행주대첩에서 뚜렷이 나타났고, 결국 왜군에게 이 땅에서 마음 편히 머무를 수 없는 위협을 느끼게 했다."

이 전투에서 목사 김시민과 수많은 백성들이 목숨을 잃었다. 그러나 진주성에서의 승리는 영호남의 의병을 비롯한 성 밖의 지원군들이 함께 만든 승리였고, 성안의 백성과 관군이 혼연일체가 되는 계기를 만들었다. 그리고 이것은 전쟁 초기 무력한 모습만 보였던 조선관군이 재기하는 순간이기도 했다. 이 진주성 싸움 이후 조선군들은 서서히 세를 만회해갔던 것이다.

1593년 1월에 명나라의 이여송 부대 5만 명과 조선군사들은 평양성의 왜군을 순식간에 몰아내는데, 이후 왜군들은 계속되는 전투에서 패배하며 도망치기에 바쁜 모습을 보이게 된다.

여기까지가 임진왜란 7년 가운데 처음 10달 동안의 기록이다. 전쟁이 시작된 지 단 60일 만에 평양성을 함락당했던 조선이었지만 무기력한 패배는 그것으로 끝이었다.

이제 남은 왜란 기간은 6년이다. 이 길고 험한 전쟁에서 조선이 결코 지지 않았던 또 하나의 이유이면서도 그 동안 역사가 간과했던 아주 중요한 사실. 그것은 바로 조선조정의 역할이었다. 전쟁 중에 조정은 무슨 일을 했는지, 제7장, '전쟁 중에도 과거를 실시했다' 에서 알아보기로 하자.

■글/이혜진

7
전쟁 중에도 과거를 실시했다

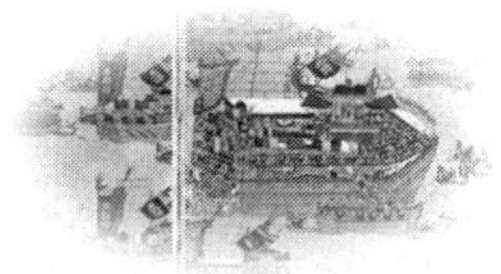

조선이 전쟁 중에도 과거를 치른 까닭은?

실록을 잘 살펴보면, 임진왜란이 일어난 지 꼭 두 달 만인 6월 14일 평안도에서 과거가 치러졌다고 나온다. 선조가 요동으로 건너가기 위해 의주까지 피난을 온 그즈음이었다. 그런데 실록을 더 자세히 살펴보면, 이때부터 임진왜란이 끝나기까지 무려 31차례나 과거시험이 치러졌다는 것을 알 수 있다. 그것도 한양에서뿐만 아니라 각 지방에서 치러졌던 것이다.

밀고올라오는 왜군을 막기도 급급했던 그때에 조선조정이 과거시험을 치른 까닭은 무엇이었을까? 잠시 당시의 과거시험장으로 거슬러올라가 그 실마리를 찾아보자.

질 문 : 저, 말씀 좀 묻겠는데요, 여기에서 오늘 과거시험을 보나요?

시험관 1 : 그렇소. 그래서 저 대문 밖에서는 지금 사람들이 줄을 서서
기다리고 있소이다.

질 문 : 아니, 전쟁 중인데도 과거를 보려고 사람들이 몰려든단 말인가요?

시험관 2 : 맞소이다. 과거가 있다고만 하면 전국에서 사람들이 구름떼처럼 몰려들어 시험에 응한다오.

질 문 : 정말 이상하군요. 그런데 저기 저 포성이 안 들리세요? 이 난리통에 왜 이렇게 과거를 보는 건가요?

시험관 2 : 아, 과거란 원래 인재를 뽑기 위해 실시하는 게 아니겠소.

질 문 : 인재도 좋지만 이런 전시엔 왜군을 막아줄 군사를 모집하는 게 더 급한 일이 아닌가요?

시험관 1 : 생각을 해보시오. 지금 군사를 뽑는다 한들 그들이 오합지졸에 불과할 테니, 싸움에 얼마나 도움이 되겠소. 우리 전하가 피난길에 있으니, 백성들이 어버이를 잃은 아이처럼 뿔뿔이 흩어져 떠돌아다니고 있질 않소. 그런데 이렇게라도 과거를 치른다는 것은, 아직도 우리 전하와 조정이 백성을 버리지 않았다는 훌륭한 징표가 되지 않겠소이까.

질 문 : 그런데 원래 과거라는 게 평생 글공부만 한 사람들도 붙기가 어려운 시험이잖아요. 하지만 들리는 소문으로는, 양반뿐만 아니라 평민과 노비들도 시험을 볼 수 있다던데, 도대체 어떻게 된 거죠?

시험관 2 : 글공부를 한 사람이야 문과를 보는 것이고, 아무나 과거에 합격을 시키는 건 아니오.

질 문 : 그럼 과거시험에 붙으면 이전과 다름없는 자격이 주어지는 건가요?

시험관 1 : 물론이오. 비록 전시 중이어서 관직을 줄 수는 없으나 합격자들에겐 홍패를 주고 있소이다.

질 문 : 그러니까 과거를 보는 것이, 인재를 뽑는다는 것보단 민심수습의

목적이 더 크군요?

시험관 2 : 그렇다오. 과거를 본다는 것은 조정이 아직 살아 있다는 증거
　　　　　가 아니겠소.

시험관 1 : 또 백성들을 고향에 정착하도록 해서 자기 고을을 스스로 지
　　　　　키게 하는 효과도 있다오.

시험관 2 : 자자, 이젠 시간이 다 되어가니 어서 사람들을 들어오게 합시다.

시험관 1 : 허허, 그러지요.

당시와 같은 신분사회에서 양반이 된다는 건, 평민이나 노비신분인 사람들에게는 꿈 같은 얘기였다. 그 때문에 전쟁을 피해 도망갔던 사람들이 과거를 본다는 소리만 있으면 구름떼처럼 모여들었던 것이다.

과거가 처음으로 치러진 곳은 평안도와 함경도 지역이었다. 그런데 이 함경도는, 조선왕조 통치 2백여 년간 정치의 사각지대였다. 중앙정부에서 밀려난 관리들과 유배자들이 모여 있던 바로 이곳에서 반민들이 생겨나는 건 어쩌면 당연한 일인지도 모르겠다.

어쨌든, 전쟁이 터진 지 불과 보름 만에 왕이 피난길에 오르자 이로 인한 백성들의 불만은 매우 컸다. 특히 함경도 땅의 백성들은, 중앙에서 밀려난 관리들의 횡포가 심해서 조정에 대한 불신이 이루 말할 수조차 없었다. 그런저런 이유로 인해 이들은 전쟁이 일어나자마자 반민으로 돌변하는데, 그들을 이용한 사람이 바로 국경인鞠景仁이라는 인물이다.

국경인은 원래 전주 태생으로, 회령에 유배된 인물이었다. 전쟁이 나자 국경인은 반민들을 규합하여 반정부 활동을 전개하는데, 당시 그를 따르던 반민의 수가 무려 5천여 명에 이르렀다고 한다.

당시 함경도엔 선조의 두 아들인 임해군과 순화군이 와 있었다. 선조의 명에 따라 군자금과 군사를 확보하기 위해서였다. 하지만 이들은 평소 행

동이 거칠고 횡포가 심해서 백성들의 원성이 이만저만한 게 아니었다.

그리하여 국경인은 두 왕자를 사로잡아, 그즈음 함경도 땅을 점령한 왜장 가토 기요마사에게 넘겨버렸다. 이것이 바로 1592년 7월에 있었던 왕자 피랍사건이다.

무정부 상태에서 일어난 두 왕자의 피랍사건. 그것은 적이 아닌 조선 백성들이 빚어낸 일이었다.

이 사건은 당시 조정에 엄청난 충격을 가져다주었다. 피난길에 올랐던 왕과 조정을 백성들이 어떻게 생각하고 있는지 그제야 실감하게 되었던 것이다.

사실, 당시 백성들이 당한 고통은 엄청났다. 그중에서도 왜군의 점령 지역에서 백성들이 당한 오욕과 수탈은 차마 말로는 표현할 수도 없을 정도였다.

임진왜란 참혹상의 기록 – 〈동국신속삼강행실도〉

원래 일본에서의 전투는 성을 점령하는 것으로 끝난다. 성을 정복당한 성주가 두말 없이 나와 항복하거나 죽음으로써 패배를 받아들인다. 그러나 조선은 달랐다. 관군이 패하거나 도망간 후에도 민초들이 의병과 하나가 되어서 왜군에게 거세게 저항해왔던 것이다.

이러한 사태에 당황한 왜군은 점령지역 안에서 방화·살육·약탈·납치 등 무자비한 초토화작전을 전개해나갔다. 왜군에 저항한 군사나 의병은 시체조차도 온전치 못했다. 왜군은 이들의 귀를 베어 전리품으로 챙기고 난 후 사지를 무참히 난도질했다. 특히 남자들은 눈에 띄는 즉시 모두 살해했다.

어린 소녀에서부터 나이 든 부인에 이르기까지 여인들에 대한 겁탈과 납치도 공공연히 자행되었다. 용모가 뛰어난 여인들은 여러 병사에게 윤간을 당한 뒤 일본으로 납치되기까지 했다.

이러한 왜군의 만행이 널리 알려지자, 전국에서는 앞을 다투어 목숨을 끊는 여자들이 줄을 이었다. 임란 후 광해군의 특별명령에 의해 간행된 〈동국신속삼강행실도〉'열녀편'에는, 이성을 잃은 적들 앞에서 당시의 여인들이 어떻게 절개를 지켜냈는지 생생하게 기록하고 있다.

> "서울사람 부사 노경인의 처 정경부인 김씨는 왜군에게 욕을 당한 후 목을 매어 자결했다….
> 찬성 이이의 처 신씨는 강물에 몸을 던졌다….
> 손봉남이라는 선비의 아내는 왜군이 몰려오자 욕을 당할 것을 피하기 위해 품에 어린아이를 안은 채 함께 강물에 몸을 던졌다….
> 서울사람 방희민의 처 노씨는 겁탈을 하려는 왜군을 꾸짖다가 죽임을 당하였다…."

조선 팔도를 울린 여인들의 이런 비명과 한이야말로 바로 임진왜란이 이 땅의 백성들에게 남긴 오욕과 수치를 상징적으로 증언해주는 절규인 것이다.

> "길을 가다 보니 어린아이를 안은 한 여인이 울고 있었다. 그 까닭을 물으니, 남편이 자기와 아이를 버리고 갔기 때문이라고 한다. 이 말을 들으니 슬프고 불쌍함을 이기지 못하겠다. 비록 짐승이라도 처자식을 사랑하는 법인데, 부득이한 처지가 아니라면 어찌 이럴 수 있겠는가.
> 아침에 일어나 몇 리를 가지 못하였는데 한 아이가 울고 있었다. 밤새 어미가 아이를 버리고 갔다고 한다. 곁에 있던 사람이 탄식하기를, 어미도 없으니 아이는 오래지 않아 죽을 것이라 한다. 불쌍함을 이기지 못하겠다. 전

쟁이 아니고서야 어찌 이에 이르렀으랴."

위 내용은 임란 당시 오희문이라는 선비가 쓴 〈쇄미록瑣尾綠〉이라는 전쟁일기의 한 부분이다.

죄 없는 백성들을 할퀴고 지나간 전쟁의 상처는 이렇게 컸다. 바로 이렇게 상처받은 민심을 달래기 위해 조선은 전쟁중임에도 과거를 치렀던 것이다. 백성들은 어쩌면 과거에 합격했다는 증서인 홍패를 깊이깊이 간직하면서, 전쟁에서 살아남으면 새로운 삶을 살 수 있겠다는 가냘픈 희망을 가질 수 있었을지도 모른다.

물론 당시의 조정이 백성들에게 과거 합격증서인 홍패 한 장을 주는 것으로 그 역할을 다한 것은 아니었다. 우리는 조선의 조정이 임진왜란 앞에 너무나 무기력했던 것으로 배웠다. 하지만 결코 그렇지 않았다. 그 첫번째 증거가 바로 분조分朝조치다.

분조조치

분조에 관한 논의가 처음으로 등장한 것은 선조의 요동망명설이 구체화되었던 임진년 6월이었다. 당시 조정의 의견은 두 갈래로 나뉘어 있었다. 그중 한 가지는, 선조와 이항복을 중심으로 한 요동망명론이었다. 이들은 조선군의 전투력으로는 왜군을 이길 수 없다고 판단했던 것이다.

그러나 선조의 요동망명설은 유성룡 등을 비롯한 중신들의 강력한 반대에 부딪힌다. 이들은 임금의 망명은 곧 국가를 버리는 일이므로 끝까지 왜군과 싸워야 한다고 주장했다. 하지만 선조가 유성룡을 파직하면서까지 요동망명 의사를 강력하게 표명하자, 유성룡의 뒤를 이어 좌의정에 오른 윤두수 등은 이에 대한 타협점으로 분조를 주장하게 된다.

분조란, 왕을 중심으로 하는 원래의 조정을 두고, 왕의 권력을 위임받은 세자를 중심으로 국사의 실무를 처리할 또 하나의 조정을 만드는 것을 말한다.

유교주의 사회는, 하늘 아래 두 태양이 없듯이 국가에도 두 임금이 있을 수 없다는 이념이 투철한 사회였다. 그런 유교주의 이념에 투철했던 사회에서 제기된 분조제는 조정에 무성한 논의를 낳게 된다.

그러나 요동망명 의사가 워낙 강했던 선조는, 자신의 의사를 관철시키기 위해서라도 분조를 허락하지 않을 수 없었다. 그리하여 전쟁 발발 50여 일 만인 6월 14일, 조선은 함녕땅에서 사상 유례가 없는 분조체제로 들어가게 되는 것이다.

이렇게 해서 선조를 중심으로 한 행조行朝, 즉 원래의 조정은 의주로 향했고, 세자 광해군을 중심으로 한 분조는 평안도 영변으로 남하하기 시작한다.

국망의 위기 앞에서 전격적으로 탄생한 분조는, 결과적으로 한 나라에 두 임금을 만드는 일이었기 때문에 조정으로서는 고육지책이었다. 어쨌든 광해군의 분조가 부여받은 가장 크고 중요한 임무는 무군撫軍, 즉 군을 격려하고 지원하는 일이었다. 그리고 그 결과는 기대 이상의 큰 성과로 나타난다.

세자의 남하 - 분조의 군사적 성과들

임진년 7월, 분조는 강원도 이천에 당도했다. 당시 조·명 연합군은 평양성을 점령하고 있던 왜군을 공격했으나 성을 탈환하는 데 실패, 평안도 북쪽으로 후퇴한 상태였다. 그런데 분조는 바로 조·명 연합군의 최전선을 넘어 강원도 이천까지 내려온 것이다.

분조는 성천·용강·연변을 거쳐 경기도와 강원도·황해도·평안도 일대에서 무군, 즉 전투를 지원하고 격려하는 한편, 왜군에 대한 군사작전을 전개했다.

그런데 당시 분조가 장악하고 있던 지역은 황해도·평안도·함경도·강원도의 중간지점으로 군사작전상 아주 중요한 지점이었다. 평양성을 점령한 왜군은 선조가 피난간 의주로 북상할 준비를 하고 있었는데, 바로 그 길목에 분조가 자리잡고 있었던 것이다. 더군다나 평양에 주둔하고 있던 고니시 부대와 함경도에 진출해 있던 가토 부대의 상호교신을 막고, 서울에 주둔한 왜군의 북상을 저지할 수 있는 군사상 요충지였다.

뿐만 아니라, 분조는 북쪽의 조선군과 전라도의 조선군이 연계하여 서해안을 확보하는 작전에 착수했다. 이를 위해 분조는 우선 황해도 지역에서 의병을 소집하고, 의병장 이정암을 연안성의 소토사로 임명하여 지휘권을 준 뒤 성을 지키게 했다.

이정암은 분조의 적극적인 지지와 격려 속에 백성들을 끌어모았다. 그러나 불과 나흘 뒤인 8월 28일, 해주에 있던 구로다 군이 공격해들어오기 시작했다. 당시 연안성에 있던 관군과 의병은 5백여 명에 불과했으나 구로다 군은 6천여 명에 달했다. 하지만 이정암과 군사들은 나흘간의 혈전 끝에 마침내 성을 지키는 데 성공한다.

이 승리로, 조선은 평안남북도와 황해도 그리고 전라도를 잇는 서해안을 확보함으로써 남쪽의 수군방어선과 연계할 수 있었다. 무엇보다 이 서해안은 전라도에서 생산되는 곡물을 의주의 선조와 각 지역의 조선군에게 공급하는 생명선이었다. 이후 7년간 왜군은 단 한 번도 이 서해안 진출에 성공하지 못한다.

서해안의 확보를 가능케 했던 연안성 전투. 이 연안대첩은 수군의 승리와 행주대첩·진주대첩 등과 함께 우리가 기억해야 할 매우 중요한 전투 중의 하나다. 그 연안성 전투 뒤에 분조가 있었던 것이다.

이외에도 분조는 특히 전국에 있는 의병들에게 조정이 아직도 건재하다는 것을 알리기 위해 노력한다. 선조 25년 7월 1일자 실록에 보면, '세자가 여러 도의 관원과 의병에게 하서下書하여 근왕에 힘쓰도록 하였는데, 이로 인해 조정의 소식이 처음으로 동남쪽에 알려졌다'는 내용이 나온다. 분조가 전국에서 활동하던 의병들의 구심점으로 자리잡은 것이다.

여기서 한 가지 짚고 넘어가야 할 부분이 있다. 처음 분조가 탄생했을 당시 분조를 따르던 신하는 10명에 불과했다. 그런데 어떻게 이렇듯 다양한 활동을 할 수 있었던 것일까?

그것은, 그들이 과연 어떤 사람들이었는지를 살펴보면 알 수 있지 않을까.

광해군을 좇았던 사람들

분조가 탄생했을 당시 광해군을 따라갔던 사람은 모두 10명이었다. 그중 선조가 허락한 사람은 영의정 최흥원과 호조판서 윤자신, 단 두 사람이었다. 그런데 좌의정 유홍과 좌찬성 최황, 그리고 전 호조판서 한준은 선조의 명도 받지 않고 스스로 광해군을 따라나섰다. 형조판서 이헌국과 부제학 심충겸은 선조의 망명을 반대하던 인물이었다. 그들도 광해군의 뒤를 좇았다. 그외에도 우찬성 정탁이 있었다. 그는 평양성 고수를 강력히 주장하며 왕의 의주 피난을 반대하던 인물이었다.

즉, 이들은 모두 왜군에 대항하여 싸워야 한다고 주장하는 인물들이었다. 때문에 선조에 의해 임명된 신하들, 그것도 고위관료인 당상관들이었지만 분조행을 택했던 것이다.

그러나 광해군을 따랐던 사람들은 그뿐만이 아니었다. 분조가 강원도 이천에 도착했을 때 그 뒤를 따르는 사람들은 전직 관리만도 1백여 명이나 되었고, 두 달 후엔 현직 고위관리 43명을 비롯하여 수백 명에 이르렀다. 무관들도 이 대열에 합류했다. 특히 상주전투의 패장인 순변사 이일은, 해주 등지에서 모은 3천여 명의 군사와 의병을 이끌고와 분조의 군사적 기반을 마련해준다.

왕과 신하는 나라와 그 운명을 같이해야 한다던 주전론자들. 광해군의 분조는 바로 이들이 일할 수 있는 공식적인 창구였다. 뿐만 아니라 당시 실록에 의하면, 세자의 남하소식으로 평안도와 황해도, 강원도 백성들이 조정의 건재함을 알게 되어, 인접한 경기도나 함경도는 물론이고 멀리 호남지방에까지 그 소식이 알려지게 되었다. 그리하여 백성들이 구름처럼 몰려와 세자를 부모처럼 의지했다고 한다. 분조는 왕을 잃고 떠돌아다니던 백성들의 구심점이기도 했던 것이다.

당시 선조의 요동망명설은 백성들에게 커다란 충격이었다. 왕도, 조정도 없는 나라의 백성들에게 적과 싸우겠다는 의지를 기대할 수는 없는 일이었다. 하지만 분조는 아직도 왕과 조정이 백성을 버리지 않았다는 또 하나의 증거가 되었고, 적과 싸워서 이겨야만 할 명분이 되어주었던 것이다.

그런데 이들이 분조를 중심으로 뭉칠 수 있었던 데에는 또 하나의 중요한 요인이 있었다.

그것은 바로 세자 광해군에 대한 백성들의 신망이 높았기 때문이었다. 당시의 나이는 불과 열일곱. 그러나 상처받은 백성의 마음을 어루만지며 분조를 이끌어가는 광해군의 능력은 탁월했다.

과연 그 비결은 무엇이었을까?

광해군 투표사건의 진상

1592년 11월, 용강이 있는 광해군의 처소에서는 당시로서는 매우 파격적인 일이 벌어지고 있었다. 요즘 말로 쉽게 얘기하면 '투표'라고 할 수 있는 일이었다. 무엇 때문에 '투표'라는 것을 하는지, 당시의 현장으로 되돌아가 전후사정을 알아보기로 하자.

질 문 : (줄지어 선 군졸들에게 다가가며) 지금 뭘 하고 계신가요?

군졸 1 : 오늘 아침에 세자께서 듣도 보도 못한 일을 하시겠다며, 우리
들한테도 모두 참석하라고 해서 차례를 기다리는 중이오.

질 문 : 무슨 일인지 전혀 모르시나요?

군졸 2 : 우리들이야 무슨 일인지는 들어가봐야 알겠지만, 저기 서 있는
대신들은 속 내막을 잘 알지 알겠소.

질 문 : (대신들 앞으로 다가가서) 세자께서는 군졸들을 한 사람씩 불러다
가 무슨 일을 하시는 건가요?

대신 1 : 권점圈點이란 것을 하신다 하오.

질 문 : 권점이오? 그게 뭐죠?

대신 2 : 원래 권점이란 것은 나라의 중요한 관리를 뽑을 때 사용하던
일종의 투표방식이 아니겠소.

질 문 : 그럼 무슨 일로 투표를 하시는 건가요?

대신 1 : 그게 참으로 갑갑한 일이 아니겠소. 여기 용강에 더 머물 것이
냐, 아니면 영변으로 길을 떠날 것이냐 하는 것을 결정하기 위해
군졸들의 의견을 묻는다고 하시지 않겠소.

질 문 : 그런 거야, 세자와 대신들이 알아서 결정할 일이 아닌가요?

대신 1 : 누가 아니랍니까. 그런데도 굳이 군졸들의 의견을 물어야겠다
고 고집하시니, 우리로서도 난감할 따름이지요. 만일 속 없는 군
졸들이 엉뚱한 의견이라도 내놓는다면, 그야말로 낭패가 아니겠
소?

광해군 : (군졸 1을 보고) 넌 지금 우리가 영변으로 가는 것이 옳겠느냐,

아니면 여기서 좀더 오래 머무는 것이 좋겠느냐? 어려워 말고 여기 표에다가 네 뜻대로 점을 찍도록 해라.

(군사 1, '가, 부'가 적혀 있는 종이를 한참이나 들여다보다가 '가'에 점을 찍고 나간다.)

질 문 : (광해군에게 다가가) 이렇게 권점을 실시하는 특별한 이유라도 있습니까?

광해군 : 사실, 대신들과 내가 간단히 결정할 수도 있는 일이지요.

질 문 : 그런데 왜 군졸들에게 일일이 권점을 하게 하시나요?

광해군 : 생각을 해보시오. 만일 우리가 다시 어디론가 떠난다면 이 추운 날씨에 가장 고생이 심한 사람들이 누구겠소?

질 문 : 그야 군졸들이지요.

광해군 : 그런데도 내게 큰 권한이 없으니 저들이 고생을 한다고 상을 내릴 수도 없거니와, 할 수 있는 거라곤 저들의 마음을 헤아려주는 것뿐인데, 이것도 그 방법이 아니겠소?

질 문 : 그럼, 이 권점의 결과를 그대로 따르시겠다는 건가요?

광해군 : 물론이오. 내 마음대로라면, 추운 겨울이라 하나 빨리 길을 재촉하여 한 마을이라도 더 찾아가는 것이 좋겠으나, 저들이 원하지 않는다면 조금 더 예서 머무는 것도 좋겠지요. 그러나 내가 이미 저들과 오래 같이했으니, 저들도 내 마음을 알아주지 않겠소?

광해군의 권점 실시는, 당시로서는 매우 파격적인 일이었다. 그래서인지 이에 대한 비판도 만만치 않았다고 실록은 전하고 있다.

〈선조수정실록〉 25년 11월 30일 병무조에 보면 유희서가 선조에게,

"어떤 사람은 용강에 오래 머물러야 하고 어떤 사람은 영변으로 가야 된

다고 하니, 이를 결정하지 못해 세자가 권점으로 결정하여 국가의 체면이 말이 아니게 되었습니다."

라고 하였고, 심희수 역시 이에 대한 비판적인 견해를 올리고 있다.

"마땅히 좋은 것을 따라서 처리해야지, 다수를 따라 계책을 정한다 하는 것은 매우 가소롭다 할 것이옵니다."

당시 백성들에게 신망을 받던 광해군은 훗날 인조반정으로 폐위된다. 그 때문에 임진왜란 중 광해군을 중심으로 이루어졌던 분조활동 역시 그동안 제대로 주목받지 못했던 것이다. 심지어 당시의 조정으로부터는 비난까지 받았다.

그러나 광해군이 이끌던 분조는 조선이 위기상황에 몰렸던 임진년 한 해 동안 흩어진 민심을 수습하고 의병을 지원하는 등 매우 뚜렷한 흔적을 남겼다.

이렇게 조선은 분조조치로 전쟁 초반의 위기를 수습하는 한편, 선조가 한양으로 돌아온 후에는 관군을 재정비하는 일에 착수한다.

훈련도감 설치

1593년 8월, 한양으로 돌아온 선조는 관군의 재정비를 명한다. 이에 따라 훈련도감이 탄생하게 된다.

훈련도감을 설치한 조선은, 식량배급과 면세조치 등 다양한 특혜를 조건으로 무예가 뛰어나고 용력이 출중한 병사들을 뽑는 데 전력을 기울인다. 당시의 기록을 보면, 무예나 조총술 등 외에도 용력이 뛰어난 자를 선발하기 위해 다양한 방법을 동원했다는 것을 알 수 있다.

무거운 화포를 운반하는 포병의 경우, 체력이 중요하다 하여 무거운 맷돌을 들어올리는 '들돌지기' 라는 시험을 보았고, 지형지물을 이용한 기습작전에 능한 자를 뽑기 위해 '장대높이뛰기' 를, 담력을 알아보기 위해서는 높은 곳에 올라가 뛰어내리는 시험을 보았다고 한다. 특히 유성룡의 건의에 따라, 명나라 장수를 불러 독특한 진법과 각종 화포를 다루는 법을 가르치기도 했다.

이러한 방법으로 신분의 고하에 관계없이 훈련도감에서 선발한 군사의 수는 천 명. 이들을 포를 다루는 포수와 화살을 무기로 싸우는 살수, 그리고 조총부대인 사수군으로 나누고 실전에 대비하여 훈련을 시켰다.

선조는 특히 세 발의 조총을 쏘게 하여 한 발이라도 명중시키는 자는 모두 병사로 선발하라는 명령을 내린다. 이는 그만큼 조총병을 확보하는 데 심혈을 기울였다는 증거다. 그런데 조총병이 있다는 것은, 조총이 그만큼 확보가 되었다는 말이다. 조선은 갑자기 어떻게 그 많은 조총을 확보하게 된 것일까?

경상북도 달성군에 있는 '녹동서원' 은 임진왜란 당시 조선의 조총 제작에 중요한 역할을 한 인물을 기념하여 만들어진 사당이다. 조선 이름 김충선, 본명은 사야가沙也可. 임란 당시 고니시의 선봉장으로 건너온 왜장이었다.

다음은 이장희 교수(성균관대 사학과)의 설명이다.

"임란 때 투항한 대표적인 인물이 사야가다. 그는 가등청정의 좌선봉장으로 한 3천 명 정도를 이끌고 조선에 들어왔는데, 우리 나라에 와서는 일본보다 월등히 뛰어난 문물에 감탄을 한다. 그래서 경상좌병사 박진 진영에 귀화를 한다. 투항을 한 것이다. 그후 많은 일본사람들이 투항하는데, 조정은 갑오년에 만들어진 훈련도감에 사야가를 비롯한 이들을 배치하여 조총도 만들고 화약도 만들게 되었던 것이다."

당시 김충선과 같이 조선에 투항한 왜군들의 수는 대략 3천여 명 정도. 조선정부는 이들을 선별적으로 수용하여 조총과 화약제작, 그리고 조총수 훈련 등에 활용한다. 이런 과정을 통해 훈련도감은 천 명의 정예 관군을 확보하게 되고, 이후 이들은 정유재란이 일어나기까지 한양의 경비를 전담하게 되는 것이다.

그런데 훈련도감의 설치와 조총제작으로 다양한 전술과 화기를 갖춘 정예부대는 탄생했으나 당시 조선관군의 사기는 땅에 떨어진 후였다. 관군 중에는 도망을 하거나 의병이 된 사람도 많았다. 따라서 당연히 극심한 군사력 부족의 어려움에 봉착해 있었다.

바로 이런 문제를 해결하기 위해서도 과거는 필수적이었던 것이다. 다시 있을 외침에 대비해야 할 조선에게 있어 가장 큰 난관은 적을 맞아 싸울 군사를 확보하는 일이었다. 물론 전쟁 전의 시험에서 뽑아놓은 무과 급제자는 많았지만 초반의 열세로 대부분 도망하여, 당시 조선의 관군에는 군사가 거의 없었다. 이를 위해 조선정부는 임란이 계속된 7년 동안 무려 31번이나 과거를 실시한 것이다.

과거가 치러진 장소를 살펴보면, 북쪽으로 선조의 어가가 머물렀던 의주를 비롯하여 제주도에 이르기까지 전국 각지에서 실시되었다. 또한 이 기간 동안 선발된 급제자의 수는 모두 8천여 명으로, 이는 임진왜란이 일어나기 전까지 조선정부가 배출한 인원보다 많은 수였다.

그런데 과거를 실시한 데에는 또 다른 목적이 있었다.

당시 조선정부는 전선을 이탈하기 어려운 병사들을 위해서 현지에서 직접 과거시험에 응할 수 있도록 했다. 그래서 먼저 이순신의 병영에서 수군들을 대상으로 과거시험을 실시했는데, 이를 '주사과舟師科'라고 했

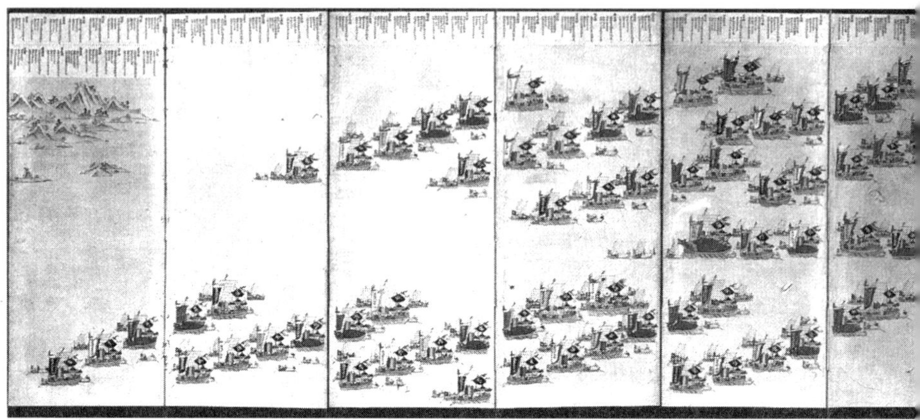

다. 이들 중에는 전란 중에 아무런 직책도 없이 백의종군한 병사들이 많
았다. 바로 이들에게 나라에서 과거라는 방법을 통해 그간의 공로를 인
정해주고, 새로이 직급을 부여함으로써 소속감을 높여주었던 것이다.

특히, 그 동안 조정의 무관심으로 소외감이 컸던 북방의 군사들을 위
해서는 알성시를 실시했다. 북방에서 공로가 큰 자들을 한양으로 불러
서, 왕이 직접 참석한 자리에서 과거를 보게 한 다음 그 공적에 따라 직
급을 내리고 되돌려보냈던 것이다.

심승구 교수(한국체육대 사학과)의 이야기다.

"당시의 무과시험은, 정부가 전란 후에 모병을 해도 한 명도 나타나지 않
는 군사적 공백상태에서 관군을 확보하는 중요한 통로기능을 했다. 이러한
관군의 확보로 수군에서 관병이 재기할 수 있는 발판을 마련했고, 나아가
국가체제가 아직도 유지되고 있다는 사실을 백성들에게 분명히 알려주는
계기가 되어 임란 극복의 중요한 원동력의 하나가 된 것이다."

조선시대 제일 가는 무사는 평양의 토병들이었다고 한다. 당시 조선정

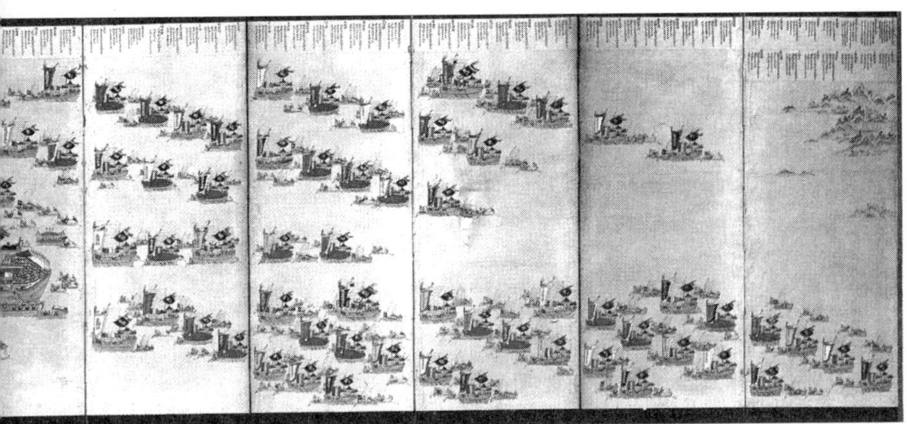

△수조도. 한산대첩 때 이순신 장군이 펼쳤던 학익진을
그린 12곡병.

부는 과거시험을 통해 이들을 관군으로 끌어들였는데, 이들은 이후 왕실
보호와 의병들의 전투 지원에 큰 역할을 했을 뿐만 아니라, 선조의 망명
을 막는 데 결정적인 요인이 되었다. 그리고 이렇게 결집된 조선의 군사
력은, 정유년(1597년)에 왜군이 다시 15만 군사를 앞세우고 쳐들어왔을
때 그 힘을 발휘하게 된다.

정유재란은 4년 가까이 끌어오던 명과 왜의 화의가 결렬된 후 도요토
미가 또다시 군사를 출병시킴으로써 일어난다. 1597년인 정유년 1월 15
일, 가토와 고니시, 구로다 등을 선봉으로 한 15만 왜군이 또 한 번 물밀
듯이 바다를 건너오기 시작한 것이다. 왜군은, 육군이 전라도를 점령하
고 수군이 경상도를 점령한다는 계획이었다.

그때 조선의 주력부대는 한산도의 수군이었는데, 통제사 원균이 왜의
수륙양군 계략에 말려들어 칠전도 앞바다에서 대패하고 만다. 이로 인해
이순신이 구축해놓은 조선 수군의 탄탄한 전력은 일시에 무너져버렸다.

그 틈을 놓치지 않고 왜군은 남원과 전주, 공주성을 차례차례 점령한

뒤 1597년 10월에는 한성이 멀지 않은 직산까지 북상한다. 그러나 왜군의 진격은 거기까지였다.

조선조정은 정유재란이 일어나자마자 전국 팔도에 방을 내어 홍복군을 모집했다. 이때의 홍복군은, 관군은 물론이고 의병과 승병이 모두 참가한 6만의 연합군대였다. 전쟁 초반과는 달리 조정을 중심으로 조선의 군관민이 하나의 깃발 아래 모인 것이다. 그리하여 이 홍복군은 명과 연합전선을 이루며 4개의 공격로로 왜군을 밀고내려간다.

먼저 1진이 가토 부대를 상대로 공주와 전주, 남원 방향으로, 2진은 시마즈 군대를 청주와 상주를 거쳐 진주까지 내모는 데 성공한다. 제3진은 경상도 쪽으로 고니시 부대를 격퇴시켰고, 이순신 함대가 해상로를 봉쇄하여 식량공급을 철저하게 봉쇄했다.

식량공급이 차단되자 왜군은 전의를 상실했다. 여기에 더하여 도요토미의 갑작스런 죽음으로 전쟁의 명분까지 잃게 된 왜군의 퇴각은 굶주림과 늘어나는 사상자로 하여 비참하기 짝이 없는 행색이었다.

마침내 1598년 10월, 남해안으로 몰린 왜군은 명에게 뇌물(돼지 두 마리와 술 두 통)을 주며 퇴각로를 열어줄 것을 청한다. 그리고 이를 알게 된 이순신 함대는 1598년 11월 17일 밤, 도망가는 왜선 5백여 척을 섬멸하기 위해 노량 앞바다로 출전했다. 7년 동안이나 조선을 유린했던 왜군이 살아서 도망가는 것을 결코 용인할 수 없었던 조선의 수군은, 밤을 새운 추격전 끝에 왜선 4백여 척과 1만여 명의 적군을 노량 앞바다에 침몰시켰다.

이로써 만 6년 7개월 닷새 만에 이 땅에서 왜군을 완전하게 몰아낸 것이다.

임진왜란이 끝난 후, 명의 왕조는 참전의 부담을 이기지 못하고 후금 세력들에 정권을 빼앗긴 뒤 멸망한다. 일본 역시 도쿠가와 이에야스를 통치자로 하는 새로운 막부가 등장했다. 하지만 조선은 변함없이 그 왕조를 이어간다.

과연 그 이유는 무엇이었을까?

우리는 이제껏 임란 당시의 조선조정에 대해 매우 비판적으로 생각해 왔다. 분명, 당시의 조정은 국제정세에 매우 어두웠다. 그래서 일찍이 신숙주나 율곡 이이의 경고에도 불구하고 왜군의 침입에 미리 대처하지 못했던 것이다.

하지만 임란중에 31번의 과거를 실시한 조정이 없었다면 조선은 어떻게 되었을까?

국토의 대부분을 적에게 점령당했던 조선. 그 위기의 조선을 지켜낸 공은 당연히 수군과 의병들에게 돌려져야 한다. 그러나 당시의 조정이 그들의 구심점이 되지 못했다면, 아마도 전쟁은 7년으로 끝나지 않았을는지도 모르는 일이다.

■글/김정희

8
왜란 10년 후, 조선이 통신사를 보낸 까닭은?

1592년에 일어났던 임진왜란은, 조선에겐 엄청난 피해를 가져다준 전쟁이었다. 200만 명이 목숨을 잃고, 10만 명이 일본으로 끌려갔으며, 전 국토는 거의 초토화되었다. 그러나 조선에 지울 수 없는 상처를 남겼던 임진왜란 이후, 조선과 일본이 국교를 재개하는 데는 불과 10년밖에 걸리지 않았다.

조선은 왜 그처럼 일찍 일본과의 국교를 재개했던 것일까?

왜란 10년 후, 조선이 통신사를 보낸 까닭은?

통신사. 서로 신의가 통하는 사절단이란 이름처럼, 통신사는 조선 초기부터 일본에 보내던 우리 나라의 우호사절단이었다. 하지만 조선조 개국 이래 가장 심각한 피해를 낳은 임진왜란으로 일본은 조선에게 불공대천의 원수요, 만세불변의 원수로 깊이 각인되었다. 당연히 통신사로 대표되던 우호교린의 역사는 단절되었다.

그러나 임진왜란이 끝난 지 불과 10년 만에 조선은 일본에 통신사를 보냄으로써 양국간의 국교를 재개한다. 왜였을까? 그 이유를 한번 파고 들어가 보기로 하자.

사실, 통신사 파병 논의는 왜군이 철병한 그 다음해에 도착한 대마도주의 강화요청 편지로부터 비롯된다. 선조 32년인 1599년 7월의 일이었다.

"일본국 풍신조신은 삼가 부산 영공대인 족하에게 서신을 보냅니다. 지난해 우리가 철병을 하였는데 귀국의 사신은 아직까지 바다를 건너오지 않으니 어찌된 연유입니까? 여기 피로인 몇 명을 함께 보내며, 앞으로 두 나라가 우호관계를 맺으면 피로인披虜人들을 계속 송환할 것인즉, 이 사실을 예조에 전달해주시기 바랍니다."

그러나 일본측의 요청에 조선 조정은 아무런 반응을 보이지 않았다. 그러자 대마도에서는 이듬해 2월 사신을 파견해, 다시금 조선에서 사신을 보내줄 것을 요청해왔다.

"일본의 새 장군으로 등극한 이에야스는 임란과는 아무런 상관이 없습니다. 화평을 청하는 것은 곧 이에야스 장군의 뜻이니, 빠른 시일 내에 사신을 보내주시기를 바랍니다."

그러나 조선 조정은 이번에도 아무 반응을 나타내지 않았다. 그러자 대마도 쪽에서 사뭇 위협적인 태도로 나왔다.

"해마다 사신을 보내 번번이 서신을 올렸는데도 지금까지 답장이 없으니 이 무슨 경우인지요. 이제 우리 나라가 다시 사신을 보내니 회답을 주시오. 다시 한번 말하거니와, 화평이냐 전란이냐는 귀국의 손에 달려 있을 뿐입니다."

그리하여 일본의 이런 협박 섞인 서신으로 조정은 다시 고민에 빠졌다.

> 대신 1 : 왜구는 우리의 강토를 짓밟은 불구대천의 원수입니다. 그런데
> 이제 와서 한마디 사죄도 없이 강화를 청하다니, 어찌 받아들일
> 수 있단 말입니까?
> 대신 2 : 맞는 말씀입니다. 게다가 대마왜인들을 어떻게 믿을 수 있겠습
> 니까. 강화의 뜻은 이에야스와는 아무 상관없는 대마왜인들이
> 지어낸 말이 분명하옵니다. 대마왜인들의 흉계가 분명한 듯하옵
> 니다.
> 선 조 : 허나, 무턱대고 저들의 강화 요구를 거절할 수만은 없는 처지가
> 아니오. 만일 저들의 말대로 다시 침략해오기라도 한다면 그 난
> 을 어찌 감당할 수 있단 말이오.
> 대신 3 : 지금의 형세로서는 시간을 버는 것이 마땅히 시급한 일인 듯하
> 옵니다. 1년을 벌면 1년을 방비할 것이요, 2년을 벌면 2년을 방
> 비할 수 있을 것으로 사료되옵니다.
> 선 조 : 옳은 말이오. 우선은 명을 빙자해 지금은 강화할 수 없다는 서계
> 를 보내는 것이 어떨까 하오.

그리하여 조정에서는 1600년 5월, 일본에 처음으로 답신을 보낸다.

"가만히 있는 나라를 침범해 오늘날의 화를 초래한 것이 누구의 책임인
가? 한번 끊어진 관계는 돌이키기 어려운 것이니, 지금은 강화를 논의할
시기가 아니며, 또한 귀국과의 화호는 우선 명나라와 논의하여 결정할 수

있는 일이므로 그리 아시오."

조선의 답신은 시간을 벌기 위한 작전이었다. 당시 조선은 명군이 철수를 완료한데다, 군사는 모두 흩어지고 남아 있는 전선이 한 척도 없는 형편이어서 다시 전쟁을 감당하기란 도저히 불가능한 상황이었다. 게다가 일본으로 끌려갔다 돌아온 피로인(비전투요원으로 납치된 민간인)들 중에는, 7~8월경에 왜군이 다시 쳐들어오기 위해 준비 중이라는 말까지 하는 사람도 있었다.

그런 가운데 왜의 강화 요구는 계속되었고, 조정에서는 연일 밤낮으로 통신사 파견을 놓고 격론을 벌였다. 그리하여 얻은 결론은, 조정에서 직접 사람을 보내 일본의 사정을 알아보기로 하자는 것이었다. 바로 탐적사 파견이었다.

적의 정세를 탐색하라 - 탐적사

탐적사로 뽑힌 인물은 다름아닌 유정, 곧 사명대사였다.

대 신 : 아셨지요. 대사의 1차적인 임무는, 대마도에 직접 들어가서 저
　　　　들의 말이 사실인지, 왜가 과연 다시 쳐들어올 계책을 가지고 있
　　　　는지 그것을 알아보는 겁니다.

사명대사 : 익히 알고 있습니다.

대 신 : 그런데 문제가 있습니다.

사명대사 : 문제라니요?

대 신 : 대마도인들은 분명 대사에게 일본까지 직접 가야 한다고 우길
　　　　것입니다.

사명대사 : 그러면 가야 옳지 않겠사옵니까. 본토까지 건너가면 보다 더

정확한 정세를 알 수 있지 않을까요.

대　신 : 아닙니다. 왜인들은 워낙 흉측해서, 마치 대사가 온 것을 조선에서 사신을 파견한 양 이용할지도 모릅니다.

사명대사 : 허면 어찌해야 좋겠습니까?

대　신 : 만약 그들이 강요를 하면 이렇게 대답하십시오. "당초 이곳에 온 것은 대마도에 부처님의 뜻을 펼쳐 생명을 구제하기 위한 것 이외에는, 산승으로서는 알 바가 아니오"라고 말입니다.

사명대사 : 그거야 어렵지 않습니다만, 왜인이 필요하면 강제로라도 묶어서 본토까지 끌고갈 것이 분명하겠지요.

대　신 : 그리하면 못 이기는 척하면서 가서 덕천가강(도쿠가와 이에야스)의 뜻을 알아오십시오. 단, 대사가 저들의 요청에 의해 마지못해 가는 것이라는 점을 분명히 하십시오.

사명대사 : 심려 마십시오. 이미 소생의 목숨은 나라를 위해 바쳤습니다.

대　신 : 대사만 믿겠습니다.

임진왜란 때 승병장으로서 이미 가토 기요마사와 네 차례나 강화회담을 벌였던 유정은 1604년 7월 1일 대마도주 앞으로 보내는 예조참의 명의의 서신을 가지고 서울을 출발했다. 서신에는, 만일 일본이 우리 조선을 재침한다면 명나라와 협력해 일본을 다스릴 것이며, 일본이 성의를 보이면 관대하게 처분할 것이라는 내용이 들어 있었다.

유정은 대마도에서 3개월간 머무르며 일본측 정세를 정탐한다. 그리고 이듬해인 1605년 3월, 교토의 후시미 성으로 가서 도쿠가와 이에야스와 직접 대면하게 된다. 그것은 이에야스의 뜻이었다. 선조 38년 5월 12일의 〈선조실록〉에 그 내용이 나온다.

"이에야스가, 사명대사를 인도하여 일본에 오면 성의를 다하겠다 하였으
므로 일본으로 건너갔다."

유정을 만난 이에야스는 "조 · 일간의 화호를 진정으로 원하고 있소"
라고 밝혔고, 유정은 조선 백성을 송환해주겠다는 이에야스의 약속을 받
아서 귀국하게 된다. 유정이 확인한 것은 이에야스가 조선과의 화호를
진정으로 원한다는 사실이었다.

그리하여 1604년 7월에 조선을 출발했던 유정은 10개월 만인 이듬해
3월 피로 3천 명을 이끌고 귀국했다.

하지만 통신사 파견문제는 쉽게 결론이 나지 않았다.

도요토미 히데요시의 사망 이후 도쿠가와 이에야스가 확실하게 권력
을 승계했는지 여전히 확인되지 않았고, 만약 다른 편에서 권력을 잡는
다면 통신사 파견으로 또 다른 문제가 발생할지도 모른다고 판단했기 때
문이다.

그러는 사이에도 통신사를 파견해달라는 일본의 요구는 끈질기게 계
속되었다. 유정이 돌아온 이듬해 쓰시마에서는 1390명의 피로인이 송환
되었고, 이에야스로부터의 통신사 요청이 있었으며, 그 이듬해에도 두
차례나 통신사 파견이 요청되었다.

그런데 일본은 왜 이처럼 끈질기게 화평을 원했던 것일까?

일본은 왜 화평을 원했나?

일본이 조선과의 국교재개를 간절히 바란 가장 큰 이유로는 일본의 국
내 정세를 들 수 있었다. 바로 도쿠가와 이에야스의 정통성을 확립하는
데 필요한 요건이었기 때문이었다.

침략자이던 히데요시가 병으로 사망하자 일본은 심각한 권력투쟁으로

빠져들었다. 히데요시의 10살 난 아들인 히데요리를 옹립하는 파와, 실력자인 이에야스파와의 권력다툼이었다. 물론 정권은 1600년 7월의 세키가하라 전투에서 승리한 이에야스의 손으로 들어왔지만, 패배한 히데요리의 세력이 기후 지방을 근거지로 세력을 넓혀가고 있어서 여전히 정국은 한치 앞도 내다볼 수 없는 안개 속과 같았다.

때문에 이에야스로서는 자신의 정통성을 만천하에 인정시켜 권력을 더욱 확고히 할 필요가 있었는데, 조선의 통신사는 그 정통성을 인정받는 데 가장 효과적인 방편이었다. 또한, 이에야스는 원래 조선으로의 출병을 반대했던 정치적 입장을 견지했을 뿐만 아니라, 명과 조선의 복수를 두려워하고 있었다.

당시의 한 기록(아메노모리 호슈(雨森芳洲) 전서)에 의하면, '과거 고려가 여·몽 연합군을 결성해서 쳐들어왔던 것처럼, 조선과 명이 복수의 군대를 보낸다면 어찌할 것인가?' 하고 걱정하는 대목이 있다. 또한 '조선은 이국 중에서 가장 가까운 인국이므로 선린이 도리이다. 만일 화호를 맺으면 막부의 권위는 물론이고 국내의 제후 통제에도 이롭게 된다'고 말하고 있다.

또 한 가지, 당시 일본은 아시아 각국과의 외교창구를 마련할 필요가 있었다. 임진왜란이 패배로 끝난 이후 철저히 국제사회에서 고립되어 있던 일본은 명나라와의 관계를 유지하기 위한 유일한 외교창구로서 조선과의 친선관계를 유지할 필요가 있었던 것이다. 재일 사학자 신기수씨의 말이다.

"도요토미 히데요시의 아들이 살아 있는 상태에서 조선과의 외교관계가 수립된다면, 이건 자기들 정권이 국제적으로 인정을 받았다고 하는, 하나의 권위가 세워지는 것이다. 또한, 조선의 통신사가 대마도에서 에도까지 왕복하는 사이에 조선의 선진문화를 고스란히 전수해주기 때문에 그야말로 금상첨화가 아닐 수 없었다."

도쿠가와 이에야스는 이와 같은 이유 때문에 무려 10년간이나 끈질기게 통신사를 보내달라고 요구했던 것이다.

조선의 대논의

그렇다면 10년 동안이나 고민에 고민을 거듭하며 탐적사를 보내는 등 강화요구에 신중하게 대처했던 조선 조정에선 과연 어떤 과정을 거쳐서 통신사를 파견하기로 결정했을까?

1606년 4월 5일자 실록을 보면, 대마도로부터 강화요청을 받은 직후 비변사의 밀계로 2품 이상의 전 관리들을 소집해 비상대책회의를 열었다는 게 나온다. 당시의 논의는 각자가 자신의 의견을 개진하고 토론하는 형식이었는데, 그 내용들을 아주 자세히 기록해놓은 것이 눈에 띈다.

그로부터 한 달 뒤인 5월 17일자 실록에는 하루치의 기록이 모두 19개의 별도 항목으로 나와 있는 것을 볼 수 있다. 한마디로 대토론이 있었다는 걸 가늠하게 하는데, 대신들은 그 뒤에도 거의 매일 이 문제를 놓고 논란을 벌였다고 한다.

당시의 대신들이 각각 어떤 입장들을 취했는지, 그 과정을 재구성해서 살펴보기로 하자.

대신 1 : 대마도의 방자함이 극에 달한 듯하옵니다. 우리의 처지가 이렇게 되니, 다만 눈물이 앞을 가릴 뿐이옵니다.

대신 2 : 허나 회답을 미뤄온 것이 벌써 6년이 아니옵니까.

선 조 : 그렇지요. 이제는 더이상 미룰 수만은 없는 일이라 생각하오.

대신 3 : 문제는, 사명대사가 일본의 사정을 많이 보아가지고는 왔으나
아직도 일본의 정세가 불안하다는 것이옵니다.

대신 2 : 맞습니다. 과연 이에야스의 뜻이 평화를 원하는지 그것조차 불
투명한 상태가 아니옵니까.

선 조 : 허면 어떻게 하면 그들의 정세를 알아내고, 어떻게 하면 그들의
신의를 알아낼 수 있겠소?

대신 4 : 다시 요전과 같이 사람을 선발해서 대마도로 보내보는 것이 어
떻겠사옵니까?

대신 1 : 왜적을 대하는 첫째 원칙은 바로 자강이옵니다. 우리의 힘이
막강하다면야 그들이 어찌 우리를 얕잡아볼 수 있겠사옵니까.

대신 2 : 하오나 현실적으로는 대마도에서 계속 피로인을 보내며 성의
를 표시하고 있으니, 이를 무시한다면 후일 어떤 우환이 발생할
지 모르는 일이옵니다.

대신 4 : 백성을 위해 잠시 뜻을 굽혀 화호를 허락하는 것은 결코 치욕
이 아니며, 후에 침입을 받고서야 비로소 허락하는 것이 성하의
치욕이라 생각되옵니다. 통신사는 반드시 보내야 할 것으로 아
옵니다.

선 조 : 만약 통신사를 허한다 하더라도, 일본의 요구에 무작정 따르는
모습을 보여서는 곤란하지 않겠소?

대신 3 : 옳습니다. 우선 그들이 전쟁을 일으킨 것에 대한 사죄를 하여
야 할 것이옵니다.

선 조 : 그럼 어떻게 해야 할까?

대신 4 : 우선 일본에 사신을 보내 저들을 무마시키고, 돌아오는 사신
편에 일본 국왕의 국서를 붙여주면 그때 통신사에 대해 논의하
겠다고 하면 어떻겠사옵니까?

그리하여 장기간에 걸친 대책 끝에 내린 결론은 일본에 세 가지 조건을 내세워 그 반응을 보자는 것이었다.

1. 일본 국왕의 국서
2. 도굴범의 압송
3. 피로인 송환

이것이 조선에서 일본에 요구한 세 가지 조건이었다.

그런데 양국의 국교를 회복하기 위한 선결조건으로 조선이 요구한 이 세 가지 요구조건이, 당시의 상황에선 어떤 의미를 가지고 있었을까? 손승철 교수(강원대 사학과)의 이야기다.

"먼저 장군의 국서를 보내라고 일본 쪽에 요구한 것은, 일본의 사죄와 함께 먼저 일본이 강화를 요청해오면 수락하겠다, 다시 말해 우리가 외교의 주도권을 쥐겠다는 의미였다. 두번째의 도굴범의 압송이란, 능을 범한 자들을 포박해 보내라는 뜻으로, 성종의 왕비(정현왕후) 능과 중종의 능이 임란 중에 도굴당했는데, 그 도굴에 의해 일그러진 국가의 체면을 다시 찾겠다는 뜻이 들어 있다. 마지막으로 피로인 문제는, 흔히 포로라고 잘못 말하지만 포로는 전쟁에 참가했다 붙잡혀간 군인들을 말하고, 피로인은 민간인으로서 끌려간 사람들을 말하는데, 그 죄없이 끌려간 민간인을 하루속히 본국으로 송환해야겠다는 의미가 담겨 있었던 것이다."

그러니까 일본에서 이 요구조건을 받아들이지 않는다면 통신사를 보내지 않아도 되니 좋았고, 만약에 받아들인다면 통신사를 보내는 데 따른 그럴 듯한 명분이 서게 되는 것이다. 그런데 여기서 한 가지 궁금한 것은 바로 피로인에 관한 문제다.

대마도에서는 1598년부터, 임진왜란 중에 잡아갔던 피로인들을 적게는 수십 명에서부터 많게는 천 명이 넘게 송환해 보내면서 조선정부에 지속적으로 강화를 요청했다. 그건 다시 말해, 일본도 포로를 송환하는 문제가 양국간의 현안에 큰 영향을 미친다는 사실을 알고 있었다는 이야기다.

그렇다면 도대체 임진왜란 중에 일본으로 끌려간 조선인들은 얼마나 되었던 것일까?

일본으로 끌려간 조선인 포로들

임진왜란 당시 남겨진 기록들을 보면, 하나같이 숱한 조선의 백성들이 일본으로 끌려갔다고 증언하고 있다. 유학자인 강항 역시 정유재란 때인 1597년에 일본으로 끌려갔다 만 3년 만인 1600년에 돌아왔던 피로인이었다. 그가 남긴 포로일기 〈간양록看羊錄〉 속에도 일본으로 끌려간 조선인들에 대한 기록이 나온다. 거기에 보면, 그가 붙잡혔던 우안현 앞바다의 왜선 6~7백 척에 우리 남녀가 가득 실려 있었다고 한다.

현재 도쿄 대학교에 소장되어 있는 유학자 정희득의 포로일기 〈월봉해상록〉 중에도 그 숫자를 짐작할 수 있는 대목이 나온다. 그가 끌려가 생활했던 가고시마 현에만 3~4만의 포로가 있었는데, 늙은이와 여자를 합치면 그 곱절이 될 것이라고 했다.

그곳 가고시마 현에는 지금도 조선인의 흔적을 곳곳에서 찾을 수 있다. 고라이마치(高麗町), 곧 고려인마을이라는 지명과 건물들이 있고, 고려교高麗橋라는 다리도 있다. 모두 임진왜란 때부터 조선인들의 거주지역이었음을 알려주는 흔적들이다.

갖은 고생 끝에 이곳으로 끌려와서는 도공으로, 농업노동자로 일하다 쓸쓸히 죽어갔던 죄없는 조선인들. 가고시마의 그 조선인들은 마을을 이룬 직후 이곳에 단군을 모시는 사당을 지었다고 한다. 그들이 꿈에도 그리던 것은 바닷길에 막혀버린 고향이었던 것이다.

그런데 왜군들은 왜 아무 죄 없는 조선 백성들을 그토록 많이, 무자비하게 끌고갔던 것일까? 다음은 이원순 국사편찬위 위원장의 말이다.

"조선인들을 납치한 데에는 크게 서너 가지 이유가 작용했다. 하나는 그 동안 일본 내에서 벌어진 전란으로 인해 상실된 노동력을 보충하기 위해, 둘째는 특수기능을 가진 사람들을 납치해 그 분야에 대한 발전을 도모하기 위해, 셋째는 전쟁 후반기에 들어와서 생겨난 것이지만, 노예로 매매하기 위한 필요 차원에서 납치했다고 볼 수 있었다. 그리고 그 숫자는 통계에 나와 있는 숫자보다 훨씬 더 많으리라 짐작되는데, 약 10만 안팎은 되지 않았을까 추정된다."

임진왜란 당시에 내려진 히데요시의 명령서에는 조선의 세공인과 재봉녀, 재간 있는 여자를 진상하라는 내용이 들어 있다. 그러니까 조선인 노략은 조직적으로 이루어진 만행이었던 것이다.

조선인 중의 일부는 당시 일본의 무역항이었던 나가사키에서 노예로 팔려나갔다. 그 나머지 조선인들은 일본 내에서 노예와 같은 생활을 해야만 했다. 대부분의 조선 사람들이 다시는 그리던 고향으로 돌아가지 못한 채 죽어갔던 것이다.

어쨌든 이 피로인 문제는 전후 조선의 가장 큰 현안이었다. 따라서 조선은 전후 가장 큰 현안이었던 피로인 문제를 해결한다는 실리와 일본의 사과를 받아낸다는 명분을 동시에 찾았던 셈이다.

그렇다면 일본 쪽에서는 과연 어떻게 나왔을까?

조선이 요구조건을 내건 지 불과 한 달 만에, 대마도에서는 도쿠가와 이에야스의 국서와 성종릉을 도굴했다는 범인 두 명을 조선으로 보내왔다.

"이미 여러 번 귀국에 화친을 청하였으나, 귀국에서 혐의를 풀지 못하여 지금까지 지연시키고 있으니 이렇게 친히 서계를 만들어 청하옵니다. 능침을 범한 범인은 반드시 결박하여 보낼 것이며, 우리 일본국이 저지른 전대의 잘못은 이미 지난해 송운대사 등에게 모두 이야기하였으니, 지금 다시 무슨 말을 하겠습니까.

바라건대, 전하께서는 속히 바다 건너 사신을 보내주시어 우리 60여 주의 인민들이 화호의 실상을 알 수 있게 해주시면 피차에 다행일 것입니다."

— 만력 34년 일본 국왕 원가강

그러나 이 국서가 진짜 이에야스의 친서인지에 대해서, 조정 대신들 사이에서 논란이 일어났다. 무엇이 논란의 빌미를 제공했는지, 손승철 교수로부터 들어보자.

"제일 큰 문제가 된 부분이 일본 국왕의 칭호와 연호인데, 국왕의 칭호와 연호는 명나라의 책봉을 받아야만 쓸 수 있었다. 그런데 임진왜란으로 명나라에서 일본을 책봉해주지 않았는데도 일본이 그 두 가지를 썼기 때문에 위조된 국서라는 것을 알 수 있었던 것이다."

게다가 능침범이라고 보낸 범인(일본 이름, 마고사구와 마다화지)들도 자신들의 혐의를 부인하고 나섰다.

심문관 : 너희들은 대조선국왕의 능침을 파헤친 대죄인임을 능히 알고
　　　　있으렷다 !

마고사구 : 무슨 말씀이시옵니까? 저는 임진년에 다만 노비로 부산에 머
　　　　무른 일이 있을 뿐, 서울에는 올라오지도 않았사옵니다.

마다화지 : 원통하옵니다. 저는 조선땅 구경이라고는 이번이 처음인걸입쇼.

심문관 : 허허, 그럼 너희들이 능침을 범하지 않았다는 말이냐?

마고사구 : 당연하옵지요. 저는 다만 대마도주에게 득죄하여 쫓겨나 있
　　　　었사온데, 무슨 연유로 조선에 결박돼 왔는지 저도 그 이유를
　　　　알지 못하겠습니다요.

심문관 : 허허, 발칙한 것들 ! 예가 어디라고 감히 거짓을 아뢰는 게냐?

마다화지 : 제발 살펴주십시오. 저는 일전에 대마도주의 포수로 매사냥
　　　　을 나갔다가 명령을 어긴 일이 있어 감옥에 갇힌 죄밖에는 아는
　　　　게 없습니다요.

심문관 : 허면, 어찌하여 너희 나라에서 너희들을 범인이라 지목해 보냈
　　　　단 말인가?

마다화지 : 나리, 저희들이 이같이 죽음을 당할 줄 알았더라면 왜 이 먼
　　　　이국까지 왔겠사옵니까. 차라리 그 자리에서 배를 갈라 죽더라
　　　　도 고향에서 죽고 말았겠지요.

마고사구 : 이렇게 죄인으로 왔으니 목숨을 부지하는 것이야 어려울 줄
　　　　아옵니다만, 없는 죄를 입고서야 어찌 눈을 감고 죽을 수 있겠
　　　　습니까요?

심문관 : 이런… 이렇게 무엄한 것들이 있나 !

　그러니까 일본에서 조선의 요구에 따라 보내온 이 국서와 범인은 모두
대마도주가 만들어낸 위조국서와 가짜 범인들이었던 것이다. 이 국서조

작 사건은 일본 내에서도 문제가 돼, 대마도주와 사건 관련자들이 유배를 당하는 것으로 결말이 난다. 국서조작 사건은 대마도주의 독단적인 판단에 의한 사기극이었던 것이다.

그런데 실록을 잘 들여다보면, 조정에서 일본 쪽에 세 가지 요구조건을 내걸 때 선조가 이렇게 예견한 것이 보인다.

"가강의 서신과 능을 도굴한 적은 결코 오지 않는다. 설사 온다고 하더라도 거짓일 뿐, 필경 속임을 당할 것이다. 이것은 의심할 여지가 없다고 내가 보장하겠다."

그렇다면, 정작 국서와 능을 도굴했다는 범인이 도착했을 때 조정에서는 어떻게 대처했을까?

국서를 받고 범인을 심문하는 과정에서, 조정 대신들은 국서가 위조된 것은 물론이고 범인들도 진범이 아니라는 사실을 알게 되었다. 당연히 논란이 벌어진다. 하지만 대세는 통신사를 파견하는 쪽으로 내려진다. 무엇 때문이었을까?

그래도 통신사를 파견해야 한다고 주장하는 측의 근거는 당시의 국내 상황에 있었다.

조선이 일본에 통신사를 보낸 진짜 이유는?

일본의 통신사 파견요청이 한창이던 당시의 조선은 전국 각지에서 재변이 속출해 민심이 흉흉하기 짝이 없었다.

고령 지방에서는 암탉 한 마리가 느닷없이 수탉으로 변하는가 하면, 전라도와 청주 등 전국 각지에 벼락맞아 죽은 사람들이 십여 명에 이르렀다. 서산에선 개구리가 떼를 지어 싸워서 머리가 잘리고, 등과 배가 갈라져 죽은 개구리가 무더기로 발견되었고, 한성의 동대문 밖에서도 죽은 개구리떼가 거의 2석이나 되었다. 부산 동래에서는 폭풍이 일어 죽은 사람이 1백여 명에 달하고, 평안도 성천 지역에서는 한여름에 두루미알만한 우박이 쏟아붓듯 내려 농작물을 순식간에 망가뜨렸다.

전란으로 백성들의 생활이 도탄에 빠져 있는 가운데 재변까지 잇따르자 농민들은 공물과 부역을 피해 집단으로 도망을 가는가 하면, 서울로 보내질 대미까지 훔쳐가는 등 도적으로 변하고 있었다. 만약에 통신사를 보내지 않아 다시 왜적이 쳐들어온다 해도 방비할 군사가 없었으며, 설령 군사를 모은다 해도 무기가 없는 등 병제마저 완전히 무너진 상태였다. 보다 못한 홍문관에서 시폐칠조時弊七條를 내세워 백성을 구제해야 한다고 호소하고 나섰으나, 마땅한 대책을 마련하지 못한 조정은 우왕좌왕할 뿐이었다.

그런 가운데 북쪽 오랑캐들의 동향마저 예사롭지 않다는 보고가 잇달았다. 여진족의 노을가적이 스스로 왕을 칭하고 나서 호시탐탐 조선을 넘보고 있는 건 이미 알려진 사실이었다. 그런데 1605년 3월 22일에 홀족들이 변방에 침입해 첨사 전백옥이 전사했고, 5월 4일에는 함경북도의 병사 김종득이 패했으며, 7월에는 온성이 공격을 당했다.

이런 와중에 제주도에서 반란모의 사건이 발생해 나라를 다시 한번 발칵 뒤집어놓았다. 주모자는 경상도 선산의 의병출신인 길운절과, 정여립의 처사촌으로 전란 중에 승병장을 지냈던 소덕유 두 사람이었다. 이들은 제주목사 성윤문이 폭정을 일삼자 소장수로 가장한 후 은밀히 잠입해, 유생들을 포섭하여 6월 6일 한성으로 진공하기 위한 치밀한 사건계획을 세운 것으로 알려졌다. 이들은 술집에서 거사를 모의하던 중, 이를 기생이 엿듣고 제보하는 바람에 사전에 모두 체포되었다.

나라 안 사정이 이렇듯 악화일로로 치달을 때 내려진 통신사 파견 결정. 손승철 교수(강원대 사학과)로부터 그 배경과 의미를 들어보자.

"조선은 그때까지 전쟁이 마무리되지 않은 상태였다. 때문에 무엇보다 일본과 빨리 우호관계를 맺어서 재침에 대한 위협을 해소한 뒤, 그걸 바탕으로 복구사업에 전념해야만 할 입장이었다. 북방에서 세력팽창을 시도하고 있는 여진족 등에 대비하기 위해서도 남쪽은 평화관계를 유지해야 했던 것이다. 또한 임진왜란 때 죄없이 끌려간 사람들을 하루속히 본국으로 송환시켜야 한다는 여론도 만만치 않았다. 나아가 사신을 파견하여 일본의 수도 내륙 깊숙이 들어가서, 그 정정이나 사회의 정세를 정확히 파악하자는 의도도 숨어 있었다. 그리고 무엇보다도, 과거 전쟁이라고 하는 한일관계에 있어서의 여러 가지 힘의 논리를 이제부턴 타협과 협상이라는 외교논리로 전환한다는 데에 사절파견의 큰 의미가 있었다."

결국, 임진왜란 10년 후 조선이 통신사를 보내기로 결정한 것은, 국내외의 사정을 종합적으로 고려한 외교적 단안이었던 것이다.

그러나 이때 사절단의 이름은, 조선 초부터 일본 외교사절단의 이름인 통신사가 아니라 회답 겸 쇄환사였다. 즉, 전쟁의 책임자인 일본측의 사과를 받아들이고 전쟁 중에 끌려간 우리의 포로를 데리고 오기 위한 사절단이라는 의미였다. 조선은 이렇게 사절단을 파견하지 않으면 안될 상황 속에서도 끝까지 명분과 실리를 얻었던 것이다.

그럼, 4백 년 전 조선과 일본 사이의 공식적 외교사절인 통신사의 모습은 어떠했을까?

조선통신사의 규모는?

국사편찬위원회 열람실에 가면 3백 년 전에 그려진 조선통신사 행렬을 CD-ROM으로 만날 수 있다. 한 통신사 행렬을 그대로 담아낸 이 행렬도는, 선두에서 말미까지 검색하는 데만 한나절이 걸릴 정도로 방대하여 조선시대 통신사의 규모가 얼마나 컸는지를 짐작하게 한다.

우선 통신사의 구성은, 정3품 이상의 당상관급으로 정사 한 명과 정3품의 당하관급 부사 한 명, 5~6품에 해당하는 종사관으로 서장관 한 명을 삼는다. 이외에도 통역을 하는 상판사가 있고, 학사로 외교문서를 초안하는 제술관이 따른다. 그밖에 의원과 서기, 사자관寫字官, 화원 등이 주요 구성원들었다. 이들은 특히 일본과의 학술문화 교류에 대비해 각 부분의 1인자들만을 골라 편성했는데, 그 숫자는 평균 5백 명 정도였다.

그런데 일본에 이르면 이들 통신사 일행은 수천 명으로 늘어난다. 5백 명 정도의 조선측 통신사 일행에 일본측의 호위번사가 8백여 명, 연도의 각번 교군과 인부들 2천 6백여 명에 말 8백여 마리 등, 일본에서의 통신사 행렬은 수천 명의 사람과 말이 있는 대장관이었다. 당시 일본에 거주하다 통신사 행렬을 본 네덜란드 상관장 니콜라스 쿠케밧길은 자신의 〈상관일기〉 3집에 이렇게 기록하고 있다.

"행렬이 지나가는 데에만 다섯 시간이 걸렸는데, 마치 왕자의 행렬 같았다."

이렇게 파견된 조선통신사는 순조 때인 1812년까지 모두 열두 번이나 일본을 방문했으며, 그때마다 통신사가 거쳐간 여정은 거의 같았다.

부산 다대포항에서 새로 건조한 6척의 배를 타고 출발한 통신사 일행은, 대마도를 거쳐 오사카까지 약 40일간을 수로로 배를 타고 간다. 여기서 일본측이 마련해준 천어좌선(일본 국왕이 탄다는 호화스런 배)으로 갈아타고 교토와 모리야마 등을 거쳐 에도까지 갔다. 그렇게 해서 같은 길

△조선통신사 행렬이 에도 시가지를 지나는 모습. 멀리
후지 산이 보인다.

로 다시 돌아오는 데 평균 6개월이 걸렸다.

5백여 명의 사신들이 6개월간 일본땅을 누비고 다녔던 대장정. 하지만
그것은 단순하게 이루어진 일이 아니었다. 임진왜란 직후의 통신사가 전
후 복구사업에 전념하기 위한 외교적 단안이었다면, 청나라가 들어선 이
후의 통신사는 일본과의 우호관계를 과시해서 청나라를 견제하기 위한
수단이었다. 통신사는 우리 선조들의 뛰어난 외교감각의 산물이자 그 상
징이었던 셈이다.

그렇다면 일본인들은 조선통신사를 어떻게 맞이했을까?

일본을 뒤흔든 조선통신사 행렬

'에도에서 일본 국왕을 만나고 나오는 통신사의 모습'을 그린 그림을

△통신사 행렬도의 부분. 가마 위의 인물이 수석대표인
정사이다.

보면, 일본에서 조선통신사를 어떻게 맞이했는지가 한눈에 훤히 들어온
다.

일본 사람들이 연도를 가득 메운 채 통신사의 행렬을 구경하는 장면을
보면, 젖먹이를 데리고 나온 아녀자부터 아예 도시락을 싸들고 나온 사
람들까지 천태만상이다. 한편으로 생각하면 그럴 수밖에 없는 게, 한번
지나가는 데만 5시간이나 걸렸던 통신사 행렬이 일본에서는 몇십 년 만
에 한 번 볼까말까한 대축제였던 것이다.

일본측의 환대는 통신사가 부산 앞바다를 떠난 순간부터 시작되었다.
한 기록에 의하면 대마도 선박들의 호위하에 일본으로 떠나는 통신사의
행렬은, 예인선 144척에 선단예인선 234척 등을 합하면, 선단만도 무려
천여 척을 이룰 정도였다. 그렇게 해서 오사카에 이르면 일본 국왕이나

탈 수 있다는 '천어좌선'이란 호화선이 통신사 일행을 태우고 육지까지 인도했다. 이때 동원된 수부가 각 번마다 3천여 명이나 되었다는데, 이들 역시 국왕을 맞이할 때나 입는 예복을 갖춰 입는 등 그야말로 최고의 환대였다고 한다.

통신사 일행이 묵을 숙소는 번번이 새로 신축되었다. 그 사관지들은 대부분 사라지고 없지만, 현재까지 남아 있는 설계도들로 그 규모의 방대함을 짐작할 수는 있다. 한 예로 '무로쓰 통신사숙사도'에 따르면, 통신사 일행과 일본측의 호위무사 등 무려 1천여 명이 묵을 수 있는 수백 칸의 집을 짓기 위해 3천 5백 명의 인부들이 동원되었다고 나와 있다.

물론 통신사 일행에 대한 접대명령을 내린 건 막부였다. 막부에서 통신사 접대에 관한 세부지침까지 각 번에 내렸던 것인데, 각 번에서는 여기서 한발 더 나아가 경쟁적으로 향응을 베풀었던 것이다.

당시 통신사들의 상차림을 살펴보면, 정사의 경우 탕 세 가지에 나물 열다섯 가지의 본상 일곱 개와 각각 다섯 가지의 반찬이 나오는 곁상, 셋째상 다섯 개씩을 받았다. 한 문서엔, 하루에 쌀 19석 4두 4승에 간장과 식초가 각 1석 5두, 된장 5석, 소금 3석, 닭과 비둘기가 각 1백 마리, 달걀 4백 개, 말린 농어 499마리, 도미 20마리, 정어리 50마리, 말린 가다랭이 1천 마리, 전복 2백 개, 동과 1백 개, 파 1백 다발, 배추 150포기, 송이버섯 1백 개, 두부 2백 모, 후추 5근, 설탕 5근 등이 필요했다고 나와 있다.

재일 사학자 신기수씨가 연구한 바에 따르면, 일본사람들은 조선사람들이 어떤 음식을 좋아하는지까지 미리 다 조사해서 연구한 뒤에 요리를 만들어냈다고 한다.

그런저런 비용으로 들어간 돈이 히로시마 번에서만 28만 냥이나 되었는데, 일본 전역에서 통신사 접대에 든 비용은 막부의 1년 예산과 비슷한 은 1백만 냥 정도였다.

재일 사학자 신기수씨는 이와 같은 조선통신사 연구에 평생을 바쳐온 사람이다. 그가 연구를 시작한 계기는, 조센징이라고 놀림을 당하는 딸에게 조선인으로서의 자부심을 갖게 하기 위해서였다고 한다. 그만큼 조선의 통신사에 대한 일본인들의 환대는 극진했다는 것이다.

한 예로 일본사람들이 통신사들을 어떻게 생각했는지, 지금도 일본에 많이 남아 있는 통신사 행렬도를 보면 짐작할 수 있다. 통신사가 도착하면 일본 최고의 화가들이 그 행렬을 그림으로 그렸고, 그것은 일반 사람들에게까지 고가로 팔렸다. 통신사 그림을 소장하는 것만으로도 영광으로 여겼던 것이다.

그런데 일본 사람들은 왜 이처럼 통신사를 환대했던 것일까? 그것은 바로 '문화전수'에 있었다.

통신사가 묵는 숙소에는 글 한 수, 그림 한 점을 얻기 위한 지식인과 일반 사람들이 문전성시를 이뤘는데, 심지어는 심부름하는 어린아이의 글까지도 소중하게 여길 정도였다. 통신사로 일본에 갔던 신유한의 〈해유록海遊錄〉에는 그 같은 정경이 생생하게 기록되어 있다.

> "소동이 먹을 갈기에 피로하여 왜인으로 대신 갈게 하였다. 겹겹으로 쌓인 종이가 구름 같았고 꽂힌 붓이 수풀과 같았으나 잠깐 동안에 바닥이 나면 다시 들여온다."

지금도 일본 각지에 수없이 남아 전하는 조선통신사들의 글과 그림들. 통신사들은 외딴 섬나라 일본에 선진문화를 전수했던 문화사절단이기도 했던 것이다.

그러나 한편으로, 일본 내의 지식인들 사이에선 통신사에 대한 지나친 향응이 비판의 대상이 되었다. 조선통신사에 대한 접대가 얼마나 융숭했는가를 단적으로 말해주는 사례가 아닐 수 없다.

1811년의 마지막 통신사까지 일본의 환대는 변함이 없었다. 그러나 19세기 초 한·일간의 힘의 균형이 깨지면서 통신사행은 마감된다. 또 다시 침략의 시대가 열린 것이다.

몇백 년 전, 조선은 통신사라는 외교사절단을 적절히 이용함으로써 이웃 나라인 일본과 260년간이나 긴 평화시대를 지속했다. 세계에서 유례가 없다는 평화시대였다. 어려운 상황 속에서도 탁월한 외교술을 발휘했던 우리 선조들의 지혜가 부러운 것은 무엇 때문인가?

■글/김주영

9
광해군 다시 보기(1)
― 파주가 서울이 될 뻔했다

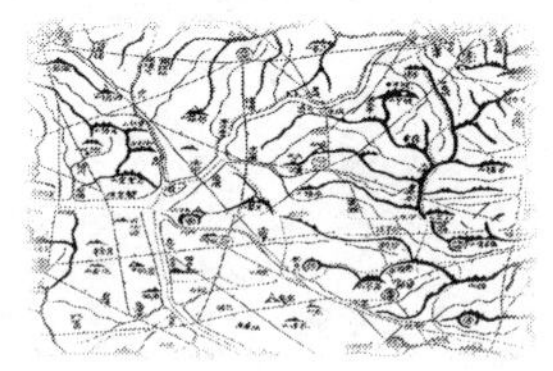

"경기도 파주의 교하지역은 지리적으로 그 형세가 좋다고 하오…그래서 그곳으로 수도를 옮기려 하오."

광해군 4년 11월 5일

광해군은 수도를 파주의 교하지역으로 옮기려 한다는 뜻을 밝힌다. 당시 대신들은 한성은 종묘가 모셔진 곳이고 사직이 받들어진 곳이니 천도할 수 없다고 반대했다. 결국 10개월간의 논의 끝에 광해군은 자신의 뜻을 접고 말지만, 광해군은 천도를 하지 못하는 것을 안타까워하며, "어찌 멀리 내다보는 계획이 없는가"라며 탄식했다.

그런데 재미있는 건 최근 통일수도에 대한 논의에서도 개성, 개풍과 함께 파주의 교하지역이 거론되고 있다는 점이다. 참 범상찮은 우연이라 하겠다.

과연 380여 년 전 광해군이 수도를 옮기려 한 이유는 무엇일까? 그리고 새 도읍지로 파주의 교하지역을 선택한 이유는 무엇일까?

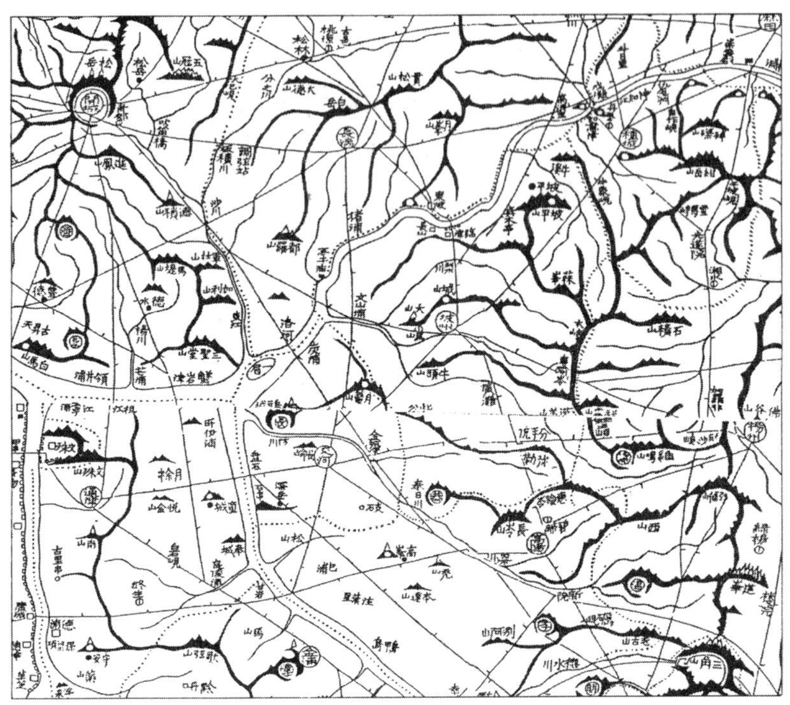
△대동여지도에 나타난 파주군 부분.

광해군이 파주로 수도를 옮기려 한 까닭은?

수도를 옮기는 것은 왕조가 바뀌거나 통일이 되는 것과 같은 큰 변혁이 있을 때 행해지는 일이다. 그만큼 수도를 옮기는 것은 대단히 의미있는 일이며, 쉽지 않은 일이다. 그런데 광해군은 그 어려운 일을 감행하려 했다. 왜일까?

그 이유를 찾기 위해 교하 천도에 대한 실록의 기록을 찾아보았다. 실록에는 광해군 4년 11월 5일부터 시작해 10개월간 40여 차례 교하 천도에 대한 이야기가 거론되었다. 그 과정을 살펴보면 광해군 4년 11월 5일 지관(지금으로 말하면 풍수지리학자) 이의신이 파주 교하지역이 형세가 좋다고 광해군에게 아뢴다. 이에 광해군은 천도의 뜻을 밝힌다. 이른바 교하 천도론이다.

그러나 대신들의 반대는 거셌다. 처음 파주 교하지역의 형세가 좋다고 한 이의신을 처벌해야 한다는 상소까지 빗발쳤다. 결국 광해군은 자신의 뜻을 접고 만다. 그런데 아쉽게도 이 10개월간의 논의 과정에서 광해군이 왜 그토록 천도를 고집했는지 그 이유가 나와 있질 않다. 그렇다면 최근 통일수도로 파주가 거론되는 이유를 살펴보면 당시 광해군의 의도를 짐작해볼 수 있지 않을까?

최근 통일수도로 파주를 거론하는 사람은 풍수지리학자인 최창조 교수다. 그는 세 가지 이유에서 파주 교하지역을 통일수도로 적합하다고 보고 있다. 첫째, 파주 교하지역은 한반도의 중심으로, 전국을 하나로 통합하기에 좋은 지역이다. 둘째, 교하는 산이 야트막하고 평야가 넓은 지역으로, 자연훼손을 하지 않고 많은 비용을 들이지 않고도 도시개발을 할 수 있다. 셋째, 교하는 한강과 임진강이 만나는 지점으로, 남북한을 잇는 교통의 요지가 된다.

이러한 지리적인 이점으로 인해 광해군은 파주 교하지역을 새 수도로 생각했을지 모른다. 더욱이 파주는 수도 방어측면에서도 한성보다는 좋은 곳이었다. 임진왜란을 겪은 조선의 입장에서 보면 파주 교하는 한성보다 일본과 먼 거리였다. 대신 중국과 가까워지지만 중국은 해전에 약한 나라다. 즉, 한성보다 파주 교하는 수도방어적인 측면에서 좋은 지역으로 판단했던 것으로 보인다.

그러나 광해군 집권시 파주 교하지역은 수도로서 단점도 가지고 있었다. 성신여대 지리학과 양보경 교수에 의하면 파주 교하지역은 큰 산이 없고 산에서 흘러내리는 하천이 없어서 도시의 중요한 기능인 식수와 생활용수 공급, 그리고 배수의 기능을 제대로 할 수 없다고 한다. 지금의 기술력이라면 해결할 수 있는 일이지만, 당시로선 어려운 일이라는 것이다.

또한 전혀 개간이 되어 있지 않아 땅은 돌이 많고 척박했다. 당시 파주 교하지역을 수도로 정하기에는 이러한 현실적인 어려움이 있었다. 그런데도 광해군은 파주 교하로의 천도를 고집했다. 그 이유는 무엇이었을까? 그건 당시의 시대적인 상황에서 찾아볼 수 있다.

당시 조선은 7년간의 긴 전쟁이었던 임진왜란으로 인해 황폐해져 있었다. 일례로 경지면적이 전쟁 전에는 총 170만 결이던 것이 전쟁 후 54만 결로 축소되어 있었다. 백성들의 삶은 물론이고 국가재정도 궁핍할 대로 궁핍해져 있었다. 경제적인 측면에서의 손실만 있었던 건 아니다. 유교적 신분제가 현저하게 와해되고, 유교사상 또한 해이해져 있었다. 나라의 기강이 무너지고 있었던 것이다.

이러한 상황에서 왕위에 오른 광해군에게 주어진 과제는 나라를 다시 세우는 것이었다. 수도를 파주로 옮기려 했던 것은 바로 그러한 의도에서였다. 광해군은 수도를 옮기고 새로운 분위기에서 나라를 다시 정비하고자 천도를 생각했던 것이다.

광해군은 과연 폭군이었을까?

조선 역사상 이름에 '군' 자가 들어간 왕이 두 명이 있는데, 바로 연산군과 광해군이다. 우리는 이 두 사람을 폭군으로 기억한다. 그런데 연산군을 폭군으로 이야기하는 데에 대부분의 학자들은 동의한다. 그러나 광해군에 대한 평가는 좀 다르다. 광해군은 폭군이 아니라고 주장하는 학자들이 적지 않다. 오늘 광해군을 다시 이야기해보려고 하는 건 이 때문이다.

그럼 광해군은 어떤 왕이었을까? 그것을 보기 위해 앞서 광해군의 교하 천도론을 자세히 들여다봤다. 물론 광해군의 교하 천도론은 현실적인 어려움과 대신들의 반대에 부딪혀 무산되고 말지만, 우리는 이 교하천도론을 통해 당시 나라를 다시 세워보고자 하는 광해군의 강한 의지를 읽을 수 있었다.

예나 지금이나 한 나라의 지도자라면 자신에게 주어진 과제를 명확히 인식하고 실천해나가야 한다. 그래야 뛰어난 지도자다. 이런 점에서 본다면 광해군은 자신에게 주어진 과제가 무엇인지 명확히 알고 있었다. 그렇다면 광해군은 자신에게 주어진 과제를 잘 수행해나갔는가?

광해군의 몇 가지 업적을 살펴보자.

대동법의 기틀을 마련한 왕, 광해군

누구나 대동법이란 말을 중·고등학교 국사시간에 들었을 것이다.

공납제, 즉 그 동안 궁중에서 필요한 물건이나 음식물을 모든 가구에 하나씩 부과하던 제도를 토지 가진 사람에 한해서 토지 한 결당 16말씩(후에 12말이 됨) 부과하도록 바꾼 것이 대동법이다.

이 대동법은 조선 역사상 가장 개혁적인 법 중의 하나다. 공평과세의 초석이 된 데에다 더 나아가서 조선 후기 상업 발전에 큰 기여를 했기 때문이다. 그런데 대동법의 의미는 이것만이 아니다. '대동大同'이라는 말은 유교경전인 〈예기〉에 나오는 말로, 모두가 잘사는 사회, 즉 이상사회를 의미한다. 그러니까 대동법이란 이상사회를 만드는 법이라는 의미다. 실제로 대동법은 당시 공납제의 폐단에 시달리던 가난한 농민들을 구제하는 획기적이고 이상적인 제도였다.

당시 공납제의 폐단은 극심했다. 공납제는 조정에서 각 지역에 공물을 부과하면 지역의 수령이 다시 주민들에게 가구당 하나씩 공물을 부과하는 형식으로 운영되었다. 그런데 이 과정에서 문제가 많았다. 수령들과 권세가들이 결탁해서 자신들은 값싼 물건을 내고, 힘없는 백성들에겐 구하기 어렵고 비싼 물건들을 내도록 했다. 따라서 공납제의 부담은 모두 가난한 백성들이 지게 되었다.

　더욱이 공물은 지역특산물로 부과한다는 처음의 원칙과 달리 점차 지역특산물이 아닌데도 부과되는 경우가 많아졌다. 인삼이 공물로 책정된 지역에서는 인삼이 나는 황해도 지방으로 가서 구해야 했고, 강원도 해안지방의 경우 태풍으로 오징어잡이를 하지 못해도 기일까지 무조건 내야 했던 사례들이 실록에는 여러 차례 나온다.

　이렇게 물건을 구하기 어려워지자 방납인放納人이라는 것이 생겨났다. 물건을 대신 구해주고 그 대가를 쌀이나 포로 받는 사람들을 말한다. 그런데 이들이 터무니없이 비싼 물건값을 요구하면서 방납의 폐단은 극심해져갔다. 쌀 9말이면 구입할 수 있는 꿀 한 말을 방납인이 대신 구해서 내준 대가로 쌀 21말을 내야 했고, 심지어 생선 한 마리에 쌀 10말을 내야 했다.

　이렇게 공물을 구하기 어려워지자 제때 공물을 내지 못하는 농민들이 늘어나고, 지방 수령들의 독촉에 못 이겨 일부 농민들은 집을 떠나 유민이 되기도 했다. 결국 걷히는 공물의 양도 줄어들고, 국가 재정에도 타격을 입게 되었다. 그러자 광해군은 이 두 가지의 문제를 모두 해결하기 위해 한백겸과 이원익의 건의에 따라 대동법 시행을 결심한다.

　그러나 대동법 시행은 쉽지 않았다. 당시 토지를 많이 가지고 있던 당대 권세가들과 방납인들의 반대가 극심했기 때문이다. 이들은 지방에서 거둔 많은 쌀을 한꺼번에 한성으로 옮기려면 많은 문제점이 생길 것이라는 이유를 들어 반대했다. 그러나 광해군은 즉위하던 해 경기도 지역에 대동법을 시범적으로 시행한다. 이렇게 처음 실시된 대동법이 이후 전국적으로 시행되는 데에는 100년이란 세월이 걸린다.

대동법 시행일지

1608년(광해군 원년) : 경기도지역에 대동법 시범 시행

1623년(인조 1년) : 강원도 충청도 전라도에 대동법 시행

1624년(인조 2년) : 강원도를 제외하고 대동법 폐지

1651년(효종 2년) : 충청도에 대동법 다시 시행

1658년(효종 9년) : 전라도 해안지역에 시행

1662년(현종 4년) : 전라도 산간지방에 시행

1677년(숙종 4년) : 경상도에 시행

1708년(숙종 34년) : 황해도에 시행

100년이란 세월이 걸리긴 했지만 대동법이 전국적으로 시행될 수 있었던 건 즉위하던 해에 과감히 경기도 지역에 대동법 시행을 결정했고, 이후 경기도 지역 지주들의 반대에도 불구하고 대동법을 유지해온 광해군이 있었기에 가능한 것이었다.

허준의 〈동의보감〉과 광해군

〈동의보감〉을 모르는 사람은 없을 것이다. 광해군 때 출간된 의학 백과사전으로, 지금도 한의사들에게는 가장 기본이 되는 교과서다. 〈동의보감〉은 그 유명세를 국내에서만 치르고 있는 건 아니다. 발간 당시 중국과 일본에서 극찬을 받았으며, 지금까지 20여 차례나 번역 출간되었다.

이렇게 국내외적으로 높이 평가받고 있는 의학 백과사전 〈동의보감〉하면 우리는 저자 허준만을 떠올린다. 사실 명의 허준이 없었다면 우리는 지금 〈동의보감〉이라는 책을 만날 수 없었을 것이다. 그런데 〈동의보감〉이 세상의 빛을 보게 된 데에는 또 한 사람의 공로자가 있다. 그가 바로 광해군이다. 광해군과 〈동의보감〉은 어떤 관련이 있는 걸까?

허준이 동의보감을 쓰기 시작한 건 선조 29년이었다. 누구나 쉽게 읽

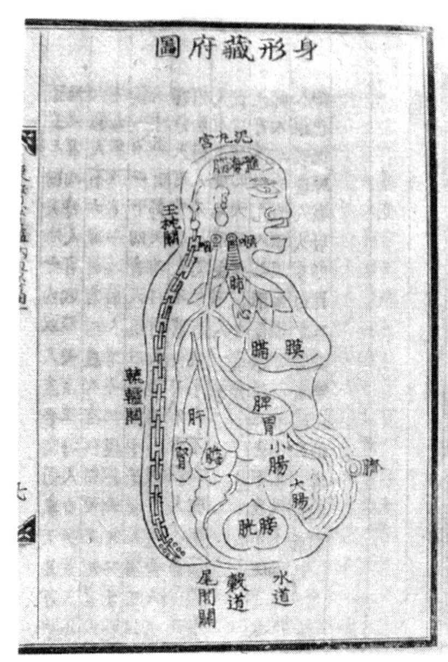

△허준이 지은 〈동의보감〉. 왼쪽이 서문, 오른쪽이 신형 장부도 부분이다.

을 수 있는 의학책을 만들라는 선조의 명에 따른 것이다. 그러나 선조가 죽자 대신들은 선조의 죽음에 대한 책임을 허준에게 물어 허준을 탄핵한다. 임금이 죽으면 어의에게 책임을 묻던 시대였다.

선조에 이어 왕위에 오른 광해군은 선조의 죽음은 허준의 탓이 아니라며 허준을 보호해주려 한다. 그러나 극형을 요구하는 대신들의 탄핵이 그치지 않자 광해군은 허준에게 유배령을 내려 대신들의 탄핵을 일단락 지으려고 한다.

유배지에 도착한 허준은 〈동의보감〉 집필에 몰두한다. 낮에는 인근 산을 다니며 약초를 연구하고, 밤에는 책을 썼다. 그러나 대신들은 허준이 유배지에서 근신하지 않고 집 밖으로 다니며 문제를 일으키고 있다고 하며 허준을 위리안치시켜야 한다고 주장한다. 위리안치란 집 주위에 가시

울타리를 쳐놓고 집 밖으로 나가지 못하게 하는 유배형이다. 일부 대신들은 극형을 요구하기도 했다.

그러나 광해군은 완강하게 대신들의 주장을 받아들이지 않았다. 그리고 1년 뒤 대신들의 반대에도 불구하고 허준을 풀어준다. 그리고 그가 〈동의보감〉 집필에 몰두할 수 있도록 보살펴준다.

광해군의 바람대로 유배지에서 풀려난 지 1년 뒤 허준은 〈동의보감〉을 완성시킨다. 〈동의보감〉이 완성되던 날 책을 받아든 광해군은 "양평군 허준은 일찍이 선왕의 명으로 책을 쓰기 시작해서 유배된 뒤에도 집필을 쉬지 않더니 이제 비로소 책을 완성했다. 실로 비감한 마음을 금치 못하겠다"라며 기뻐했다고 한다. 이렇게 광해군은 대신들의 집요한 탄핵에도 허준을 보호해주었고, 그로 인해 〈동의보감〉이 완성되었던 것이다.

그럼 광해군은 왜 그토록 집요하게 허준을 보호해주었을까?

당시는 임진왜란으로 인한 각종 질병과 전염병이 만연하던 시대였다. 누구나 쉽게 읽고 스스로 처방할 수 있는 의학서적의 필요성이 어느 때보다 절실했던 때다. 광해군의 의도는 바로 여기에 있었던 것이다.

기강을 바로잡아라!

나라를 다시 세우기 위해서 무엇보다 중요한 건 나라의 기강을 바로잡는 것이었다.

7년간의 전쟁은 당시 조선의 기본사상인 유교사상마저 뿌리째 흔들리게 하고 있었다. 관련된 사건들을 찾아보면,

"선조가 죽고 난 뒤 국상 중인데도 별궁 근처 민가에서 나는 창가 소리가 임금의 처소에까지 들렸다."

— 선조 32년 5월

"경상도 의성에는 간밤에 향교가 부서지는 사건이 있었는데, 당시 향교
에 모셔져 있던 위패가 더럽혀져서 뜰 가운데 버려지고 문 밖에 던져져 있
었다."

— 선조 36년 12월

광해군은 나라의 기강을 바로세우기 위한 일련의 작업들을 시행한다.
우선 즉위하자마자 임진왜란으로 불타버린 궁궐을 수축했다. 창덕궁과
창경궁을 차례로 준공했고, 뒤이어 경희궁을 창건했다. 당시 궁궐 수축
을 하는 데 백성들의 고충이 컸다.

그러나 당장 왕이 기거할 궁궐이 모두 불타 없어진 터에 궁궐 수축은
불가피한 일이었으며, 궁궐 수축은 왕실의 권위를 살리고 나라의 기강을
바로잡는 한 방법이었다.

광해군은 즉위하던 해 각 고을의 효자와 충신·열녀를 가려내어 포상
을 했다. 그리고 그들의 명단과 사연을 담아 〈동국신속삼강행실도〉라는
책을 낸 뒤 전국에 배포했으며, 집권 3년째 되던 해엔 유교성현들을 문
묘에 모시기도 했다. 김광필·정여창·조광조·이언적·이황, 이렇게
다섯 명을 문묘에 모시고 배향했다.

광해군은 또한 전후 복구사업의 일환으로 불타버린 각종 서적들을 복
간했다. 대표적인 것이 〈국조보감〉과 종합지리서인 〈동국여지승람〉이다.

또한 실록을 보관하던 충주와 청주사고가 불타 없어지자 산성이 있어
방어력이 뛰어난 적성산성에 사고를 설치해 실록과 중요서적들을 보관
했다.

이로써 연산군으로 인해 영원히 사라질 뻔한 책들이 지금도 우리 곁에
남아 있게 된 것이다.

▷〈동국신속삼강행실도〉(1617). '백산격호' 부분.

그런데 광해군은 왜 폭군으로 기억되는가?

광해군은 자신에게 주어진 과제가 무엇인지 잘 알고 있었다. 그리고 그 과제대로 나라를 다시 세우는 데 전념했다.

이렇게 본다면 광해군은 폭군이라고 할 수 없다. 특히 광해군이 시행한 대동법이나 〈동의보감〉 출간에 담긴 광해군의 의도를 보면, 광해군은 민생을 돌볼 줄 아는 왕이었다.

그런데 왜 우리는 광해군을 폭군으로 기억하는가? 그건 아마도 영창대군과 인목대비의 일 때문일 것이다. 흔히 폐모살제廢母殺弟라고 일컬어지는 일로, 자신의 어머니인 인목대비를 폐하고 영창대군을 유배 보낸 뒤 죽음에 이르게 한 것이다.

그렇다면 광해군은 왜 폐모살제를 하게 된 것일까? 이를 알기 위해서는 광해군의 즉위 과정을 살펴봐야 한다.

파란만장했던 광해군 즉위 과정

광해군은 선조의 세번째 아들이자 후궁의 아들로 왕위에 오를 조건을 갖추고 있지 못했다. 그런만큼 광해군의 왕위 계승 과정은 파란만장했다.

선조에게는 정실부인인 의인왕후가 있었다. 그러나 의인왕후에게서는 오랫동안 자식이 없었다. 때문에 선조는 세자 책봉을 차일피일 미루고 있었다. 그러나 선조의 나이 40을 넘기게 되자 후궁 소생 중에서 왕세자를 책봉해야 한다는 주장이 나온다.

당시 왕세자로 거론된 인물들이 임해군 · 광해군 · 신성군이다. 그러나 후궁 소생 중 장자라 해서 왕세자로 거론되었던 임해군은 성격이 난폭해 일찌감치 왕세자 논의에서 제외된다. 그리고 광해군과 신성군 두 사람이 왕세자 후보에 오르게 되는데, 당시 선조는 자신이 총애하던 인빈 김씨 소생의 신성군을 왕세자로 염두에 두고 있었다 한다.

그런데 이때 임진왜란이 일어난다. 상황이 급해진 선조는 당시 신성군이 아직 어리다 하여 광해군을 왕세자로 책봉한다. 선조는 명나라로 피신하고, 광해군은 조선에 남아 일본에 대항한다.

당시 광해군의 활약은 대단했다. 이로 인해 조선 내에서 왕세자로서의 광해군의 입지는 굳어졌다. 그러나 명나라는 적장자가 아니라는 이유로 광해군을 왕세자로 인정하지 않았다.

그런데 또 하나의 문제가 생긴다. 전쟁 후 의인왕후가 46세의 나이로 사망하자 선조는 19살의 인목왕후를 중전으로 간택한다. 이때 광해군의 나이는 28살로, 자신보다 9살 어린 어머니를 맞게 된 것이다. 인목왕후는 궁에 들어온 지 2년 뒤 영창대군을 낳는다. 선조는 뒤늦게 얻은 적장자인 영창대군을 특별히 사랑한다.

당시 광해군은 명나라의 고명을 받지 않은 상태였기 때문에 대신들 중엔 영창대군을 왕세자로 미는 사람들이 생겨난다. 이렇게 해서 대신들 중엔 영창대군을 왕세자로 미는 소북파와, 광해군을 왕세자로 미는 대북파로 다시 나뉜다.

그런 와중에 선조가 갑작스럽게 죽는다. 선조는 죽으면서 광해군을 왕위에 즉위시키라는 서첩을 영의정 유영경에게 준다. 그런데 유영경은 소북파로, 영창대군을 왕세자로 미는 사람이었다. 그는 선조의 서첩을 공포하지 않고 문갑 속에 보관한다.

이렇게 해서 선조의 어명이 전해지지 않자 결정권은 인목대비에게로 넘어간다. 인목대비는 고심 끝에 광해군에게 왕위를 넘겨준다. 영창대군은 아직 어렸기 때문이었다. 이러한 우여곡절 끝에 광해군이 왕위에 오른 것이 왕세자로 책봉된 지 17년 만의 일이었다.

그러나 왕위에 오른 뒤에도 광해군은 명나라로부터 인정을 받지 못했다. 결국 진상조사를 하겠다는 이유로 두 명의 관리가 명나라로부터 왔다. 이들이 조선으로부터 극진한 대우를 받고 돌아간 뒤에야 광해군은 명나라로부터 고명을 받게 된다.

이 과정을 통해 당시 왕위에 오르기까지 광해군이 겪었을 마음 고생이 어떠했는지 짐작하고도 남음이 있다.

왕위에 대한 불안함을 가지고 있던 광해군

이렇게 어렵게 왕위에 오른 광해군은 왕위에 대한 불안함을 가지고 있었다. 그것은 광해군이 왕위에 오른 뒤 연이어 일어났던 여러 사건을 통해 알 수 있다.

광해군이 즉위하고 나서 광해군의 형, 임해군이 제거된다. 이 과정을 살펴보면 당시 임해군은 광해군이 자신의 왕위를 빼앗았다고 공공연히 이야기를 하고 다녔다. 이러한 임해군에 대한 조정대신들의 탄핵이 끊이지 않는다. 조정의 분위기가 심상치 않다는 것을 눈치챈 임해군은 도망을 가려던 중 붙잡힌다. 그리고 그 길로 강화도로 유배 보내졌고, 얼마

지나지 않아 의문의 죽임을 당한다.

그로부터 5년 뒤 영창대군을 죽이고 인목대비를 폐모하게 되는데, 사건은 엉뚱한 데서 시작된다.

1613년 문경새재에서 상인을 죽이고 수백 냥을 약탈한 강도사건이 발생한다. 그 범인은 영의정을 지낸 박순의 서자 박응서, 심전의 서자 심우영, 목사를 지낸 서익의 서자 서양갑, 평양공신 박충갑의 서자 박치의, 박유량의 서자 박지인, 북병사를 지낸 이제신의 서자 이경준, 서얼 허홍인 등 당시 내로라 하는 가문의 서자 일곱 명이었다. 이들은 서자 차별에 불만을 품고 윤리가 필요없다라는 의미의 무륜당無倫黨이라는 당을 만들어 전국을 다니며 화적질을 했다.

그러던 중 이들이 잡히게 된 것이다.

그런데 이 사건은 단순한 강도사건으로 끝나지 않았다. 이들은 문초를 받던 중 인목대비의 아버지인 김제남을 우두머리로 해서 어린 영창대군과 인목대비를 옹립하려 했다고 실토한다. 이로 인해 인목대비의 아버지 김제남은 일곱 명의 서자와 함께 처형당한다.

그런데 사건은 여기서 끝나지 않았다. 당시 권력을 잡고 있던 대북파는 영창대군을 극형에 처해야 한다고 주장한다. 영창대군과 관련 있는 소북파를 제거하려는 욕심에서였다.

그러나 광해군은 대북파의 의견을 받아들이지 않는다. 다만 영창대군을 유배 보내는 것으로 사건을 일단락지으려 한다. 이는 영창대군에게 사형만은 면하게 하기 위한 것이었다.

그러나 광해군의 뜻과는 달리 영창대군은 얼마 지나지 않아 죽임을 당한다. 대북파의 거두 이이첨이 강화부사를 시켜 영창대군을 방에 가둔 뒤 불을 때 데워 죽인 것이다. 그리고 뒤이어 대북파는 인목대비 또한 역모사건에 관련이 있으니 폐위시켜야 한다고 주장한다. 광해군은 폐위를 반대했지만 끈질긴 대북파의 주청에 못 이겨 영창대군이 죽은 뒤, 5년 만에 인목대비를 폐위한다.

이렇게 해서 광해군은 폐모살제(영창대군을 죽이고 인목대비를 폐위시키다)한 왕이 된다. 그의 즉위 과정과 폐모살제 과정을 살펴보면, 이는 대북파의 정권야욕과 광해군의 왕위에 대한 불안함이 빚어낸 비극의 사건이었다.

어찌 되었든 이것은 광해군에게 씻을 수 없는 오명으로 남게 되고, 광해군은 많은 정적(당시 역모사건에 연루돼 제거된 소북파와 서인 남인들)을 갖게 된다. 그리고 이것은 인조반정의 빌미가 된다.

인조반정으로 쫓겨난 왕, 광해군

1623년 3월 23일 새벽.

무장을 한 수백 명의 무리들이 창덕궁으로 몰려들었다. 이들은 순식간에 창덕궁을 점령했다. 이른바 반정이었다.

이들 반정군의 중심세력은 당시 광해군 정권에서 소외되었던 서인 세력이었다. 이들 중엔 광해군의 조카인 능양군도 있었다. 이들은 창덕궁을 점령한 뒤 바로 이이첨과 정인홍 등의 집권대북파들을 체포했다. 그리고 소식을 듣고 변장을 한 뒤 안국신의 집으로 피신해 있던 광해군도 체포한다. 하룻밤 사이 모든 것이 바뀌었다.

광해군은 강화도로 유배되었고, 광해군의 조카인 능양군이 왕위에 올랐다. 그가 바로 인조다. 그리고 정권은 대북파에서 서인으로 넘어갔다. 이때 인조반정을 일으킨 이들은 광해군을 내쫓는 명분으로 폐모살제를 내세웠다.

이후 조선시대 내내, 그리고 어쩌면 지금까지 광해군은 폐모살제한 폭군으로 우리에게 인식되어왔다. 사실 유교사상을 근본사상으로 삼고 있던 조선시대에 폐모살제는 용납될 수 없는 일이다. 그러니 당시 일반백성들에게 광해군을 내쫓는 명분으로 폐모살제는 좋은 구실이 되었다.

그러나 과연 폐모살제는 광해군을 내쫓는 명분이 될 수 있는가? 동·서를 막론하고 중세정치사에서 왕의 혈족을 제거하는 건 결코 드문 일이 아니다. 태종도 왕자의 난을 통해 배 다른 형제들을 죽였으며, 세조도 단종을 영월로 유배 보낸 뒤 죽음에 이르게 했다. 그런데도 우리는 이들 세조나 태종을 폭군이라고 하지 않고 광해군만을 유독 폭군으로 기억한다. 이는 아마도 당시의 역사적인 평가를 그대로 받아들였기 때문일 것이다.

그렇다면 지금의 우리는 광해군을 어떻게 보아야 하는가?

물론 광해군에게도 문제가 있었다. 왕위에 대한 불안함으로 자신을 지지하는 대북파만을 등용하고, 소북파와 서인·남인들을 제거해 반정의 불씨를 제공했다. 어쩌면 이것은 왕위 계승에 정통성을 가지지 못했던 광해군의 한계였는지도 모른다.

하지만 광해군은 임진왜란 직후 정신적·경제적으로 황폐해 있던 조선을 다시 세우기 위한 작업들을 과감히 추진해나갔다. 그는 자신에게 주어진 과제가 무엇인지 명확히 알고 있었고 그것을 수행해나간 것이다.

지금 우리가 광해군을 더이상 폭군이라고 이야기할 수 없는 이유는 바로 여기에 있다. 그런데 광해군을 폭군이라고 이야기할 수 없는 이유가 또 한 가지 있다.

이는 다음 편에 이어진다.

■글/빈선화

10
광해군 다시 보기(2)
— 조선 최초의 해외파병, 실리외교로 풀었다

실리외교의 효시 - 광해군의 선택

국제사회에서 강대국으로 부상한 중국을 택할 것인가, 아니면 약소국으로 전락한 대만과의 의리를 지킬 것인가? 이렇듯 명분이냐 실리냐를 놓고 수년 동안 줄타기를 한 끝에 우리는 1992년 실리 쪽을 선택했다. 그것은 우리의 외교가 실리외교로 바뀌는 일대 전환점이었다.

380년 전, 조선 역시 비슷한 상황에 처해 있었다.

그 당시, 광해군은 쇠퇴하는 명나라와 급속히 세력이 커지던 후금 사이에서 명분이냐, 실리냐를 놓고 고민한다. 그 고민은 1618년 명나라가 지원군 파병을 요청하면서 더욱더 심화된 것이었다.

조선이 건국된 이후 처음으로 제기된 해외파병. 이 문제를 놓고 광해군은 과연 어떤 선택을 했을까?

광해군이 즉위하던 당시 한반도를 둘러싼 주변 상황은 엄청난 변화를 보이고 있었다. 중국의 명나라가 왕조 말기적 현상과 임진왜란 파병으로 국력이 약해진 반면, 만주의 여진족은 후금을 세우고 명을 위협하기 시작한 것이다. 급기야 명나라는 후금 토벌작전에 나섰고, 조선에 지원군 파병을 요청한다. 이때가 광해군 재위 6년째였다.

하지만 광해군은 선뜻 파병을 하겠다고 답하지 않았다. 명나라라면 당시 조선에겐 사대를 해야 할 부모의 나라이고, 임진왜란 때 무려 10만 대군을 지원병으로 보낸 은혜의 나라였기 때문에 조선이 지원군을 보내는 일은 너무나도 당연했으나, 광해군은 이런저런 이유를 대며 파병을 미루기만 했다. 그리고 명에 대한 바로 이런 태도가, 나중에 광해군을 폭군으로 기록케 한 중요한 이유 중의 하나가 된다.

그렇다면 광해군은 과연 무슨 생각으로 대명 지원군의 파병을 미루었던 것일까? 이 의문을 풀어가다 보면 우리가 몰랐던 광해군의 새로운 모습과 만날 수 있다.

파병 결정 - 4년이나 걸렸다

1618년 4월, 광해군은 후금의 누르하치가 명나라에 선전포고를 했다는 소식을 듣는다. 이 소식은 곧, 명과 후금 사이에서 명백한 입장을 표명해야만 할 마지막 순간이 다가왔다는 것을 의미하는 일이기도 했다.

후금은 명에 선전포고를 하면서 조선에 한 장의 국서를 보내왔다. '조선과는 아무런 원한이 없으니 개입하지 말라'는 내용이었다. 광해군은 시간을 끌면서 이 국서에 대한 답변을 미룬다.

한편 명나라는 자문서를 보내 광해군 7년의 각서를 다짐받았다. 광해군 7년의 각서란 광해군이 파병을 미루면서 언제라도 출병할 수 있도록 철저하게 준비하겠다고 약속한 것을 말한다. 곧이어 명나라는 요동지역에 있는 무순과 청하에서 후금에게 패했다는 사실을 급보로 알려왔다. 그리고 광해군에게 서둘러 파병할 것을 요청한다.

이런 상황을 짐작한 후금은 광해군에게, '조선은 중립을 지키라. 결코 출병하는 일이 있어서는 안될 것이다'라고 협박성 경고를 보내왔다.

명나라와 후금, 과연 어느 쪽을 택해야 할지 광해군은 실로 진퇴양난이었다. 후금의 요구대로 중립을 지키는 것은, 임진왜란 때 10만 대군을 파병한 명과의 의리를 저버리는 일이었다. 그렇다고 명나라에 지원군을 파병할 수도 없었다. 이미 대세를 잡은 후금의 원한을 사서 화를 자초할 수는 없는 일이었기 때문이다.

당시 조선이 임진왜란의 상처를 딛고 일어서느냐, 아니면 또 한 번의 전쟁 끝에 망하고 마느냐가 전적으로 광해군의 선택 여하에 달려 있었다. 광해군이 줄곧 결정을 내리지 못한 것도 이 때문이었다.

그러나 1618년 5월의 〈광해군일기〉를 보면 조정대신들의 파병 독촉은 강경하기 짝이 없었다. 신하들의 주장은 대강 이러했다.

"신 우의정 한효순 아뢰오. 명나라는 부모의 나라라는 사실을 잊으셨사옵니까? 전하, 명나라의 문책이 있을까 두렵사옵니다."

"신 예조판서 이이첨 아뢰오. 전하는 어찌 지난날의 의리와 명분을 저버리려 하십니까. 파병을 서둘러주시옵소서, 전하."

나라의 운명이 걸려 있는 일인데도 신료들은 대의명분만을 앞세우고 있었던 것이다. 하지만 광해군은 그들에게 다음과 같이 파병 불가론을 피력한다.

"경등은 붓으로 전쟁에서 이길 수 있다고 생각하시오? 고상한 말로 나라를 지킬 수 있다고 생각하시느냔 말이오… 대답들을 해보시오."

광해군은 또한, 파병을 할 경우 또다시 전쟁을 치러야만 할 백성들의 고통을 생각해봤는가라고 역설한다. 하지만 뿌리 깊은 모화사상에 젖어 있는 대신들은 요지부동이었다.

하는 수 없이 광해군은 병을 핑계로 파병에 관련한 조정의 논의를 멈추게 한다. 그러면서도 명나라 황제와 명의 후금 토벌대 사령관 등 가능한 모든 외교통로를 이용해 파병이 어려운 조선의 형편을 호소했다. 그러나 만주에서 후금군에게 계속 밀리고 있던 명나라에게 지연작전은 더 이상 먹혀들지 않았고, 광해군은 마침내 파병을 결정하게 된다. 처음 파병 요청을 받은 때가 광해군 6년이었으니, 무려 4년이란 세월이 걸린 셈이다.

대명 지원군 파병이 불러올 국가의 위기상황이 현실로 다가온 것이다. 그것을 어떻게 극복해나갈 것인가?

4년간의 고민과 갈등 끝에 결정한 파병이었지만, 그것은 광해군에겐 또 다른 고민의 시작이었다.

강홍립, 도원수직을 사양하다

파병문제를 놓고 광해군이 얼마나 고심했는지는 도원수 임명에서도 여실히 드러났다. 광해군은 명나라 지원군 파병문제를 비변사 회의에서 전격적으로 결정하면서, 대명 지원군을 총지휘할 도원수로 의정부 좌참찬 강홍립을 임명했다. 의정부 좌참찬이라면 지금의 차관급으로 중요한 직책이긴 했지만 국가 중대사를 논의할 수 있는 직책은 아니었다. 더구나 강홍립은 당시 정권을 잡고 있던 대북파가 아닌 남인 계열의 사람이었다. 이런 점들 때문에 도원수 임명 당시 의외의 인사로 받아들여지기도 했다.

그런저런 이유가 여러 모로 작용했던 것일까? 강홍립은 도원수로 임명된 지 두 달 만에 도원수직을 사직하겠다고 청한다.

광해군 10년 6월 12일의 기사를 보면 다음과 같은 강홍립의 상소문이 실려 있다.

"소위 원수라는 직책이야말로 얼마나 중요한 책임이 수반되는 자리입니까. 한창 세력을 떨치는 오랑캐를 막아내야 할 텐데, 성패가 숨 한번 쉬는 사이에 결정이 나고 응수하는 일도 눈앞에서 결판이 날 것입니다. 부디 이 일을 감당할 만한 사람에게 제수하시어 신의 분수를 편안케 해주소서."

그러나 광해군은 강홍립의 요청을 받아들이지 않았다. 그리고 강홍립이 병을 이유로 또 한 번의 사직을 청하자 이렇게 대답했다.

"국사가 위급하니 사직하지 말고 장대한 계책을 이루어 나의 근심을 덜어주도록 하라."

이런 기록들로 미루어보건대, 광해군은 도원수를 맡을 사람은 강홍립밖에 없다고 생각한 것 같다. 무엇 때문이었을까?

광해군에 의해 도원수로 전격 발탁된 강홍립. 그의 약력은 다음과 같다.

명종 15년, 경기도 시흥 출생. 조부는 우의정을 지낸 강사상. 부친은 우찬성을 지낸 강신. 선조 22년, 스물아홉 살에 알성문과 급제. 선조 대에 함경도사, 홍문관 수찬 등을 거쳐 광해군 즉위 후 한성부 우윤, 수원부사, 의정부 좌참찬 등을 역임. 그밖에 신왕 책봉 진주사, 어전통사 등으로 중국과의 외교협상에 다수 참여….

여기서 잠깐, 광해군이 왜 강홍립을 도원수 적임자로 생각했는지, 두 사람의 대화 내용으로 알아보자.

광해군 : 선왕 시절, 경이 함경도사로 있으면서 북방 오랑캐 토벌계획을 세워 장계를 올린 기억이 나오. 그때 그 계획이 옮겨졌더라면 지금의 우환을 미연에 막을 수도 있었을 터인데….

강홍립 : 오래 전의 일을 아직도 기억하고 계시니 황공할 따름이옵니다.

광해군 : 내, 세자로 있으면서 그 얘기를 듣고, 문관이지만 장군감이라는 생각을 했었소.

강홍립 : 성은이 망극하옵니다.

광해군 : 또 일전에 중국 사신이 왔을 때, 경이 어전통사를 하면서 내 의중을 어찌 그리 잘 읽을까 감탄을 했었소.

강홍립 : 과찬의 말씀이시옵니다.

광해군 : 과찬이 아니오. 내가 특히 놀란 것은 경의 한어 실력과 명나라 사신 앞에서도 당당하던 태도 때문이었소.

강홍립 : 신, 몸둘 바를 모르겠사옵니다.

광해군 : 강장군, 내가 이번에 경을 발탁한 것은, 지금 중국과 만주의 정세를 꿰뚫어보는 눈이 경에게는 있다고 판단한 때문이오. …이번에 출정을 해서 명나라군과 연합작전을 펴다 보면 명나라 장수들과 부딪히는 일이 많을 것이오. 하지만 경은 그들의 말만 들어서는 아니되오. 경이라면 형세를 보아 잘 처신하리라 과인은 믿고 있소.

그러니까 광해군은 강홍립의 언어능력과 군사외교적 감각, 또한 그가 당파의 이익을 앞세우는 정치가라기보다는 나라의 이익을 위해 일하는 전문관료라는 점을 높이 평가했던 것이다.

이런 이유로 도원수에 발탁된 강홍립은 1618년 7월, 광해군의 전폭적인 신뢰를 받으며 한양을 출발해 출정길에 오른다. 포수와 사수가 각각 3천 5백 명, 그밖의 병사 3천 명 등 총 1만 3천 명의 군사를 이끌고였다.

강홍립군의 투항, 어떻게 이루어졌나?

한양을 출발한 강홍립군은, 석 달 뒤 평양을 거쳐 평안도 창성에 도착한다. 무척이나 느린 행보였다. 그런데 강홍립은 여기에서 일단 발을 멈추었다.

명나라에서는 압록강을 건너서 어서 빨리 합류하라고 독촉했지만, 강홍립은 이상하게도 강을 건너지 않고 명군과의 합류를 지연시켰다. 대군이 이동할 길을 닦는다, 눈 때문에 길이 막혀서 군량미가 도착하지 않았다, 병사들이 추위에 지쳤다는 등 이유는 많았다.

그후 강홍립이 압록강을 건넌 것은 한양을 떠난 지 일곱 달 만인 이듬해 2월 28일이었다. 그리고 만주 우모채에서 명나라 군대와 합류한다. 하지만 3월 4일 심하라는 강 근처에 이르러 적에게 기습을 당한다.

조 · 명 연합군은 전열을 가다듬을 새도 없이 와르르 무너졌다. 완전한 패배였다. 그런데 여기에서 강홍립은 후금에 투항을 한다. 그것도 장수들과 군사들을 모두 이끌고서였다.

강홍립의 투항이 어떻게 이루어졌는지, 여기에서 잠깐 그 과정을 살펴보기로 하자.

후금군과 접전을 벌이기 나흘 전인 2월 29일. 조선군 통사가 비밀리에 후금 진영으로 급파되었다. 그는 강홍립의 말을 후금의 누르하치에게 전한다. '조선은 후금과 본래 원한이 없다. 이번 출병은 우리의 본의가 아니다.' 즉, 후금과 싸울 뜻이 없다는 것이었다.

이에 대해 후금 진영에서는 통사를 보내 다음과 같이 강홍립에게 답신을 보내왔다.

'우리는 명나라와 원한이 있기 때문에 싸우지만 조선과는 원한이 없다. 그런데도 어찌 조선은 여기까지 와서 우리와 적대하려 하는가?'

이렇게 후금 진영과 강홍립군의 교섭은 심하의 전투가 진행되는 동안에도 계속되었다.

전투가 끝난 뒤, 강홍립은 출병이 불가피했던 사정을 후금측에 피력했고, 조선의 사정을 납득한 후금측에서는 대장급 논의를 제의해왔다. 이에 따라 강홍립은 화의교섭을 위해 3월 5일 새벽 후금 진영에 도착한다. 이 자리에서 후금측은 명나라와의 전쟁에 다시는 개입하지 말 것을 요구했고, 강홍립은 신변보장과 포로송환을 조건으로 투항을 하게 된다.

이와 같은 투항과정을 볼 때, 강홍립의 투항은 미리 계획된 것이었던 듯하다.

적과 싸우라고 보낸 군대가 오히려 적에게 투항할 것을 계획하고 있었다? 여기에는 분명히 어떤 이유가 있었을 것이 틀림없다. 그 의문은 잠시 후에 풀어보기로 하고, 우선 강홍립의 투항이 당시 조선에 불러일으킨 파장부터 살펴보자.

강홍립 장군의 투항 사실이 알려지자 조정 대신들의 충격은 이루 말할 수 없을 정도로 컸다. 특히 파병을 적극 주장하던 대신들은 한결같이 있을 수 없는 일이 일어났다는 반응들을 보였다. 그럼 여기에서 몇 분의 대신들을 만나보기로 하자.

질 문 : 강홍립 장군의 투항 사실을 안 건 언제입니까?

이이첨 : 지금 막 평안감사의 장계를 받고 알았소이다.

질 문 : 전혀 예상치 못했던 일이었나요?

이이첨 : 명나라를 돕자고 출병했으면 죽는 한이 있더라도 끝까지 싸워
　　　　야지, 어떻게 이런 일이 있을 수 있겠소. 있을 수도 없고 또 있어
　　　　서도 안되는 일이 일어난 겁니다.

한효순 : 우린 이제 명나라에 얼굴을 들 수가 없게 됐어요. 사대로서 섬
　　　　겨야 할 나라를 배반했으니, 앞으로 이 일을 어떻게 감당해야 할
　　　　지 실로 난감할 따름입니다.

정인홍 : 그런 사람의 이름을 계속 우리 조정에 올려둘 수는 없습니다.
　　　　삭탈관직해야 합니다. 일부러 투항했다고 의심하는 명나라에게
　　　　보여주기 위해서라도 강홍립과 투항한 장수들을 모두 삭탈관직
　　　　해야 합니다.

젊은 관료 : 강홍립과 오랑캐에 투항한 장수들의 가족도 법대로 처벌해
　　　　야 합니다. 만약 이것이 이루어지지 않는다면, 우리는 결코 가만
　　　　히 보고만 있지는 않을 것입니다.

　나라 안은 이렇게 강홍립에 대한 비판뿐만 아니라 그 가족까지도 처벌
해야 한다는 여론으로 들끓고 있었다. 실력행사도 불사할 것 같은 격앙
된 분위기였던 것이다. 그럼 여기서 강홍립 장군의 부인은 남편의 행동
을 어떻게 생각하고 있는지 만나서 들어보기로 하자.

투항 그후, 강홍립의 가족은?

질　문 : 강장군과 가족을 처벌하라는 여론이 들끓고 있는데, 혹시 사람
　　　　들이 와서 행패 같은 건 부리지 않았나요?

황씨 부인 : 마을 사람들이 몰려와 한바탕 난리를 치렀습니다.

질　문 : 그랬군요 ! 그런데 말리는 사람들은 없었나요?

황씨 부인 : 이번 일을 겪고 보니, 세상 인심이란 게 참으로 야박한 것이
라는 생각이 듭니다. 대감께서 도원수가 되셨을 때는, 한번도 얼
굴을 본 적이 없는 사람까지 찾아와 하례를 드리더니… 이렇게
되니까 부리던 하인배들까지도 도망을 가버리고 말더군요.
질 문 : 지금 여론은 강장군을 역적으로 몰아붙이고 있는데, 부인은 강
장군의 행동을 어떻게 생각하십니까?
황씨 부인 : 저는 대감께서 결코 그런 일을 할 분이 아니라고 생각합니다.
질 문 : 하지만 이미 투항 사실이 밝혀지지 않았습니까?
황씨 부인 : 좁은 아녀자의 소견일지 모르지만, 대감께서 제 한 목숨 구
하려고 투항을 하지는 않았을 것입니다. 필시 무슨 연유가 있었
을 것입니다.
질 문 : 그렇게 믿는 근거라도 있습니까?
황씨 부인 : 대감을 가장 가까이에서 보아왔기에 가질 수 있는 믿음입니
다….
질 문 : 아드님이 셋이나 있는 걸로 알고 있는데….
황씨 부인 : 아비 생사를 확인하겠다고 북쪽 국경 근처로 갔다가… 평안
감사가 역적의 아들들이라고 옥에 가뒀다고 합니다.

그렇다면 그후 강홍립의 가족은 어떻게 되었을까?
실록에 보면, 광해군 11년 5월 13일에 조정대신들이 강홍립과 투항한
장수들의 가족을 처벌하라고 주장하자 광해군이 이렇게 대답했다고 한
다.

"강홍립, 김경서 등의 가속에 대한 일은 당연히 알아서 참작할 것인데,
무슨 재촉할 일이 있겠는가? 마땅히 이 뜻을 알아서 나의 안질이 나을 때

까지 거론하지 말라."

또한 한 달 뒤인 광해군 11년 6월 6일에도 '양사가 합계하여 강홍립 등의 가속을 정죄할 것을 아뢰었으나 따르지 않았다'고 하는 기록이 보인다.

하지만 강홍립의 가족을 처벌해야 한다는 대신들의 주장은 끊이지 않았다. 그러자 광해군은 강홍립의 투항에 대한 새로운 사실을 밝히게 된다.

광해군 시국담화 – "강홍립의 투항은 나의 밀지에 의한 것"

"최근 이 나라의 형세는 급변하는 국제정세 속에서 임진왜란 때보다 더 위급한 상태에 놓여 있다. 이에 과인은 밥상을 대해도 밥맛이 없고, 밤이 되어도 잠을 이루지 못하면서 오직 절박하게 통민할 따름이다. 하지만 지금 조정대신들과 백성들의 여론은 오직 투항한 강홍립과 그 가족을 처벌하라는 데에만 집중되어 있다. 이에 과인은 어지러운 시국을 수습하고 국론을 하나로 모으기 위해 저간의 사정을 솔직하게 밝히고자 한다.

명나라로부터 파병을 독촉받을 당시 과인은 후금과 대적하는 것은 어린 아이가 호랑이굴에 들어가는 것과 다름없다고 생각했다. 그 점을 두려워해서 밤낮으로 걱정하고 답답해하다 보니 마음의 병이 심해져 미친 병에 이를 지경이었다. 하지만 파병은 피할 수 없었고, 과인은 출병을 하되 싸우지 않을 방도를 생각한 끝에 강홍립 장군에게 비밀리에 그 뜻을 전달했던 것이다.

당초 한양을 출발한 강홍립 장군이 명군과 합류를 최대한 미룬 것도 과인의 지시에 의해서였다. 당시 과인은 출병은 허락했지만 후금과 적대관계가 되어서는 안된다는 판단을 하고 있었다. 그래서 강홍립 장군에게 비밀리에 서신을 보내 싸우기 전에 미리 후금에 화의를 청하라고 명했다. 따라서 심하의 전투에서 강홍립 장군이 투항을 한 것은 전적으로 과인의 명령에 의한 투항이었던 것이다."

광해군의 밀지

"내가 강홍립에게 밀지를 내렸다"고 광해군은 말했다. 그렇다면 그런 명령을 내리게 된 배경은 무엇이고, 또 그것이 그후 어떤 변화를 가져왔는지 알아보도록 하자.

명나라에 끝까지 지원군을 보내지 않으려고 했던 광해군의 의중은 충분히 짐작되고도 남는다. 더이상은 전쟁에 휘말리지 않고 살아남아야 한다는 게 무엇보다 중요했기 때문이다. 하지만 후금에 투항하라는 명령은 실로 엄청난 결정이 아닐 수 없었다. 서울대 국사학과 한명기 교수는, 광해군이 투항 쪽으로 가닥을 잡을 수밖에 없었던 이유를 다음과 같이 설명한다.

"이미 알다시피 광해군은 원정군을 끝까지 보내려고 하지 않았다. 광해군의 입장에서는, 원정군이 후금과 장기적인 전투를 벌일 경우 그들의 원한을 사서 역습을 해오는 상황을 두려워했던 것이다. 광해군은 왜란 당시 전쟁의 참상을 겪었던 인물이었고, 함경도 지역에서 활동하면서 후금 세력에 대한 혜안을 가지고 있었다. 하지만 파병은 불가피해졌고, 따라서 출병을 하면서도 후금의 역습을 막을 수 있는 방법을 생각한 끝에 투항이라는 고육책을 냈던 것이다."

그런데 강홍립이 싸움 도중 투항했던 심하전투는, 사실상 명·청 사이의 운명을 가름하는 싸움이었다. 심하전투에서의 승리로 후금은 만주에서 더이상 거칠 것이 없었다. 그리하여 후금은 심양과 요양 등 만주의 전력 요충지를 차례로 석권하며 마지막 철옹성인 산해관만을 남겨둔 상태가 되었고, 1644년경에 이르러 마침내 산해관까지 손아귀에 넣었던 것이다.

이렇게 되기까지의 과정에서 명나라는 다시 조선에 사신을 보내 지원군을 보내달라고 요구하지만, 광해군은 꿈쩍도 하지 않았다. 오히려 광해군은 "나는 그 동안 할 만큼 했다. 그러나 더이상은 안된다"며, 여기에 더하여 "우리가 후금과 원한을 맺음으로 해서 후금의 침략을 받을 가능성이 커졌다. 그러니 이제는 명이 우리를 보호해줄 차례다. 후금이 조선을 침략할 경우 그 루트라고 할 수 있는 의주 앞에 명나라가 군대를 배치해 조선의 위기에 대비해달라"고 역공을 취하기에 이른다.

명나라의 안전을 위해서도 조선이 후금의 손아귀에 떨어져서는 안되는데, 1차 출정 패배로 국내에 남아 있는 군사가 없으므로 오히려 조선이 명으로부터 지원군을 받아야 한다는 논리로서 맞대응한 것이다. 그리고 광해군의 이런 대응은 1백% 그 효과를 발휘해서, 지원군을 보낼 형편이 되지 않았던 명나라는 아예 재파병 요구를 꺼내지도 못하게 된다.

광해군은 이렇게 탁월한 외교적 수완을 발휘하며 명나라와 후금 사이에서 이른바 중립외교, 심리외교를 폈다. 어느 쪽 편도 아니고 어느 쪽 적도 아닌 노선, 이것이 바로 명과 후금의 세력다툼의 틈바구니에서 광해군이 택한 생존의 방법이었던 것이다. 그리고 이런 자신의 외교노선을 명과 후금, 특히 명나라가 눈치채지 못하도록 각별한 노력을 기울였다.

실록에는, 광해군이 중국과 관련한 기별이나 변방의 정세, 군사기밀 등에 대해서는 철저하게 보안을 유지하라는 전교가 자주 보인다. 특히 광해군은 중국에 알려져서는 곤란한 일은 조보朝報에 내지 말라고 명령하고 있다.

여기에서 잠깐 조보라는 것이 무엇인지 서울대 규장각 학예 연구사인 강석화씨의 이야기를 들어보자.

"조보란 조선시대 조정의 소식지 같은 것이었습니다. 따라서 외부로 유출되는 것을 막기 위해 초서체 중에서도 판독이 난해한 서체로 썼지요. 거의 아라비아 숫자 수준이기 때문에 읽기가 정말 힘듭니다."

초서체로 쓰여진 조보에는, 우선 국왕의 모든 명령과 지시를 포함하는 전교와 당면 정책 및 중요사안들에 대한 관료와 유생들의 건의사항, 국왕이 관민들에게 보내는 회유문, 조정의 인사변동, 중앙과 지방에서 국왕에게 올리는 보고서 등이 실려 있었다. 또한 요즘의 사회면 기사 같은 흥미로운 기사들도 실려 있는데, '날개가 네 개 달린 병아리 출현, 큰 우박 내려 사람이 죽다' 등과 같은 것들이 그것이다.

그렇다면 조보는 어디에서, 어떻게 만들어졌을까?

매일 아침, 조보에 실을 내용을 승정원에서 조보소란 곳으로 내려보낸다. 그러면 각 관청에서 나온 조보서리들이 그 내용을 받아서 적어갔는데, 딱히 내용의 중요도를 지적해주는 것이 아니어서 각 관청의 관심사에 따라 체제나 내용이 다르기도 했다. 조보는 만들어지는 즉시 중앙관청으로 전달되었고, 지방관청의 경우 기별군사들이 그 조보를 통지했는데, 보통 일주일 정도면 어디서든 받아볼 수 있었다고 한다.

원칙적으로 조보를 받아볼 수 있었던 사람은 삼공, 판서, 한성부윤 및 지방의 절도사 등 전현직 고급관료들이었다. 하지만 실제로는 일부 사대부들이며 상인들도 조보를 손쉽게 구할 수 있었다. 조보를 배포하던 기별군사에게 돈을 주고 입수하기도 했던 것이다. 실록에 보면, 왜인들에게도 이 조보가 유출되었던 듯 동래부에 조보 유출을 막으라는 지시를

▷조보. 을유 6월초 1일.

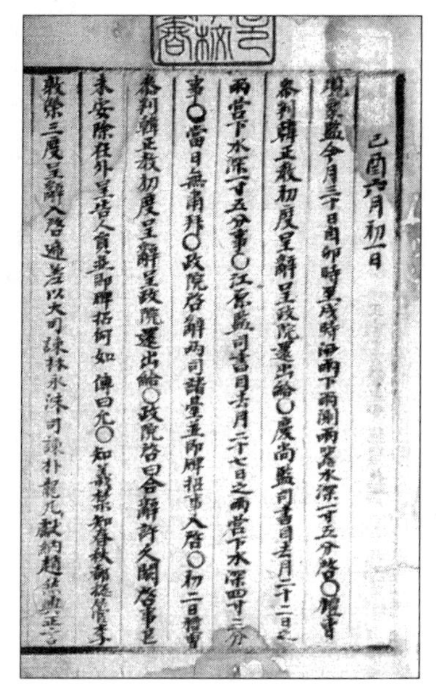

내렸다는 기사도 보인다.

이렇게 조보에 실은 기사까지 통제하며 광해군은 정보가 나라 밖으로 새나가는 것을 철저히 막으려고 했다. 그러는 한편, 광해군은 명과 후금의 정보를 입수하려고 애를 쓴다. 요즘의 외교상황도 그렇지만, 특히 그 당시에는 상황이 긴박하게 전개되고 있어서 명과 후금의 정세를 정확하게 파악해야만 적절한 외교술을 구사할 수 있었기 때문이다.

하지만 명과 후금 역시 정보를 쉽사리 유출시키지 않았다. 어느 한쪽에도 쏠리지 않는 줄타기 외교를 하기 위해선 가장 최근에 나온 가장 정확한 고급정보가 필요했음에도 불구하고 말이다. 그런데 이 문제를 해결해준 사람이 바로 후금에 투항한 강홍립이었다.

강홍립이 보낸 밀서

강홍립은 후금에 억류되어 있었지만 비교적 자유롭게 생활하며 후금의 고위층과 교분을 쌓아나갔다. 그리하여 후금의 정세를 탐지해내 광해군에게 알리는 일을 최우선 과제로 삼았다. 강홍립은 자신의 가족에게 보내는 편지나 후금의 포로에서 풀려나는 조선인들을 통해 후금의 최신 정보를 광해군에게 전했던 것이다. 〈광해군일기〉에 실려 있는 강홍립의 편지와 광해군의 답신 몇 가지를 읽어보자.

"요즘 후금에서는 조선이 요동에 파병을 했다는 풍문이 떠돌고 있사옵니다. 이것을 들은 후금 장수들이 조선을 정벌하기 위해 우모령, 만차령 등의 지역에서 전쟁 준비를 서두르고 있다 하옵니다. 서둘러 방도를 세우소서. ―강홍립"

"적진에서 얼마나 고생이 많으시오. 내, 경의 편지는 잘 받아보았소. 우선 명나라에 이 사실을 알리고 구원병을 요청했소. 그리고 인편을 통해 종이와 소금, 면포를 보내니 이것을 가지고 경은 우리가 요동에 파병을 했다는 것이 사실무근이라는 것을 후금측 장수들에게 잘 전달해주시오.―광해군"

"지금 누르하치에게는 아들과 딸이 매우 많아 장수로 삼은 자가 세 사람입니다. 그중 셋째아들인 홍대시는 늘 그 아버지에게 우리 나라를 침범하자고 권하고 있으며, 장자인 귀영개는 명나라와 전쟁 중에 적을 또 만드는 것은 좋지 않다는 이유로 극력 화친을 주장하고 있습니다.―강홍립"

"후금이 우리와 화친을 하려는 뜻은 우리를 좋아해서가 아니라 그들을 위해서라는 걸 내 잘 알고 있소. 경은 적장 귀영개를 도와 국가에 화가 미치는 일을 미리 막도록 하시오.―광해군"

이렇게 강홍립과 광해군이 주고받은 밀서는 강홍립이 후금에 잡혀 있던 8년 동안이나 계속된다. 그리고 이것은 광해군에게 후금의 고급정보를 파악할 수 있게 했고, 또 그것을 바탕으로 명과 후금 사이에서 중립·실리 외교를 펼칠 수 있도록 했다.

그리고 여기서, 명의 멸망이 돌이킬 수 없는 형세라고 판단한 광해군은 중립외교에서 한 걸음 더 나아가게 된다. 즉, 명나라에 대해 '부모의 나라'라는 말을 쓰지 못하게 하고 후금과 무역거래를 시작하는 등 후금과의 관계개선을 적극적으로 해나갔던 것이다.

광해군의 이런 노력은 성과를 거둔다. 자칫 잘못하면 임진왜란 같은 일대 위기를 겪을 수도 있는 상황에서 광해군은 재위 15년 동안 단 한 차례의 외침도 받지 않고 나라를 안정시킬 수 있었던 것이다. 그리고 이러한 외치를 바탕으로 임진왜란으로 흐트러진 나라 기강을 바로세우는 내치를 펼 수 있었다.

하지만 이러한 중립외교는 광해군의 폐위에 결정적인 빌미로 작용한다.

중단된 중립외교

인조반정으로 복위된 인목대비는 광해군을 폐위시키는 몇 가지 이유를 교서로 밝힌다. 그중 첫번째가 폐모살제. 그 다음이 오랑캐에게 투항했다는, 즉 명나라에 사대를 하지 않았다는 것이었다. 따라서 인조반정 후 조선의 외교노선은 친명배금으로 방향을 돌리고, 그 결과 조선은 정묘호란과 병자호란을 맞게 된다. 강홍립은 정묘호란 때 조선으로 돌아와 고향인 경기도 시흥 땅에서 쓸쓸한 최후를 마쳤다.

폐위된 광해군이 정묘호란 소식을 들은 것은 유배지 강화도에서였다. 임진왜란의 참상을 몸소 겪어 국왕으로서 해야 할 일을 누구보다 잘 알았고, 그래서 조정대신들의 반대에도 불구하고 소신대로 중립외교를 펴 나라를 위기에서 구했던 광해군. 그는 인조 19년 67세를 일기로 제주도에서 생을 마감한다. 그후 왕가에서는 광해군의 시신을 그의 어머니가 있는 경기도 남양주시 진건면 송릉리에 묻었다. 그리고 광해군의 묘는 오늘날까지 능이 아닌 광해군 묘로 남아 있다.

이것이 조선 5백 년 역사상 연산군과 함께 왕으로 불리지 못하는 왕, 우리들이 폭군으로 알고 있는 광해군의 최후다.

그런데 지금까지 살펴본 대로 명과 후금 사이에서 중립외교로서 자존을 꾀했던 그가 왜 폭군으로 남아 있는 것일까? 태종이나 세조 역시 왕권장악을 위해 인륜을 저버렸음에도 불구하고 왜 그만이 폭군으로 불리는 것일까?

그건, 역사는 승리한 자들의 기록이기 때문이다. 반정세력은 반정의 명분을 얻기 위해 광해군을 철저하게 폭군으로 그렸다. 그 단적인 예가, 안질 때문에 충혈된 광해군의 눈을 '성질이 광포해서 눈이 붉어졌다'라고 실록에 기록했던 것이다.

반정은 말 그대로 옳은 것으로 돌이킨다는 뜻이다. 하지만 인조반정은 과연 바른 것으로 돌이킨 것이었다고 말할 수 있을까? 그 판단은 오늘 광해군을 다시 보는 우리들의 몫으로 남아 있다. 역사란 지나간 과거로 멈춰 있는 것이 아니라 후세에 의해 늘 새롭게 해석되고 또 그것을 통해 교훈을 주기 때문이다.

■글/황정연

11
아, 잊으랴! 어찌 우리 이날을
― 삼전도의 굴욕

서울특별시 송파구 석촌동 289번지.

주택가의 빽빽한 지붕들 사이로 오래 된 비석 하나가 서 있다. 아이들의 놀이터 한구석에 서 있는 3백 년이 넘은 이 비석의 정체는 무엇일까?

높이 395cm, 너비 140cm인 이 초대형 비석의 이름은 '대청황제 공덕비大淸皇帝功德碑', 청나라 초대황제 태종의 은덕을 기리는 기념비다. 사적 101호로 정해져 있는 이 비석은 왜 주택가 한가운데 숨어 있는 듯 서 있을까? 또 청태종이 조선에 베푼 은덕이란 과연 무엇일까?

"황제가 동쪽으로 정벌함에 군사가 10만이었다. 우리 임금이 공손히 복종하여 귀순하니 황제께서는 온화한 낯으로 웃으시며 창과 방패를 거두시었다. 도성 안의 모든 이가 노래하고 칭송하였네. 우리 임금이 돌아온 것은 황제께서 은혜를 내리신 덕이요, 황제께서 군사를 돌리신 것은 우리 백성을 살리려 해서이다. 우뚝한 돌비석을 강가에 세우니 만년토록 우리 나라에 황제의 덕이 빛나리라."

거기엔 병자호란에서 패배한 조선의 항복 과정이 새겨져 있었다. 청태종의 은덕이란 바로 전쟁에서 패배한 조선의 임금, 인조를 살려준 것이었다.

1637년 1월 30일, 그날 조선의 왕은 무릎을 꿇었다. 그것은 완전한 패배요 항복을 의미했고, 그 결과 인조가 겪어야 했던 패전의 대가는 뼈아픈 것이었다. 실록과 〈남한일기〉를 통해 당시 항복 절차가 정해지던 과정을 지켜보자.

"조선의 임금은 죄인이오"

1637년(인조 15년) 1월 28일, 남한산성에서 청나라 장수 용골대와 조선의 좌의정 홍서봉이 만났다. 청나라 군사에게 포위된 채 45일간 항쟁했던 인조는 이날 공식적인 항복의사를 전했고, 이에 두 사람은 앞으로의 항복 절차를 논의하고 있었다.

> 용골대 : 원래 우리의 항복예식은 손을 뒤로 묶고 입에는 구슬을 물고 등
>   에는 관을 짊어지고 와야 하오. 죽어도 이의가 없다는 마음을
>   나타내기 위해서요.

1년 전 청나라와 군신관계를 맺자는 황제의 친서를 들고왔던 용골대, 그는 당시 조선 조정의 강력한 척화론에 밀려 생명의 위협까지 느껴야 했다. 결국 말을 훔쳐 야반도주를 했고, 조선 백성들이 던지는 기왓장에 맞으며 돌아가야 했던 용골대는 조선에 대해 감정이 맺힌 터였다. 당황하는 홍서봉의 표정을 지켜보던 그는 천천히 입을 열었다.

용골대 : 허나!… 황제께선 특별히 모두 생략하라 하셨소. 황제께 신하로
서의 예만 올리면 될 것이오. 앞으로 이틀 뒤 황제가 머물고 계
신 삼전도에서 예를 치를 테니 날이 밝는 대로 성에서 나오시오.
홍서봉 : 그러면 복장은 어찌하면 좋겠소? 전하께선 늘 붉은 곤룡포를 입
고 계시니 그날도 정복 차림을 하는 게 예의가 아닐까 싶소만.
용골대 : 항복을 하러 오는 패장이 정복을 하다니, 당치 않소이다!
홍서봉 : 하, 하지만 황제를 뵙는 자리가 아니오? 격식은 갖춰야 되지 않
겠소이까!
용골대 : 공은 붉은 옷인데 저 사람은 왜 남색 옷을 입고 있소?

용골대가 가리킨 것은 홍서봉 뒤에 있던 조선관리 김진국이었다.

홍서봉 : 이 사람은 당하관이오. 당상관 이상이 돼야 붉은 조복을 입을
수 있소.
용골대 : 그렇다면 마땅히 이 색이 좋겠소. 남색 옷을 입도록 하시오.
홍서봉 : …알겠소. 그러면 이틀 후인 그믐날 아침, 남문 앞으로 나가면
되겠소?
용골대 : 남문? 남문은 이 산성의 정문이 아니오? 어찌 죄인 된 몸으로
성의 정문으로 나올 수 있단 말이오? 서문으로 나오시오!
홍서봉 : 죄…인…?!

청나라의 일개 장수인 용골대는 조선의 임금을 죄인이라고 불렀던 것
이다. 그렇다. 패전국 조선의 왕은 죄인이었던 것이다. 그러나 청태종이
누구인가? 그 조상은 조선이 개국할 때 스스로 조공을 바치겠다며 찾아
왔던 여진족의 장수였다. 세종 임금 이후 조선이 다스려온 북방의 오랑캐

였던 것이다. 그 오랑캐 앞에서 인조는 항복의식을 치러야 했던 것이다.

1637년 1월 30일, 을사보호조약이 체결되던 날과 더불어 또 하나의 국치일로 기록된 그날, 조선의 역사상 가장 굴욕적인 그 장면을 당시 기록들을 통해 자세히 살펴보도록 하자.

세 번 절하고 아홉 번 머리를 조아리고…

1월 30일 아침, 청나라 장수 용골대와 마부대가 성 밖으로 와서 임금의 출성을 재촉했다. 인조는 남색으로 물들인 옷을 입고 의장은 모두 제거한 채 시종 50여 명을 거느리고 남한산성의 서문을 통해 삼전도, 지금의 잠실 석촌호수 부근인 삼전도 나루로 향했다.

삼전도 나루에는 의식이 치러질 수항단이 놓여 있었다. 수항단은 황제를 상징하는 황금천으로 장식되어 있었고, 계단은 중국에서 천하를 상징하는 숫자인 9개로 만들어졌다. 그리고 그 중앙, 천하를 다스리는 천자天子의 자리에 청태종이 앉고, 양옆으로 청나라 왕자들과 몽고 등 참전국 왕들이 앉아 항복식을 지켜보았다.

삼전도에 도착한 인조는 말에서 내려 수만 명의 무장한 청나라 군사 사이를 걸어와 의식을 치른다. 용골대의 인도에 따라 단 아래 마련된 자리에 선 인조는 청나라 군사의 호령에 따라 삼배구고두를 행했다. '삼배구고두三拜九叩頭' 란 무릎을 꿇고 절을 한 뒤 양손을 넓게 벌린 채 세 번 이마를 땅에 조아리는 예를 모두 세 차례 행하는 것으로, 신하 된 자로서 황제께 지극한 존경심을 나타내는 청나라 고유의 예다.

이날 의식은 만주어로 치러진데다 사전에 자세한 설명을 듣지 못했던 터라 인조는 당황한 기색을 보였다. 또 인조의 뒤쪽으로는 강화도에서 인질로 잡혀온 봉림대군을 비롯한 조선인 포로들이 지켜보고 있어 인조의 마음은 더욱 무거웠다. 그러나 인조는 침착하게 항복례를 마쳤고, 청태종은 수항단 위로 인조를 인도해 차를 대접했다.

한편으론 항복례를 마친 인조의 이마에 피가 맺혀 있었다는 이야기가 전해진다. 청태종은 이마가 땅에 닿는 소리가 들려야 한다며 소리가 나게 다시 할 것을 요구했고, 이 때문에 인조는 사실상 수십 번 이마를 부딪혀야 했기 때문이라는 것이다. 공식 기록에는 없는 이런 이야기가 구전으로 전해지는 까닭은 당시 인조의 비참했던 심정 때문이 아닐까?

실제 당시 인조가 겪었던 수난은 무릎을 꿇는 것으로 끝나지 않았다.

모든 공식 행사가 끝난 뒤에도 인조는 한겨울 매서운 강바람이 몰아치는 삼전도 나룻바닥에 앉아 돌아가도 좋다는 청태종의 명령을 기다려야 했다. 결국 해질녘이 되어서야 청군의 호위를 받으며 한성으로 가는 인조의 등 뒤로는 볼모로 끌려갈 세자와 대군, 강화도에서 포로로 잡힌 수만 명의 백성들이 울부짖는 소리가 들렸다.

'임금이시여, 임금이시여, 정녕 우리를 버리고 가십니까?…'

그 소리를 뒤로 하고 돌아서야 했던 인조의 심정은 어땠을까?

그로부터 20일 후 군사와 백성들에게 내린 교서에 그날 인조의 심정을 짐작케 하는 대목이 있다

"만약 내가 하루의 치욕을 참지 못해 필부의 의리만을 지켰던들 이씨李氏의 혈통은 여기서 끊어졌을 것이다. 하지만 본래 마음과 일이 어긋나 오늘날 얼굴을 들기가 부끄럽다. 나라는 망하지 않았다고 하나 사람들이 나를 뭐라고 하겠는가. (중략) 그러나 내가 매우 마음 아픈 것은 백성을 기르는 자리에 있으면서 내 자신이 도를 잃은 나머지 모든 백성에게 화를 미쳤다는 것이다. 군사들은 전장의 원혼이 되고 포로가 되었으며, 아비가 자식을, 지아비가 지어미를 보호하지 못했으니 어디를 둘러봐도 가슴을 칠 일뿐이다. 그러나 백성의 부모가 되어 이 책임을 누구에게 전가할 수 있을 것인

가? 고통과 괴로움이 오장을 에이는 듯하여 뜬눈으로 밤을 새우노라.”

—〈인조실록〉 15년 2월 19일

부끄러움과 책망으로 밤잠을 이룰 수 없었던 인조의 처참한 심경이 그대로 나타나 있다.

왕이 무릎을 꿇고 항복을 해야 했던 전쟁, 병자호란.

조선은 5백 년 역사 동안 수차례 전쟁을 치렀지만 이렇게 굴욕적인 패배를 당한 일은 없었다. 조선은 어쩌다 청나라에게 이토록 무력하게 패배했던 것일까?

예고된 전쟁, 그러나 패배했던 까닭은?

17세기는 중원의 패자가 교체되던 격변기였다. 17세기 초, 당시 청으로 국호를 바꾸기 전이었던 후금은 이미 만주를 차지하며 영토를 넓혀가고 있었고, 명나라는 연이은 농민반란과 환란에 의해 스스로 붕괴하고 있었다.

그러나 후금 또한 내부적으로 심각한 문제에 봉착해 있었으니, 바로 식량난이었다. 그 동안 소금 등 필수적인 물자를 얻어온 명나라와의 공식 교역은 1619년을 끝으로 단절됐고, 때맞춰 만주 일대에 대기근이 닥쳤던 것이다. 당시 〈만주실록〉에 따르면 은이 있어도 살 물건이 없었고, 사람을 잡아먹는 일까지 벌어지고 있었다고 한다. 전쟁을 통해 후금의 속국이 된 나라들은 점차 동요하기 시작했고, 결국 후금은 기근을 해결하고 전쟁에 필요한 물자를 제공받기 위해 군사 3만을 동원해 조선을 침략했다.

이것이 1627년에 일어난 정묘호란으로, 병자호란이 일어나기 꼭 9년 전의 일이었다. 당시 두 나라는 형제국이 되기로 맹약을 맺으며 전쟁을

마무리했다. 이때 맺은 강화조약의 내용을 잠시 살펴보면,

　—앞으로 상호 침략하지 않을 것.

　—조선은 후금과 맹약을 맺되 명나라를 적으로 할 수 없고,

　—후금에 세공을 바치되 그 양은 조선 스스로 정한다.

는 단서가 있었다.

　그러나 이 약속은 지켜지지 않았다. 1631년부터 후금은 명나라를 공격할 군사와 대규모 물자를 요구해오기 시작했고, 더 나아가 군신관계를 맺자고 요구해왔다.

　반면 조선의 입장에서 그것은 결코 받아들일 수 없는 요구였다. 오랑캐 나라의 신하국이 된다는 것은 상상하기조차 힘든 일이었고, 무엇보다 명나라의 적이 될 순 없었다. 명은 조선이 개국과 더불어 사대해온 나라였고, 임진왜란 때 원군을 보내 조선을 구해준 은혜의 나라였다. 뿐만 아니라 인조 정권에게 있어 명나라에 대한 사대는 권력의 존재 기반이기도 했다.

　인조는 광해군을 축출하며 반정으로 왕위에 오른 임금이다. 당시 반정의 명분은 두 가지. 어머니인 인목대비를 폐위시키고 어린 영창대군을 죽여 인륜을 저버렸다는 것과 함께, 대대로 사대해온 명나라와의 의리를 저버리고 오랑캐인 후금 세력을 도왔다는 것이었다. 그런데 이제 와서 후금의 요구대로 명과 단절하고 군신관계를 맺는다면 반정의 명분을 인조 스스로 부정하는 셈이었다. 더구나 당시 조정에는 삼학사를 비롯해 성리학적 명분론에 충실한 신진세력들이 포진해 있어 조선의 태도는 더욱 강경할 수밖에 없었던 것이다. 성균관대학교 사학과 이장희 교수는 당시 조선의 입장을 이렇게 말한다.

"반정의 명분이라는 이유만이 아니었다. 보다 실제적인 어려움은 세공에

있었다. 정묘호란 때 맺은 조약에 따라 세공을 보냈지만 후금은 점점 무리한 수준을 요구해왔고, 이로 인해 조선은 많은 손해를 보고 있었다. 그러니 조선의 입장에선 명분으로 보나 실리로 보나 후금과의 관계에서 손해 보는 것이 많았던 것이다. 한편 후금이 무리한 세공을 요구한 것은 명나라를 치기 위한 재원을 마련하려는 목적도 있지만, 그 밑에는 명나라의 지지 세력인 조선을 재기할 수 없게 만들겠다는 의도 역시 깔려 있었다고 보인다."

이렇게 양국 사이에 긴장감이 고조돼가던 가운데 1636년, 병자호란이 일어나던 해 후금은 국호를 청으로 바꾸고 조선에 국서를 보내왔다.

'청나라와 군신관계를 맺을 것인가, 아니면 전쟁을 택할 것인가?'

조선은 이 요구를 단호하게 거부했고, 결국 청태종은 재침략을 결심하게 된다. 그리고 그해 12월 9일, 결국 청태종은 몽고와 한나라 군사가 포함된 연합군 12만 명을 이끌고 조선을 재침략했다.

처음 압록강을 건넌 청나라 선봉대가 한성 부근에 도착한 것은 그로부터 6일 만인 12월 14일. 당시 청나라 기마부대의 최대 강점은 기동력을 바탕으로 한 속전속결 전술이었다. 그러나 단 6일 만에 한성에 도착한 것은 상상하기 힘든 속도였다. 청나라의 침략을 알린 조선의 파발마가 조정에 도착한 것이 나흘째 되던 날이었던 것만 비교해보아도 그들의 진격 속도가 얼마나 빨랐는지 알 수 있다. 말하자면 거칠 것 없이 전속력으로 진격해왔다는 것인데, 조선군사들의 반격이 없었다는 얘기일까? 이장희 교수는 이를 조선이 전략상 완패했기 때문이라고 말한다.

"우리 민족의 싸움은 예로부터 산성 싸움이다. 견고하게 쌓은 성을 지키면서 싸우고 적의 보급을 차단시키는 것이 전통적인 전투방식이다. 실제로 임진왜란 때는 대부분 이 방법으로 승리를 얻었다. 그런데 청나라 군사들은 이러한 조선의 작전을 미리 알고 산성을 피해 곧바로 왕이 있는 한성으로 진격했던 것이다. 산성 싸움을 통해 시간을 끌면서 삼남지방으로부터 전열을 가듬어 반격하려 했던 조선의 허를 찌른 것이다. 거기에 조선은 중앙집권국가가 아닌가. 왕을 굴복시키면 모든 게 끝난다고 청나라는 판단했던 것이다."

청나라 선봉대는 압록강을 건너 맨 처음 백마산성을 만났다. 그곳에는 조선의 명장 임경업 장군이 이끄는 3천 군사가 있었다. 그러나 청나라 선봉대는 성을 공격하지 않고 조선군이 성 밖으로 나올 경우 후방을 지킬 최소한의 복병만을 남겨둔 채 진격을 서둘렀다. 뿐만 아니라 뒤이어 내려온 청나라의 본대 역시 조선의 주요 전략지에 있던 산성들을 지나쳐 한성으로 진격했던 것이다. 그들의 목표는 하루빨리 조선의 왕 인조를 잡아 완전한 항복을 받는 것이었다.

전쟁에서 적군을 만나 싸우지 않고 피해간다는 건 상식 밖의 일이다. 그런만큼 전쟁 초 조선군은 대혼란에 빠졌다. 전쟁이 예고되면서 조선이 준비한 것은 전략적 요충지의 산성들을 대대적으로 보수하는 일이었다. 그리고 적이 남하한다는 소식이 전해지자 인근에 있던 군사들을 모두 산성 안으로 불러들여 전투태세를 갖추도록 했던 것이다. 그런데 정작 적들은 산성들을 피해 곧바로 한성을 향해 진격했으니 군사들은 일대 혼란에 빠졌던 것이다. 그리고 이것은 병자호란이 예고된 전쟁이었음에도 불구하고 조선이 무기력하게 패배한 결정적인 원인이 되었다.

한편 조정이 적의 침략을 알게 된 것은 그로부터 무려 나흘이나 지나서였다. 더구나 적의 진격이 이토록 빠른 것을 예상치 못한 조정은 다시 이틀이 지난 12월 14일에서야 파천을 결정하고 강화도로 출발했다. 그러나 종묘사직을 앞세우고 봉림대군과 왕손 등이 피난하고, 그 뒤를 따라 인조 일행이 출발했을 땐 이미 적들이 강화도로 가는 길목을 차단한 뒤였다. 다급해진 인조는 남한산성으로 들어가 마지막 항전을 준비하게 된다.

인조가 성 밖으로 나가게 된 까닭은?

경기도 광주군 산성리에 있는 남한산성. 현재 남한산성의 골격은 인조 때 완성된 모습이다. 후금의 공격이 예상되던 인조 2년, 1624년부터 인조는 수도권 방어의 최후 보루로 남한산성을 지목하고 대대적인 보수와 개축공사를 단행했다. 지금도 산성 안에는 당시의 흔적들이 상당수 남아 있다.

먼저 산성 중앙으로 가면 4대문으로 통하는 길이 모이는 곳에 행궁터가 있다. 인조의 명에 따라 지어진 남한산성의 행궁은 모두 250칸의 대규모였다. 병자호란 당시 인조가 머물며 항전을 총지휘한 곳이 이 행궁이었다. 그후 순조 때까지 270년간 임금들은 매년 여름 업무를 보러 이곳 남한산성 행궁을 찾았다고 한다.

그러나 일제에 의해 철거돼 지금은 주춧돌만 남아 있다. 뿐만 아니라 남한산성에는 당시 1만 3천 명의 군사들이 있던 수호청, 궁터 등의 대규모 연병장과 자체 무기 제작소 침괴정의 흔적이 남아 있다.

인조가 청나라의 침략에 대비해 쌓아올린 이 산성의 면모가 가장 잘 드러나는 것이 바로 서로 다른 크기의 사대문이다. 이 산성의 남문은 차량들이 통과할 만큼 넓은 반면, 서문은 두세 명이 지나가기도 어려울 만큼 좁게 만들어져 있다. 이것은 당시 서문 너머 한성 방면이 북방에서 내려올 적의 진지가 위치할 곳이었기 때문이다. 이 경우 남문은 아군의 후방퇴로가 된다. 따라서 남문은 넓게, 적의 침입로인 서문은 좁게 만들어 놓았던 것이다.

△인조가 난을 피했던 남한산성. 척화파와 주화파의 대립으로 화전 양론이 분분하다가 마침내 송파 삼전나루에 나가 치욕적인 항복의 예를 올리고 말았다.

이외에도 성 밖에서 볼 때는 전혀 알 수 없는 '암문'이라 불리는 문이 16개가 있어서 적을 기습하거나 외부와의 비상연락을 위한 통로로 쓰였고, 성벽에 있는 포문 역시 모두 다른 각도로 만들어져 적을 효과적으로 공격할 수 있게 되어 있다. 그러나 이 남한산성에는 결정적인 취약점이 있었다. 공격하는 적을 방어하기에는 적합하지만, 반대로 지리적으로 고립될 가능성이 있었기 때문이다. 그리고 그 위험성은 현실화되고 만다.

1636년 12월 16일, 청의 선봉부대는 한강을 건너 남한산성을 포위했지만 직접 성을 향해 공격하지 않았다. 이러한 적의 동태에 인조는 당황한다.

"적이 이 산성을 지나 판교로 향하고 있다는데, 이것은 무엇을 의미하는가?"

"아뢰옵기 황공하오나 적들은 필시 전라도·충청도·경상도와 연결되
는 길을 끊으려 함이 아닌가 하옵니다."

— 〈인조실록〉 14년 12월 17일

청나라 군사는 남한산성 안의 인조 일행을 고립시키는 작전으로 나왔
던 것이다. 그리고 인조 15년 1월 1일 청태종이 이끄는 12만 군사가 도
착해 지금의 서울 송파구 방면인 진터골에 진을 친다. 청태종이 직접 출
병한 것을 안 조정은 또 한 번 충격에 빠진다.

"청태종이 직접 왔다는데, 그것이 사실인가?"
"그는 이름은 황제이나 행동은 그렇지 못한 인물이옵니다. 직접 오고도
남을 자이옵니다."

— 〈인조실록〉 15년 1월 1일

청태종이 직접 출병했다는 것은 전쟁의 추이를 전혀 다른 방향으로 몰
아가고 있었다. 적들은 결코 순순히 물러나지 않을 것이기 때문이었다.
이렇게 청나라 군사는 남한산성으로 통하는 주요 거점을 막아설 뿐 섣불
리 공격해오지 않았고, 인조는 오로지 성 밖의 지원군을 기다리며 버텨
야 했다.

그러나 때는 매서운 한겨울. 거기에 성 안에는 양곡 1만 4300석, 장
220항아리가 있어 겨우 50일을 견뎌낼 수 있는 식량이 있을 뿐이었다.
이렇다 할 큰 싸움 없이 40여 일이 지나자 성 안은 극도의 불안감에 싸인
다. 식량은 떨어져갔고 고대하던 승전보도 들리지 않았던 것이다.

한편 성 밖에서는 각 도의 관찰사와 관군들이 목적지에 이르기도 전에

무너지고 있었다. 충청도 관찰사 정세규의 군사를 비롯해 경상도·전라도·평안도·함경도·강원도 관찰사 및 도원수 김자점의 군사까지 패주하여 남한산성은 고립무원의 절망적인 상태였다. 명나라에도 원군을 요청했지만 명은 내부 문제로 원군을 보낼 처지가 못 되었다.

이런 가운데 남한산성 안에서는 점차 강화론으로 대세가 기울어가고 있었다. 결국 1637년 인조 15년 1월 3일 좌의정 홍서봉 등을 청군 진영에 보내 화의를 청한다. 그러나 청태종의 답서에는 조선 국왕이 친히 나와 항복하고, 척화를 주장한 주모자 2,3인을 결박지어 보내라는 강경한 요구가 들어 있었다. 조정이 다시 논란을 거듭하던 가운데 항전 43일째가 되던 1월 26일, 비보가 날아든다. 강화도가 함락되어 대군과 세자빈, 세손 등이 볼모로 잡혔던 것이다.

마지막 희망, 강화도가 함락되다

강화도가 함락됐다는 소식이 전해지자 인조는 한동안 이 사실을 믿지 못했다. 원래 전통적인 기마민족인 청나라가 가장 취약했던 것이 수군이었다. 따라서 바다가 가로놓인 강화도만은 결코 함락되지 않을 거라 믿고 있었던 것이다. 그러나 인조가 강화도로 건너갈 것에 대비해 청나라는 3년 전 명에서 투항한 대규모 수군병력을 총동원해 내려왔던 것이다. 인조를 잡아 항복을 받기 위한 그들의 전략은 이렇듯 치밀했고, 그와 반대로 조선은 적의 전략과 정세에 너무나 어두웠던 것이다.

그리고 결국 이틀 뒤인 1월 28일 인조는 항복의사를 전하게 된다.

끝내 아쉬웠던 것은 당시 경기·호남·경상도의 의병들이 남한산성으로 향하고 있었다는 점이다. 그러나 그들은 왕의 항복 소식에 해산해야 했고, 1637년 1월 30일, 인조는 삼전도에서 무릎을 꿇어야 했다.

그러나 삼전도의 굴욕은 조선이 겪어야 했던 첫번째 고통이었을 뿐이

다. 조선 임금에게 직접 항복을 받아낸만큼 청나라가 요구한 항복 조건
은 일방적인 것이었다. 당시 항복 조건을 보면,

1. 조선은 청나라에 대해 신하국으로서의 예를 지킬 것.
2. 명과의 교호를 끊고 조선이 사용해온 명나라의 연호를 버릴 것.
3. 조선왕의 장자·차자, 즉 소현세자와 봉림대군 및 주요 대신들의 아
   들을 볼모로 청나라에 보낼 것. 아들이 없는 대신은 동생을 보낼 것.
4. 청이 명을 정벌할 때 조선은 기일을 어기지 말고 원군을 파견할 것.
5. 사신의 파견은 명나라의 구례를 따를 것.
6. 압록강을 건너간 뒤에 조선인 포로 중에서 도망해온 자는 청나라로
   압송할 것. 후에 속환하도록 하겠음.
7. 내외 제신과 혼인을 맺어 화호를 굳게 할 것.
8. 조선은 성이나 성곽을 보수하거나 쌓지 말 것.
9. 조선은 2년 뒤부터 세공을 보낼 것.

등으로 각 항목마다 부연 내용을 적어, 세공의 경우 황금부터 호랑이
가죽까지 21가지나 되는 품목과 양을 정해 일방적으로 통보했던 것이다.
　그런데 이중 선뜻 이해가 가지 않는 대목이 있다. '조선의 포로들이 압
록강을 건너 도망할 경우 청나라로 압송할 것. 이후 속환贖還하도록 하
겠다' 라는 여섯번째 조건이다. 탈출한 조선포로를 조선이 잡아서 청에
넘기면 그 다음 속환하겠다는 애긴데, 결국 곧 돌려보낼 것을 왜 군이 다
시 보내라는 것일까?
　최명길의 문집에 따르면 당시 청나라에 끌려간 민간인 포로는 50만
명. 청나라 군사가 이토록 많은 민간인들을 포로로 끌고간 것은 돈 때문
이었다. 조선인 포로를 전리품으로 생각한 청나라는 조선인들이 돈을 내

고 포로를 데려가도록 요구했던 것이다. 이것이 바로 속환이다. 그들은 조선인 포로의 몸값을 받아 군자금을 마련하고 장수들의 포상금을 주려는 속셈이었던 것이다.

그들이 요구한 몸값은 상식 밖이었다. 이미 앞서 벌어진 정묘호란 당시 조선인 포로를 끌고가 한 사람당 청목 10필 값을 받고 되돌려보내 톡톡히 재미를 봤던 그들은 이번에는 청목 60필 값을 요구했다. 청목 10필이 당시 소 한 마리 값이었다고 하니 무려 한 사람 몸값으로 소 6마리를 요구했던 것이다.

이 포로 속환은 청나라가 전쟁을 일으킨 또다른 목표였다. 그들은 더 많은 속환금을 받기 위해 종실과 양반가의 부녀자들을 노렸고 나중엔 가난한 백성들까지 눈에 띄는 대로 끌고갔던 것이다. 그 수가 수십 만이라니 얼마나 혈안이 돼 잡아갔다는 얘기인가. 결국 포로 속환은 전쟁으로 짓밟힌 조선 백성들의 가슴에 씻을 수 없는 상처를 남기고 만다.

아들을 포기해야 했던 가난한 아비

강화도에 사는 선비 강해수. 강화도 함락 당시 그의 어머니와 아우, 아들 모두 세 사람이 포로로 끌려간 상태였다. 그러나 세 사람을 모두 속환해오기엔 너무나 가난한 살림이었다. 시름에 잠겨 있던 그에게 청나라에서 조선담배가 비싼 값에 팔린다는 소문이 들려왔다. 추운 지역에 살았던 청나라 사람들이 가장 많이 앓던 질환이 천식이었는데, 조선담배가 천식에 특효약으로 알려지면서 담배 한 짐이면 세 사람 몸값은 충분하다는 얘기였다.

강해수는 그 길로 가산을 정리해 담배 한 짐을 지고 3천 리 밖 심양으로 향했다. 당시 청나라의 수도 심양의 남문 밖 시장이 조선 포로를 사고파는 장소였다. 그러나 그가 도착했을 땐 이미 소문을 듣고 너도나도 한

짐씩 담배를 지고온 조선인들이 가득했고, 담뱃값은 폭락해 겨우 두 사람의 몸값밖에 되지 않았다.

그런데 정작 청나라 상인에게 이끌려온 것은 아우와 아들뿐이었다. 그의 노모는 청나라로 끌려가는 과정에서 운명했던 것이다. 먼 이역땅에서 돌아가신 어머니의 죽음에 강해수는 통곡했지만, 한편으로 자신의 어려운 처지를 알고 먼저 가신 것은 아닌지 하는 생각으로 자신을 위로했다. 이제 남은 두 사람은 모두 고향으로 돌아갈 수 있다는 희망에 부풀어 있었다. 그런데 청나라 상인은 그들 앞에 허름한 나무상자 하나를 들이밀었다.

그것은 돌아가신 어머니의 신주였다. 청나라의 상술은 악독했다. 그들은 산 사람을 파는 것도 모자라서 죽은 조상을 목숨처럼 아끼는 조선사람들을 이용해 허름한 나무상자에 나무조각을 넣어서 죽은 이의 넋이 든 신주라며 팔았던 것이다. 거기에 값은 산 사람과 똑같이 치러야 했다. 조선의 선비 강해수에게 그것은 단순한 나무조각이 아닌 어머니의 분신으로 여겨졌다. 그는 제일 먼저 어머니의 신주를 골랐고, 이제 남은 것은 한 사람의 몸값뿐이었다. 강해수의 마음은 물론 어린 아들에게 쏠리고 있었다. 밥 한 술을 뜨면서도, 두꺼운 옷을 걸칠 때도 내내 그의 눈에 밟히던 어린 자식이었건만… 그러나 하고 싶은 일보다는 해야 할 도리를 먼저 지키는 것이 조선선비였다. 그는 결국 가장 데려오고 싶었던 아들을 생사를 기약할 수 없는 이역땅에 두고 돌아서야 했던 것이다.

이런 기막힌 일을 당한 것이 어디 강해수 한 사람뿐이었을까? 그러나 조정이 그들을 위해 취할 수 있는 조치는 미약하기 그지없는 것이었다.

인조 15년 2월 13일, 조정은 가난한 백성들에게 속환 자금으로 은을 나눠주도록 한다. 그러나 두 달 뒤인 4월 28일 기록을 보면 '이번에 마련한 은 2천 5백 냥으론 왕을 호위했던 군사의 처자만도 7백 명에 이르니 턱없이 부족하다'고 한 것으로 볼 때 두 달 만에 한계에 부딪혔음을 알 수 있다.

조정은 또한 계속해서 치솟는 속환금의 폐해를 우려해 한 사람의 속환금으로 백 냥 이상을 주지 못하게 규제하는 조치를 취한다. 그러나 이 또한 어떻게든 빨리 가족을 데려오려는 돈 있는 양반들에 의해 유명무실해지고 말았다.

결국 수많은 조선 포로들은 압록강을 바라보며 눈물 지으며 이역의 혼이 되고 말았던 것이다.

비극은 여기서 끝나지 않았다.

무릇 모든 전쟁의 가장 큰 피해자는 힘 없는 백성이요, 그중에서도 여자들이다. 피랍됐다 고향으로 돌아온 여인들, 이른바 환향녀還鄕女라 불린 그 여인들은 누구의 환대도 받지 못했다. 순절하지 못하고 살아서 돌아온 것이 바로 그들의 죄였다.

화냥녀가 되고 만 환향녀들의 사연

이런 환향녀들의 문제가 조정에서 공식적으로 거론된 것은 전쟁 1년 뒤 인조의 사돈이자 예조판서를 지낸 명망가 장유가 올린 아들의 이혼상소에서 시작됐다. 인조 16년 3월 11일의 조정으로 가보자.

예 조 : 전하, 신풍부원군 장유가 단자를 올렸사옵니다. 그에게 외아들 선징이 있는데, 강화도가 함락될 때 선징의 처가 잡혀갔다 속환되어 와 지금은 친정집에 있습니다. 그대로 배필로 삼아 함께 선조의 제사를 받들 수 없으니 이혼하고 새로 장가를 들도록 허락해달라는 내용이옵니다. 허나 사로잡혀갔다가 돌아온 사족의 부녀자가 한둘이 아니니 조정에서 반드시 십분 참작하여 명백하게 결정한 뒤에야 피차 난처한 걱정이 없을 것입니다. 사람이 부부

가 된다는 것은 중대한 일이니 대신에게 의논하게 하소서.

인 조 : 공신의 외아들이라니… 어찌하면 좋겠는가?

최명길 : 신 좌의정 최명길 아뢰오. 신이 전에 심양에 갔을 때 속환하기 위해 따라간 이들이 매우 많았는데, 남편과 아내가 서로 만나자 부둥켜안고 통곡하기를 마치 저승에 있는 사람을 만난 듯하여 길 가다 보는 사람들 중 눈물을 흘리지 않는 사람이 없었습니다. 아직 돈이 부족해 속환하지 못한 이들은 장차 차례로 가서 속환할 것입니다. 그런데 만약 이혼해도 된다는 명이 있게 되면 반드시 속환을 원하는 사람이 없게 될 것입니다. 이것은 허다한 부녀자들을 영원히 이역의 귀신이 되게 하는 것입니다.

인조는 최명길의 의견에 따라 이혼을 허락치 않았지만, 사관은 이날 기사에 다음과 같은 논평을 적어놓았다.

"그러나 이 뒤로 사대부집 자제들은 모두 장가를 다시 들고 합하는 자가 없었다. 사로잡혀간 부녀자들은 비록 그녀들의 본심이 아니었다고 하더라도 변을 만나 죽지 않았으니 절의를 잃지 않았다고 할 수 있겠는가. 이미 절개를 잃었으면 집과의 인연은 끊어진 것이니 억지로 합하게 해서 사대부의 가풍을 더럽힐 수는 절대로 없는 일이다. 절의를 잃은 부인을 다시 취해 부모를 섬기고 종사를 받들며 자손을 낳고 가세를 잇는다면 어찌 이런 이치가 있겠는가?"

전쟁 중에 끌려간 것이 어떻게 그들의 잘못일까? 그러나 부녀자의 절개를 목숨처럼 여겼던 당시에 어렵게 살아서 돌아온 여인들은 자결을 강요당했고 스스로 속세를 떠나야 했다.

그리고 환향한 여인들의 억울함은 당시는 물론 3백여 년이 지난 지금
도 풀리지 않은 채 상스러운 말이 돼 남아 있다. 환향녀가 화냥년이란 말
로 바뀐 것이다.

한글사전을 보니 '화냥년 : 서방질을 하는 계집'이라고 풀이되어 있
다. 당시 환향녀들의 그 기구했던 사연은 사라진 채 지조 없는 여자의 상
징이 되고 만 것이다.

이것은 조선역사상 가장 처참했던 시기였다.

삼전도에서 무릎을 꿇은 조선의 왕 인조,

아들과 아우를 놓고 선택해야 했던 가난한 아비의 눈물,

어렵게 돌아온 고향에서 자결을 강요받은 수많은 여인들…

전쟁은 이렇게 당시 조선인들의 가슴마다 한을 남겼던 것이다.

이제… 이 굴욕과 한으로 얼룩진 역사를 우리는 어떻게 해야 할까?

땅 속에 묻힌 삼전도비를 우리 손으로 다시 세운 까닭은…

현재 사적 101호로 지정된 대청황제 공덕비의 공식 명칭은 삼전도비
다. 당시 인조의 굴욕적인 항복례가 치러진 장소, 삼전도에 세워진 비라
해서 붙여진 이름이다. 이 비는 병자호란이 끝난 2년 뒤인 1639년 청태
종의 지시에 의해 조선이 직접 세운 비다. 초대형 비석 3면에는 당시 조
선을 침략했던 연합군 – 청나라와 한나라, 몽고, 이 세 나라의 문자로 청
태종의 승전을 찬양한 비문이 새겨져 있다. 특히 청의 문자인 만주어로
새겨진 비문은 지금은 사라진 문자인 만주어의 초기 형태 연구를 위한
세계적인 희귀자료로 평가받고 있다.

당시 청나라의 명령을 받은 인조는 조정대신들에게 비문을 지어올리
도록 명령했지만 모두 병을 핑계 삼고 엉터리로 글을 지어올리는 등 웃

◁삼전도비. 1636년 12월 청태종이 대군을 이끌고 침공했을 때 인조가 삼전도에 나아가 항복함으로써 백성이 큰 화를 면했던 사실을 담은 '대청황제 공덕비'. 몽고문·만주문·한문의 3종 문자로 같은 내용을 담은 것은 이 비뿐이다. 높이 395cm. 너비 140cm. 사적 101호.

지 못할 촌극이 벌어졌다. 누구도 오랑캐 청나라 황제를 찬양한 글을 썼다는 오명을 쓰고 싶지 않았던 것이다. 결국 그 책임을 짊어진 이는 이경석이었다. 당대의 대문장가요, 효종 때 추진된 북벌정책의 오른팔 역할을 했던 명재상 이경석. 그는 이때 글을 배운 것이 후회스럽다며 통탄했다고 전해진다.

이렇듯 우리 민족의 뼈아픈 과거가 새겨진 삼전도비는 이후 세월의 흐름과 함께 수난을 겪어왔다. 수백 년 동안 조선에 오는 청나라 사신들은 반드시 삼전도비를 둘러보고 돌아갔다. 그들에겐 자랑스런 승전비였고, 조선에겐 한이 되었던 삼전도비.

결국 청일전쟁에서 패전으로 청나라의 세력이 급격히 약화된 1895년, 조선은 한 맺힌 삼전도비를 강물에 쓰러뜨렸다.

그러나 1913년 일제에 의해 삼전도비는 다시 세워진다. 조선은 예로부터 다른 민족에 예속된 나라였음을 선전하고 조선의 독립정신을 억누르기 위한 표상으로 일제는 삼전도비를 이용했던 것이다. 다시 해방이 되자 초대 대통령 이승만은 국치의 비인 삼전도비를 땅 속에 묻도록 명령했다. 그러나 한차례 큰 홍수를 겪고 난 후 삼전도비는 다시 모습을 드러냈고 흉물스런 형체로 방치돼 있었다. 그리고 결국 1963년 당시 문교부는 삼전도비를 꺼내 원래 자리보다 동남쪽 지점인 현재 위치에 세우고 사적으로 지적해 오늘에 이른 것이다. 서울 시사연구회 연구원 박경용씨의 회고다.

"당시도 상당히 논란이 많았던 것으로 기억된다. 국치의 비를 뭐하러 꺼내냐, 치욕스런 역사인만큼 교훈으로 삼아야 한다… 결국 포크레인 등이 동원돼 한 달 여 공사를 거쳐 다시 세우게 된 것이다. 그때의 결정이 잘한 거냐 아니냐를 떠나 한 가지 확실한 것은 치욕의 역사를 땅에 묻고 강에 빠뜨린다고 해서 없어지느냐, 그건 아니라는 거다. 묻는다고 해서 가려지는 것도 아니요, 세운다고 부끄러운 것도 아니다."

그것은 분명 굴욕적인 역사였다. 왕이 무릎을 꿇고 나라는 굴복당했다. 또한 그로 인해 누구보다 큰 피해를 당했던 것은 당시 백성들이었다. 그러나 이 굴욕의 역사 역시 우리의 역사임에 틀림없다면 이제 그 역사 속에서 무엇을 보고 얻을 것인가는 바로 우리들의 몫이 아닐까?

지금 석촌동 289번지 골목길엔 아무것도 모르는 우리의 아이들이 삼전도비 옆에서 뛰놀고 있다.

■글/이혜진

12
실록 청문회
― 김자점이 간신인 다섯 가지 이유

난세는 영웅을 낳는다는 말이 있다.

임진왜란의 상처가 채 아물기도 전에, 조선은 두 차례에 걸친 청의 침입으로 인해 다시 한번 위기를 맞이한다. 정묘호란과 병자호란이 바로 그것이다. 왕이 항복을 하고, 세자를 비롯한 수십 만의 무고한 백성이 청나라에 포로로 끌려가야만 했던 그때, 목숨까지도 주저치 않고 나라의 운명을 구하고자 했던 이들이 있었다.

무리한 청나라의 요구를 뛰어난 외교력과 희생정신으로 막아냈던 최명길. 조선인의 절개와 자존심으로 청에 대적할 것을 주장했던 김상헌. 그리고 뛰어난 무예와 용력으로 명과 청에까지 그 이름을 떨쳤던 임경업 장군 등이 그 대표적 인물이다.

그러나 이처럼 나라가 어려운 때, 이들과는 정반대의 길을 걸었던 인물도 있었으니, 그 대표적인 이름이 바로 김자점金自點이다.

병자호란 직후인 인조 말기에 정국을 주도했던 김자점. 그는 당시 활약했던 많은 정치가 중에서 간신이라는 평가를 받고 있는 아주 독특한 인물이다. 그가 어떻게 해서 이런 오명을 쓰게 된 것일까? 요즘 활발히 전개되고 있는 조선시대 인물들에 대한 재평가 작업의 일환으로 그를 재평가한다면, 과연 그는 역사의 면죄부를 받고 간신이라는 오명을 벗을 수 있을까?

그렇다면 한번 청문회 형식을 빌어 역사가 간신으로 기록한 김자점이란 한 인물의 정치행로를 심층 조명해보기로 하자.

먼저 그의 이력을 살펴보도록 하자.

개국공신 김사형의 후손이자, 선조 때에 강원도 관찰사를 지낸 김억령의 손자였던 김자점. 그가 역사에 그 모습을 드러낸 것은 광해군 12년인 1620년이다.

당시 함경도 함흥땅에서는 부사 이귀가 반정을 모의하고 있었다. 조정에서 정권을 쥐고 있던 대북파와 광해군을 몰아내려는 의도 아래 은밀하게 자신들의 세력을 규합해나갔던 것이다.

이귀가 가장 먼저 손을 잡은 사람은 신경진이다. 그는 임진왜란 때 탄금대 전투에서 전사한 신립 장군의 아들로, 반정의 구체적인 청사진을 제시한 인물이다.

여기에 유생 두 사람이 합세하니, 그중 한 명은 권철의 문인이었던 심기원이고, 또 다른 한 사람은 바로 성혼의 문인이자 이귀와 사돈지간인 김자점이다.

이들은 모두 조정에서 대북파와의 힘겨루기에서 밀려난 서인들이라는 공통점을 지니고 있었다. 이러한 모의 과정에서 김자점은 궁중의 여인네들을 뇌물로 매수하여 반정모의가 사전에 발각되지 않도록 조처하는 등 중요한 역할을 담당했다.

그로부터 3년 후인 1632년 3월 13일 새벽, 이귀를 비롯한 반정군은 능양군을 앞세우고 거사를 감행했다. 홍제원을 출발한 지 2시간 만에 창덕궁을 점령, 마침내 반정군은 거사에 성공을 거둔다.

이들은 광해군과 대북파의 핵심세력을 몰아내고 능양군을 왕으로 세우니, 그가 곧 인조다. 인조는 우선 이들 반정의 주모자들을 공신으로 책정하는데, 이귀 · 김류 · 신경진 · 심기원 · 최명길 등 모두 열 명이 일등 공신으로 지명되었으며, 그중에는 김자점도 포함되어 있었다.

반정의 성공 덕분에 일개 지방의 이름 없는 유생에서 하루아침에 국가의 일등공신이 된 김자점. 이때부터 그는 승승장구하며 출세길을 내달린다.

반정 후 불과 열흘 뒤 6품직인 호조좌랑에 임명된 것을 시작으로 공조정랑, 지평, 우승지와 참찬관을 거쳐, 이듬해 2월에는 정3품인 좌승지의 자리에까지 오른다. 게다가 인조 5년에는 임진수어사에 임명되었고, 인조 11년에는 서도 도원수로 다시 파격적인 승진을 한다.

자, 그럼 이제부터 김자점을 청문회장에 직접 불러내어 그가 어째서 조선사에 길이 남을 간신이 되었고, 또 본인은 그에 대해 어떤 변명을 늘어놓을지 한번 들어보기로 하자.

김자점 : 아시다시피 나는 반정공신으로 인조시대를 열었고, 인조 재위 27년간 중신으로서 종사에 헌신했소. 뿐만 아니라 대부분의 공신들이 정계에서 물러난 마지막 5년 동안은 영의정으로서 병약한 왕을 보필했소. 그런 나에게 지금까지 간신이라는 평가를 하는 이유는 대체 무엇이오?

사회자 : 그 이유는 조선사를 연구하는 전문가들이 작성한 근거자료를 중심으로 살펴보도록 하겠습니다. 첫번째 질의서는 군사전문가로부터 온 것인데, 당신은 병자호란 때 어떤 직책에 있었습니까?

김자점 : 도원수로 있었소. 군사작전상 실질적인 최고 책임자였지요.

사회자 : 도원수라면 임진왜란 때 권율 장군과 같은 위치에 있었군요.
그런데 그때 당신은 중대한 직무유기를 했다고 하는데, 사실입
니까?

김자점 : 나는 문신이었으나 병자호란 당시 목숨을 걸고 전방을 지키던
사람이오. 당시 중요한 거점이었던 백마산성과 정방산성을 보
수한 사람도 바로 나였고. 그런데 내가 대체 무슨 직무유기를
했다는 것인지, 그 이유나 좀 들어봅시다.

첫번째 이유 - 직무유기

정묘호란(1627년)이 있은 지 불과 9년 뒤. 후금은 국호를 청으로 고친
뒤, 조선에 대해 군신관계를 요구, 명과의 동등한 외교적 대우 요구 등
외교적 압박을 가해온다. 이에 대해 조선이 사신 연금 등 강경한 척화노
선을 취하자, 청태종 홍타이지는 12만 명의 군사를 이끌고 다시 조선을
침입하니, 이때가 1636년 12월, 바로 병자호란의 시작이다.

청의 12만 대군은 압록강을 건넌 지 6일 만에 홍제원에 이르렀고, 그
이틀 뒤인 12월 16일에는 인조가 피란한 남한산성을 포위했다. 그러자
인조는 전국의 근왕부대에 명해 남한산성에 집결, 청의 후방을 공격했다.

이에 따라 전라감사 이시방이 6천 명, 충청도의 정재수가 7천 명, 그리
고 경상도의 심연이 8천 명의 근왕병을 모집하여 각기 수도권으로 진입
했다.

이중 전라도의 이시방 부대는 청의 명장 양굴리 부대에 치명적인 패전
을 안겨주었으나, 결국 식량과 무기 부족으로 퇴각했고, 충청과 경상도
의 근왕병들은 청과의 교전 중에 대부분이 전사하거나 패주했다.

또한 이북지역의 근왕병들도 남한산성 진입에 실패했다. 가장 먼저 수
도권에 진입한 강원감사 조정호는 패하여 함경도 부대와 합류했고, 이들

은 지금의 양평 북쪽 40km 지점에 위치한 미원迷原으로 이동했다. 이어 한성을 지키던 심기원 부대와 김자점이 이끈 2천 명의 군사도 속속 미원으로 퇴각해왔다. 이렇게 해서 미원 지역에는 이북 각 지역에서 약 1만 7천 명의 군사들이 모이게 되었다.

그러자 이때 북변사 서우신은 남한산성으로의 진격을 강력히 주장한다. 적군이 각 지역에서 밀고올라오는 우리 군사의 기습공격을 막느라 전력이 분산되어 있으니, 이럴 때 기습적으로 후방을 교란한다면 승산이 있다는 주장이었다. 게다가 이곳은 남한산성에서 불과 반나절이면 진군할 수 있는 아주 가까운 거리였던 것이다.

하지만 김자점은 이를 거부했다. 그 이유는 남한산성으로 가려면 거쳐야 하는 이천과 여주지역에 청군의 주력부대가 버티고 있으므로 갈 수 없다는 것이었다. 그렇다면 왜 김자점이 당시 출병을 하지 않은 것을 직무유기라고 했는지, 군사 전문가의 설명을 들어보기로 하자.

"당시 조선의 전략은 강화도나 남한산성이 포위될 경우, 전국의 근왕병으로 하여금 청의 후방을 공격한다는 것이었다. 즉, 유격전으로 적의 전력을 약화시키자는 것이다. 일반적으로 유격전은 적은 군사로도 수행할 수 있는 것이기 때문에, 군사의 수가 상대적으로 적다는 것은 이유가 되지 못한다. 그러나 당시 도원수였던 김자점은 패배에 대한 우려 때문에 처음부터 끝까지 움직이지 않고, 병력을 출병하지 않았는데, 이는 군사작전상 도저히 이해할 수 없는 행동이며, 명백한 직무유기인 것이다."

— 국방군사연구소 유재성 책임연구원

나라가 이런 위급한 상황에 처했을 때, 간신이라 평가받는 김자점이 자신의 직무를 유기하며 이처럼 몸을 사린 데 반해, 이와는 대조적으로 자신의 안위를 돌보지 않은 채 국가와 임금을 위해 전심전력을 다한 인물이 있으니, 그가 바로 최명길이다. 두 사람의 대처방식이 어떻게 달랐는지, 그 과정을 한번 더듬어보기로 하자.

1636년 12월 13일 밤. 정방산성에 있던 도원수 김자점의 두번째 장계가 임금에게 전해졌다. 청의 선봉부대가 평양을 통과했다는 급보였다. 사태의 급박함을 깨달은 조정은 이튿날인 12월 14일 새벽, 종묘의 신주와 왕자, 비빈 등 왕실 사람들과 백관의 가족들을 모두 강화도로 피란토록 조치한다.

뒤이어 인조의 피란행렬이 숭례문에 도착했을 때, 이미 청군의 선발대가 강화도와 한성 사이의 양철진에 당도했다는 소식이 전해진다. 인조는 어가를 멈추고 훈련대장 신경진으로 하여금 청의 한성 진입을 봉쇄하게 했다. 하지만 그는 전투에서 패하여 적의 포로가 되고 만다.

뒤이어 이날 오후에는 청의 주력부대가 홍제원에 도착했다는 급보가 다시 날아든다. 사태가 그 지경에 이르자 인조와 조정은 당황하지 않을 수 없었다. 당시 조정은 척화론이 지배적이었으나, 막상 그로 인해 전쟁이 일어나자 현실적인 대안을 찾지 못했다.

그런데 실록에 의하면 바로 이때, 이조판서 최명길이 직접 적진으로 들어가 그들의 동정을 살피겠다고 자청하고 나선 것이다. 사실 화의론자였던 최명길은 전쟁에 직접적인 책임을 질 필요가 없었음에도 오로지 위기에서 나라를 구하려는 일념에서 자청해 적진으로 뛰어든 것이다.

당시 조선의 반청적 태도에 대해 청의 분노가 매우 컸으므로, 사실 그들 진영에 들어간다는 것은 목숨을 건 일이었다. 그러나 최명길은 의연히 그들에게 침략의 이유를 따져 물으며, 이튿날까지 시간을 끎으로써 결과적으로 인조가 대신들과 1만 5천 명의 군사를 이끌고, 당시 수도권 최대의 요새였던 남한산성으로 무사히 피란할 수 있었던 것이다.

뿐만 아니라 그는 청의 멸시와 척화파의 공격 속에서도 전란 내내 탁월한 외교활동을 전개했을 뿐 아니라, 전란 후에도 목숨을 걸고 승전국인 청을 찾아가서 패전국의 초라한 외교관으로서 어려운 문제들을 해결해냈다. (한림대 사학과 오수창 교수)

하지만 그의 이러한 노력에도 불구하고, 도원수 김자점을 비롯한 전국의 근왕병의 전투부진으로 인조는 결국 그로부터 45일 만에 청에 항복, 삼전도의 굴욕을 겪어야 했던 것이다.

이후 결국 김자점은 직무유기죄로 전쟁 직후 탄핵을 받게 된다. 인조 15년 2월 15일자 실록을 보면, 그는 중도에 유배되는 처벌을 받는다. 하지만 그로부터 두 달 후인 4월 3일에는 김자점을 다시 중벌로 다스려 사형에 처해야 한다는 주장이 시작되고, 이런 대간臺諫의 주장은 1년이 넘도록 계속된다. 그러나 인조는 이에 대해 그가 단지 반정공신이라는 이유로 더이상의 논죄를 하지 않도록 엄명을 내린다.

김자점 : 당시의 그 일은 지금 생각해보아도 성은이 망극할 따름이오. 아마도 내가 유배지에서 병을 얻지 않았더라면 다시는 세상 구경을 못했을 것이오. 당시 나를 탄핵한 자들은 같은 서인이면서도 공신의 반열에 들지 못한 자들이오. 그들은 늘 공신들을 헐뜯는 일을 일삼았소.

사회자 : 하지만 공신들이 모두 그렇게 당신처럼 비난을 받은 것은 아니었는데, 그렇다면 혹시 평소에 그럴 만한 원인을 제공했던 것은 아닙니까? 이 두번째 근거자료는 바로 정치가로서 당신의 도덕성에 큰 문제가 있음을 지적하고 있습니다만.

김자점 : 아니, 그럼 내가 권력을 빌미로 무슨 비리라도 저질렀다는 말이오?

사회자 : 비리도 비리지만, 군자의 도를 중히 여기던 당시 사회에서는 상
　　　　식적으로 도저히 이해할 수 없는 그런 일들을 저질렀다는 기록
　　　　이 꽤 있는데요. 당시에 과연 어떤 일들이 있었는지 어디 한번
　　　　조목조목 살펴보기로 합시다.

두번째 이유―추악한 부도덕성과 갖가지 비리들

그 첫번째는 '형벌남용과 뇌물수수죄' 다. 그는 죄인 심문시 국법으로
정해진 원칙을 무시하고 변칙적인 고문을 행했던 것으로 원성이 자자하
다. 당시는 죄인의 무릎 아래, 즉 정강이를 때릴 경우에는 세워놓고 때리
게 되어 있었는데, 김자점은 죄인을 눕혀놓고 다리를 굽힌 상태로 들게
하여 내리쳤다는 것이다. 이렇게 하면 맞는 사람의 고통이 서서 당하는
것보다 훨씬 더했으므로, 죄인은 물론 형졸들 사이에서조차 말이 많았다
는 것이다.

두번째는 심기원의 옥사 때 있었던 비리다. 이는 인조 22년에 있었던
역모사건으로, 심기원은 과격한 반청주의자였다. 청나라를 배척하는 의
식이 지나치게 강한 나머지 조정과 임금이 청에 대해 미온적인 태도를
취하자 역모를 일으켰다가 끝내 처형을 당하게 되었던 것이다. 이때 김
자점은 심기원의 처형이 준비되고 있을 때 은밀히 형집행 책임자인 감형
도사를 찾아갔다. 감형도사는 김자점과 심기원이 목숨을 걸고 반정을 도
모한 동지 사이라는 것을 알고 있었기에, 그의 방문이 심기원을 위해 특
별히 부탁할 것이 있어 온 줄로 알았다.

그러나 김자점의 입에서 터져나온 것은 전혀 뜻밖의 말이었다. 심기원
과 같은 대역죄인을 그리 간단히 처형해서는 안되지 않겠냐며, 처형 방
법을 달리해보라는 것이었다. 당시는 죄인을 처형할 때 먼저 머리를 베
고 난 뒤 팔과 다리를 자르게 되어 있었다. 이에 대해 김자점은 태연히

도, 이번에는 그 순서를 바꾸어 먼저 팔과 다리를 베고 나서 마지막으로 목을 치라고 말하는 것이었다.

어떻게 사람이 이토록 잔인하고 배신적일 수 있을까? 그런 자가 임금의 신임을 얻어 당상관의 자리에 앉아 있었다니, 장차의 나랏일이 걱정스러울 뿐이다.

세번째의 비리는 가짜 사주를 이용, 왕실과의 혼인을 시도한 죄다. 당시 한 무속인은 김자점에게 협박을 받고 있었다. 자신의 말대로 해서 부귀영화를 누릴 것인지, 아니면 자신의 명을 거역해 죽음을 자초할 것인지 선택을 하라는 것이었다. 그 사연인즉, 김자점이 자신의 손자인 세룡의 사주를 조작하여, 이 무속인으로 하여금 왕실이 번성하려면 그런 사람을 종실로 끌어들여야 한다는 말을 퍼뜨리도록 사주한 것이다.

하지만 아무리 무속인이라 한들 임금과 왕실을 속이자니 하늘이 두렵지 않을 수 없었고, 그렇다고 천하의 세도가인 김자점의 명령을 어기자니 목숨이 위태로웠던 것이다.

이처럼 김자점은 권력을 이용하여 뇌물수수, 형벌남용, 그리고 거짓 사주로 왕실과의 혼인을 시도하는 등 파행적인 행적으로 큰 물의를 빚어왔던 것이다. 그럼, 이에 대해 김자점 본인의 의견을 들어보도록 하자.

김자점 : 그런데 이런 사실들을 어떻게 알아냈소? 혹시 책에 실린 말만
　　　　 듣고 그런 것 아니오?

사회자 : 물론 그렇습니다. 이익의 〈성호사설〉도 있고, 특히 〈연려실기술〉
　　　　 같은 책이 큰 도움이 됐지요. 그런데 이런 기록이 근거자료로서
　　　　 부족하다는 말씀 같군요?

김자점 : 물론이오. 〈연려실기술〉을 쓴 이긍익이란 인물이 그 현장에서
　　　　 내가 그런 말을 하는 것을 목격이라도 했답디까? 이 책은 내가

죽고 난 뒤 100년도 더 지난 뒤에 쓰여진 책이오. 소위 말하는 2차 사료지. 저 정도 얘기를 하려면 적어도 당시 궁중을 출입했던 사람이 쓴 1차 사료를 근거로 해야 하는 것 아니오?

사회자 : 그러나 이긍익도 아무런 근거 없이 이런 사실을 기록하지는 않았을 텐데요. 그렇다면 좀더 정확한 내용을 알아보기 위해 그 방면의 전문가이신 서울대 국사학과 신병주 교수님의 의견을 들어보기로 하겠습니다.

"〈연려실기술〉은 물론 그의 사후 100년이 지난 뒤에 만들어진 책이다. 그러나 그렇다고 해서 사료의 가치가 떨어지는 것은 아니다. 그 좋은 예로 볼 수 있는 것이 이 책에는 무려 40여 종의 많은 책들이 인용되어 있는데, 그중에서 특히 김자점과 관련되어 살펴볼 수 있는 자료로 〈공사견문록公私見聞錄〉이 있으며, 이 책은 바로 〈공사견문록〉을 그 원전으로 삼고 있는 것이다. 이 견문록은 인조 말엽부터 효종, 숙종 때까지 살았던 관리 정재륜이 궁중을 드나들며 당시 사람들의 증언과 관련자료들을 토대로 쓴 것이며, 김자점의 비리 사실이 상당수 기록되어 있기 때문이다. 뿐만 아니라 이 〈공사견문록〉에는 당시의 글 잘하는 선비에게 돈을 주어 김자점이 아들의 과거를 대신 보게 했다는 내용까지도 기록되어 있다."

— 서울대 국사학과 신병주 교수

세번째 이유 – 임경업 형살 의혹

임경업은 정묘호란과 병자호란 당시 뛰어난 무예와 용력으로 신망이 높았던 장수다. 당시 청군은 그와의 전투를 피해갈 만큼 그 존재는 위협적이었다.

하지만 전란 이후 그는 반청인물로 지목되어 청의 집요한 수배를 받게

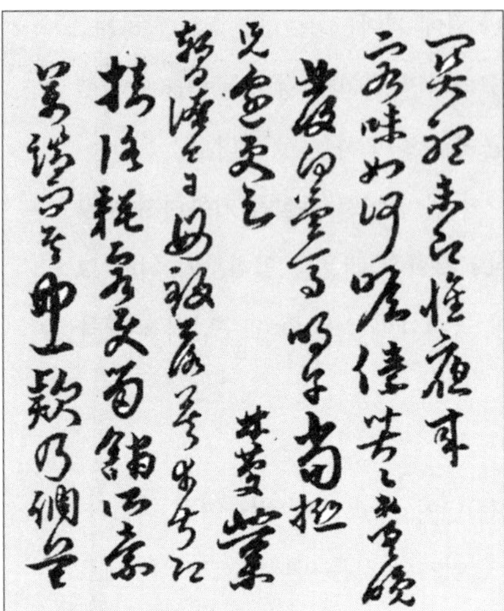

△김자점의 고문에 의해 목숨을 잃은
임경업의 영정과 글씨.

되었고, 이로 인해 결국 명나라로 망명했다. 하지만 명이 멸망하자 그는
청나라의 포로가 되고 말았다. 바로 그즈음 조선에서는 심기원의 역모사
건이 터졌다.

그런데 당시 관련자 심문 과정에서 임경업이 망명 전에 심기원으로부
터 은 700냥을 받은 사실이 밝혀졌다. 이로 인해 임경업은 역모사건의
공모자로 지목되어 서울로 압송되었고, 그로부터 불과 20일 후 의문의
죽임을 당하고 말았다.

국문 당시 임경업은 죽는 순간까지도 역모사실을 인정하지 않았다. 그
리고는 "내가 명으로 간 까닭은 무금의 처를 시켜 사또와 선달에게 이미
알린 바 있으니, 사또가 모든 것을 알고 있을 것이오"라는 말만을 되풀이
했었다.

임경업은 바로 이 말을 한 직후에 고문을 받다가 갑자기 죽고 말았는

데, 당시 임경업을 심문하던 담당관이 다름 아닌 김자점이었던 것이다.

사회자 : 임경업 장군이 말하는 사또가 누군가요?

김자점 : 그걸 내 어찌 알겠소. 그와 역모를 했던 심기원이 아니겠소?

사회자 : 그것 참 이상하군요. 임경업은 한때 당신의 휘하에 있던 비장이었습니다. 그렇다면 임경업이 말하는 사또란 혹시 당신이 아닌가요?

김자점 : 어허, 이거 사람 잡을 노릇이구먼!

사회자 : 정 그러시다면 앞에서 말한 무금의 처를 불러 증인으로 불러 그녀의 증언을 들어보도록 해야겠습니다. 임장군이 명으로 피신할 때 마포나루에서 장군을 마지막으로 본 그 여인 말입니다. 증인, 나와주시지요. 본인 소개를 부탁드립니다.

증 인 : 무금의 처입니다. 내 남편의 누이가 바로 저분의 첩실이었지요.

사회자 : 그렇다면 임장군이 말한 사또가 누굽니까?

증 인 : 제 남편은 아무런 죄도 없어요. 임장군에게 그 말을 들은 것은 저였고, 저는 그저 그 사실을 남편에게 전했을 뿐인데, 억울하게 우리 남편만 역모에 관여했다는 누명을 쓰고 처형을 당했어요. 사또, 왜 그때 제 남편을 죽게 만들었지요? 그래도 처남인데, 임장군의 탈출 사실을 알고 있었다는 게 드러나면 역모죄로 몰릴까봐 제 남편을 죽게 내버려두었던 거지요, 그렇죠?

감정이 복받치는 듯, 증인은 서둘러 자리를 박차고 일어나 나갔다.

그렇다면 과연 김자점은 당시 어떤 상황에 놓여 있었으며, 어떤 꿍꿍이속이 있었던 것일까?

이에 대한 해답을 얻기 위해서는 당시 조정의 세력판도를 확인해볼 필요가 있다. 당시 공신들의 세력판도를 보면, 초창기 실권을 쥐고 있던 이귀는 죽었고, 김류는 병자호란 후에 패전으로 인해 축출당했다. 또한 최명길은 반청적인 막후외교가 탄로나 청에 끌려갔고, 영의정까지 올랐던 신경진도 고인이 되어 있었다. 그러니까 정계를 주름잡던 반정공신들은 모두 정계를 떠난 상태였고, 조정에 남아 있던 공신은 이제 심기원과 김자점 두 사람뿐이었다. 바로 이러한 때에 심기원의 역모사건이 터졌던 것이다.

앞에서 이미 살펴본 바와 같이 심기원이 죽음을 목전에 두고 있었을 때, 김자점은 일부러 감형도사를 찾아와 더욱 잔혹한 방법으로 그를 죽이도록 부추긴 적이 있는 인물이다. 그에게는 지난날의 동지에 대한 안타까움은 간 데 없고, 마지막 경쟁자를 물리친 기쁨만이 충천했던 것이다.

그런데 임경업의 뜻하지 않은 말 한마디가 그 절호의 기회를 위협하고 있었던 것이다. 그러니 김자점으로서는 이를 가만히 앉아서 지켜만 보고 있었을 리 만무하다. 김자점은 결국 무금을 죽게 했던 것과 마찬가지로, 자신도 심기원 역모의 공모자로 의심을 받기 전에 서둘러 임경업을 고문해서 죽음에 이르게 했던 것이다.

네번째 이유 — 소현세자 일가족 제거에 관한 혐의

심기원의 옥사가 있었던 그 이듬해인 1645년 2월 16일, 볼모로 잡혀갔던 소현세자가 마침내 청에서 돌아왔다. 열여섯의 어린 나이로 청에 끌려갔던 세자는 이제 어엿한 청년이 되어 무려 9년 만에 고국으로 돌아온 것이다. 당시 대제학 이식은 이에 대한 축하시를 지었는데, 세자가 돌아왔으니 병자호란의 치욕을 다 씻은 것과 같다고 했으며, 모두들 기쁨을 감추지 못했다.

그런데 뜻밖에도 세자의 귀국을 복잡한 심경으로 지켜보는 이가 있었으니, 그는 다름아닌 아버지 인조였다.

청으로 끌려간 소현세자는 강직한 태도로 청에 대항하는 것이 아니라, 유연한 처세로 사실상 조선과 청의 관계를 조율하는 외교관 역할을 수행했다. 성품이 온화했던 세자는 청나라 조정과 원만한 관계를 유지하면서 사실상 청의 무리한 요구를 사전에 무마시키고, 조선에 불리한 결정을 사전봉쇄하는 등 중요한 역할을 수행했다. 그리고 그런 세자에 대한 청나라 조정의 신임도 각별했다.

그런데 바로 그러한 청의 태도가 아버지와 아들 사이를 벌어지게 한 것이다. 인조는 한 나라의 임금으로서, 청에게 굴욕적인 항복을 해야 했던 치욕과 상처를 도저히 잊을 수 없었으며, 세자의 존재는 그러한 사실을 상기시켜주는 대상이 되었던 것이다. 심지어 인조는 청이 세자에게 왕위를 양위하라고 요구해오는 것은 아닐까 하는 걱정까지도 하고 있었던 것이다.

아들에 대한 불편한 심기는 당장 행동으로 나타났다. 소현세자가 귀국하던 날, 인조는 대신들로 하여금 귀국인사를 하지 못하도록 했으며, 그 후에 대신들이 늦게라도 예를 갖추어 세자에게 인사를 해야 한다고 주장하자, 이번에는 날짜가 이미 지났으니 그럴 필요가 없다는 말로 일축시켰다.

아버지의 냉담한 태도에 세자는 늘 마을을 졸일 수밖에 없었으며, 결국 귀국한 지 불과 두 달 만에 세상을 뜨고 말았던 것이다.

그렇다면 그토록 오랜 세월 동안 꿈에도 그리던 고국땅을 밟은 세자가 어떻게 이토록 갑자기 세상을 뜬 것일까?

여기, 김자점을 간신으로 지적하는 네번째 이유서를 들어보기로 하자.

"김자점은 심기원이나 임경업 등 정적이 될 만한 대신이나 장수들뿐만

아니라, 왕실 사람들의 제거에도 깊숙이 관여했다. 그로 인해 희생된 사람
이 바로 소현세자 일가족이었다."

소현세자의 죽음을 둘러싸고 그 독살 가능성에 대한 후문이 끊이지 않
았으며, 여기에 김자점이 연류된 정황은 이러했다. 당시 김자점은 인조
가 총애하던 후궁인 조귀인과 각별한 사이였다. 그런데 당시 세자의 의
관이던 이형익이란 인물을 소개한 사람이 바로 조귀인이었던 것이다. 바
로 이러한 점 때문에 당시 사람들은 김자점이 조귀인과 짜고 인조의 묵
인 아래 세자를 독살한 것이라 추측했던 것이다.

이에 대한 자세한 정황을 알기 위해 역사 연구가 우인수 교수(울산전문
대 한국사학)의 의견을 들어보기로 하자.

"세자가 죽었을 때 독살의 증거로서 시신이 검게 변하고, 7개의 구멍에
서 피가 난 흔적이 있었다. 그러나 김자점이 이때 독살에 직접 관여했다는
증거는 없으나, 소현세자의 빈인 강빈의 옥사 때 모든 백관이 반대했음에
도 불구하고 김자점만이 유일하게 찬성하며 이 일에 깊이 관여한 사실과,
봉림대군의 옹립시에도 혼자만이 인조 편을 든 사실이 확실하므로 소급하
여 그런 의심을 하는 것이다."

이렇게 볼 때 당시 권력기반이 약했던 김자점이 인조의 신뢰를 굳히기
위해 이 모든 사건에 개입했을 가능성이 매우 높은 것이다.

김자점은 이 사건이 있은 직후 우의정이었다가 좌의정, 그리고 영의정
의 자리에까지 오르는 파격적인 승진을 했다. 이러한 사실들로 짐작컨
대, 인조가 소현세자를 제거하는 데 김자점을 이용했듯이, 김자점 역시
권력기반을 굳히기 위해 인조를 이용했던 것으로 보여진다.

다섯번째 이유 – 왕과 조정을 청에 밀고한 매국행위

인조의 뒤를 이어 효종이 즉위한 뒤, 효종은 대신들의 뜻에 따라 김자점을 정계에서 축출했다. 그러자 김자점은 이에 대한 복수로 청나라에 효종과 대신들을 모함하기에 이른다.

이 사건이 바로 훗날 엄청난 파문을 불러일으켰던 '장릉지문長陵誌文 사건'인데, '장릉지문'이란 경기도 파주군에 있는 인조의 묘인 장릉에 관한 내용을 정리한 것이다.

장릉지문은 조선왕실 사람들의 비문·지문·행장 등을 모아놓은 〈열성지장통기列聖誌狀通紀〉라는 책 속에 실려 있는데, 청이 장릉지문을 문제삼은 것은 바로 연호 때문이었다.

당시 청과 군신관계를 맺은 조선은 형식상 청의 연호를 사용해야 했는데, 이 장릉지문에는 청의 연호는 없고, 기축己丑이라는 간지만 표시되어 있었던 것이다.

하지만 이에 대해 규장각에 있는 신병주씨의 의견을 보충하기로 한다.

"당시 청의 연호 사용에 관한 조선의 태도는 철저히 이중적이었다. 공식적인 문서에는 하는 수 없이 연호를 썼지만, 개인의 저작물인 경우는 대부분 간지만 쓰거나 혹은 명나라의 연호를 쓰는 경우도 많았다. 그 예로 이식의 〈택당집〉을 보면 그 서문을 송시열이 썼는데, 여기에도 명의 연호인 숭정崇禎을 사용하고 있음을 볼 수 있다. 이런 예들은 딱히 효종 때부터 있었던 것이 아니라, 병자호란 직후인 인조시대부터 있었던 당시의 일반적인 분위기였다."

따라서 이 장릉지문에 청의 연호가 없다는 사실은 당시 조선사회에서 특별히 문제삼을 만한 일은 아니었다. 더구나 이는 청에 보내는 공식문서도 아니었던 것이다.

그런데 인조 말기부터 청과 내통하며 긴밀한 관계를 유지해왔던 김자점이 역관 이형장을 시켜 이 장릉지문을 청에 보낸 뒤 '새 임금이 옛 신하를 쫓아내고 반정인사를 등용했으며, 장차 군사를 일으켜 오랑캐, 즉 청을 치려 한다'고 밀고한 것이다.

이러한 김자점의 밀서를 받아든 청은 효종의 역모 사실을 확인한다는 명목 아래 즉각 특별조사단을 파견하기에 이르렀다.

이 소식은 우리에게 커다란 충격이자 위협이 아닐 수 없었다. 실록은 당시 상황을 이렇게 적고 있다.

"조야가 벌벌 떨고, 임금은 크게 놀라고 근심하여 밤새도록 잠을 이루지 못했다."

이러한 파문으로 인해 영의정 이경석과 예조판서 조경이 백마산성에 유배됐으며, 직접 이름이 거론됐던 김상헌과 김집을 위시하여 송시열, 송준길 같은 사림세력이 더이상 조정에 머물 수 없게 되었다. 김자점이 이처럼 자신의 권력을 되찾기 위해서 국내 사정을 청에 밀고한 행위는 명백한 매국행위이며, 자신의 이익을 추구하기 위해 수단·방법을 가리지 않는 추악한 모습을 드러낸 것이다. 이러한 점이 바로 김자점이 간신이자 반역자로 비난받는 결정적인 이유인 것이다. (우인수 교수)

김자점의 밀고로 결국 청나라에서는 대신들을 위시한 대대적인 조사단을 파견했고, 이는 침략이나 다름없는 위기를 불러왔다. 이러한 파문의 소용돌이가 거셀 때, 김자점과는 정반대로 자신의 온몸을 던져 나라를 위기에서 구하고자 했던 인물이 있으니, 바로 영의정 이경석이었다. 당시 이 사건에 대해 소상히 기록하고 있는 〈연려실기술〉에는 그에 대해 다음과 같은 평가를 남기고 있다.

"청의 조사관이 임금에게 책임을 돌리고 꾸짖어 소리를 지르니, 경석이 말하기를, '내가 재상이니 일에 미진한 것은 모두 내 책임이다' 하였다. 그러자 청의 사신이 소리 질러 말하기를, '네가 지금 대국을 속였으니, 그 죄가 크다' 하니, 이날 온 조정과 대신들이 벌벌 떨면서 안색이 달라졌고, 가족들은 초상 치를 기구를 가지고 와서 기다렸다. 온 나라가 경석의 충심과 기지에 감탄하였다."

이처럼 이경석은 왕이 또다시 무릎을 꿇고 청에 사과를 해야 했을지도 모를 국가적 위기를 스스로 자신을 희생하여 막은 것이다.

사회자 : 이에 대해서 본인은 어떤 생각이 드시나요?
김자점 : 맞아요, 그때 이경석만 아니었다면, 나에 대한 역사의 평가가 달라질 수도 있었을 텐데. 그자가 그렇게까지 할 줄이야…. 글만 할 줄 아는 얌전한 위인인 줄 알았더니….
사회자 : 너무 자탄 마십시오. 이런 모든 파문이 모두 당신 잘못이라고 몰아세우는 것은 아닙니다.
김자점 : 예?

그 시대를 연구하는 요즘의 학자들은 김자점이 이렇게 권력의 핵심에 오르도록 한 시대적 배경에도 책임이 있다고 보고 있다. 이에 대한 의견을 들어보기로 하자.

"김자점의 집권배경을 살펴보면, 그가 이렇게 한때나마 권력의 핵심에

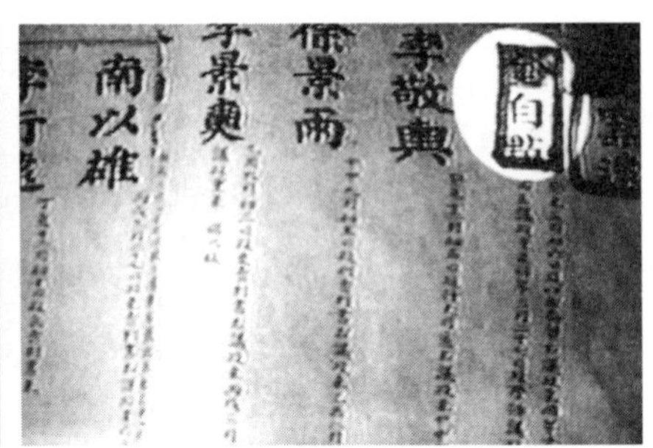

△김자점의 이름이 검게 먹칠되어 있는 〈삼공선생안〉과 그 부분(오른쪽).

이를 수 있었던 것은 당시가 정치적 공백기였기 때문이다. 병자호란에서 주화론과 척화론을 주장하며 정국을 주도했던 인물들이 모두 쫓겨나 있던 상황이며, 이들이 서로 명분만을 내세우며 대화를 통한 의견 접근을 이루지 못하고 서로 대립만을 계속하는 동안 엉뚱한 인물의 집권을 불러오게 한 것이다. 그로 인해 김자점같이 정치적 능력도, 철학도 없는 인물이 집권을 하게 된 것은 한 개인의 불행이기도 하지만, 이처럼 심각한 국가의 위기를 초래한 국가의 불행이기도 한 것이다."

— 한림대 사학과 오수창 교수

이렇듯 온갖 비행을 저질러온 김자점은 결국 청을 이용한 정계복귀에 실패하자 역모사건을 일으켜 국문을 받게 된다.

조선시대 역적들에 대한 왕의 국문기록을 상세히 기록한 〈친국일기〉를 보면, 간신 김자점의 비참한 최후를 생생히 보여주고 있다.

대역죄인 김자점은 능지처참하여 그 시체를 각처에 돌리게 했으며, 그의 아버지와 16세 이상의 자녀는 교수형, 어머니와 처첩, 그리고 15세 이하의 자녀는 공신집의 노비로 가게 했다. 또한 모든 재산이 몰수되었으며, 일가친척은 모두 3천 리 밖으로 유배를 떠났다.

조선시대 정승들의 이름과 행적을 적은 책으로 〈삼공선생안三公先生案〉
이라는 것이 있는데, 이 안을 보면 김자점의 이름에 검게 먹칠이 되어 있
다. 이후 김자점은 조선사에서 영원히 간신으로 불리게 된 것이다.

우리가 이제까지 살펴본 김자점. 그는 어쩌면 조선의 역사 속에서 다
시 끄집어낼 만한 가치조차 없는 인물인지도 모른다. 그러나 다른 한편
에서 생각해볼 때, 그의 정치행로는 오늘날의 우리에게 매우 중요한 점
을 시사하고 있다.

그가 역사에 길이 간신으로 기록된 것은 무엇보다 그 개인의 도덕성
부족, 그리고 정치가로서의 능력과 신념의 부재가 결정적 요인이었다.

그러나 간신 김자점이 권력의 핵심부에 이를 수 있었던 것은 대신들의
언로를 막기 위해 그를 이용했던 군주와, 당파간의 끊임없는 대립으로
권력구조의 공백기를 자초한 조정이 있었기 때문이다.

간신 김자점은 그러한 정치현실이 만들어낸 산물이며, 오늘 우리가 그
를 다시 보아야 하는 이유도 바로 그 때문인 것이다.

■글/김정희

13
그때, 우리는 북벌을 꿈꾸었다

삼전도의 치욕을 씻어라

"중원을 정벌하여 삼전도의 치욕을 씻을 것이다…."

병자호란이 일어난 지 10년 후, 우리는 이렇게 북벌을 꿈꾸었다. 삼천리 강토가 무자비하게 짓밟히고 일국의 왕이 무력하게 무릎을 꿇었던 그날. 그 무너진 나라의 자존심을 되찾자는 북벌은 당대의 시대적 구호였다.

북벌, 듣기만 해도 가슴 설레는 이 말. 과연 북벌론은 어떻게 제기되어 어떻게 추진됐고, 또 어떻게 좌절되었을까? 그리고 북벌 준비가 남긴 것은 무엇인지 알아보기로 하자.

1649년 5월 13일, 효종은 조선의 제17대 왕으로 즉위한다. 이날의 즉위교서에서 효종은,

"오늘날, 내가 어찌 감히 선조께서 처음 세웠던 도를 어기겠는가. 아버지

의 일을 계승하여 끝까지 해나가느냐 못하느냐는 바로 오늘에 달려 있을
것이다."

라며, 아버지 인조의 일을 끝까지 계승해나갈 뜻을 특별히 강조했다. 그
리고 이 뜻을 실행에 옮기기 위한 준비작업에 들어간다. 실록에 나와 있
는 중요한 부분만을 간추려보자.

> ▷즉위년 6월 8일 — 효종은 김집을 필두로 송시열과 송준길 등 산림세력
> 을 대거 등용한다. 이들 산림들은 대부분 청나라에서 척화인사로 기피
> 해온 인물들이었다.
> ▷즉위년 11월 5일 — 효종은 정돈녕부사 김상헌을 접견하고, 문무대신들
> 로 하여금 각기 지용을 겸비한 사람들을 천거하도록 지시했다. 이것은
> 최근 들어 해이해진 변방의 방비를 강화하기 위한 작업의 일환이었다.
> ▷즉위년 11월 7일 — 효종의 명령으로 전국에 암행어사가 파견되었다.
> 왕이 암행어사에게 내린 봉서에는 지방의 군정 실태와 민심의 동향을
> 살펴 알리라는 밀계가 들어 있었다.
> ▷효종 2년 3일 — 남한산성을 지키는 수어청의 군사를 4만에서 5만으로
> 늘리는 방안이 논의되었는데, 부족한 군사는 충청도의 군병 1만 2천
> 으로 대체한다는 방안이 구체적으로 거론되었다.
> ▷효종 2년 6월 19일 — 왕은 병조판서 구인후를 불러 무사들의 무예 연
> 마를 독려하라고 일렀다. 특히 말 위에서 활을 쏘는 기사법의 연구와
> 거추장스런 전투복의 개조 등, 실전을 염두에 둔 병법과 병기 개량을
> 강조했다.
> ▷효종 3년 5월 15일 — 모화관에서 호란 이후 처음으로 군사 열병식인 관
> 무재가 거행되었다. 관무재는 그 동안 효종의 특별지시로 이루어진 훈

련상황을 점검하고 군사들의 사기를 진작시키기 위해 마련한 대대적
인 행사였다.

▷효종 3년 6월 29일─인조대에 설치됐던 국왕의 친위군인 어영군이 다
시 설치되었다. 효종은 이완을 어영대장으로 임명하고, 어영군의 규모
를 증가할 것과 노약자와 재주 없는 자를 도태시킬 것, 군안을 개정할
것 등을 지시했다.

▷효종 3년 8월 13일─효종은 병조판서 박서를 불러, 임금의 친위부대
인 금군을 전원 기마대로 재편할 방안을 논의했다. 금군의 수도 곧 증
원할 계획임을 밝혔다.

▷효종 4년─화란인으로 표류해 들어온 하멜 일행을 훈련도감에 배석시
키고, 그들의 정교한 조총을 모방하여 신제 조총을 제조하라는 지시가
내려졌다.

▷효종 5년 8월 9일─지난해 7월 병조판서에 임명된 원두표 대신이 오
늘 조정에 나와 임금을 배알했다. 이에 효종은, "오늘날 한 사람도 나
라의 일을 자신의 임무로 생각하는 이가 없어, 내가 나라를 들어 경에
게 맡기고자 하니 경은 한결같이 마음과 힘을 다하라"고 말했다. 병조
판서의 대임을 맡은 원두표는, 문반이나 군사업무에 밝아 특별히 효종
의 총애를 한몸에 받았다.

이렇듯 효종은 즉위 초부터 대대적인 군제개혁과 군사훈련을 추진하
고 있었다. 그러나 이런 것들은 모두 청나라 사신의 눈을 피해 극비리에
이루어졌다. '조선은 새 성을 쌓거나 낡은 성을 보수하지 말 것'이라는,
병자호란 이후에 맺어진 '정축맹약'으로 조선의 군비확충이 엄하게 금지
되어 있었기 때문이다. 그래서일까, 효종은 청나라 사신을 맞이하러 나
가면서도 사신의 눈에 띨까 두려워 자신의 호위군을 돌려보낼 정도였다.

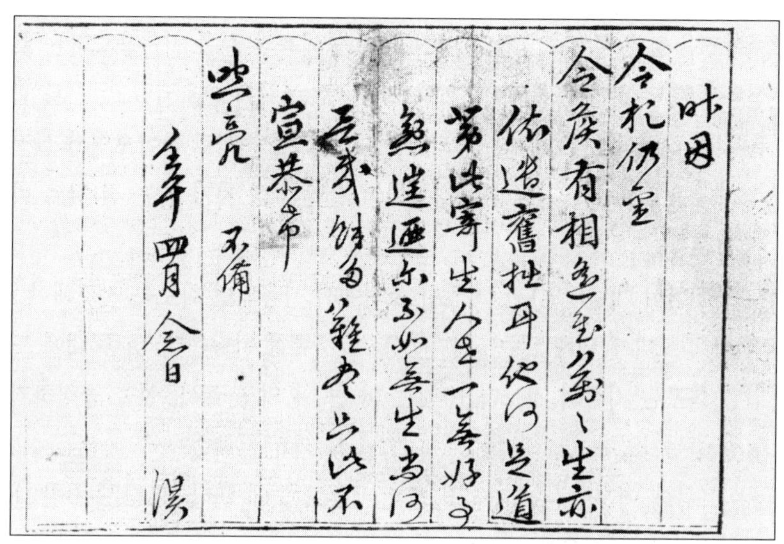

그렇다면, 청나라의 눈을 피해 추진됐던 효종의 군비확충 정책은 북벌 준비와 어떤 연관이 있었는지 알아보기로 하자.

우선, 효종은 병자호란 때까지 사용하던 짧은 화살을 긴 화살로 교체하도록 지시했다. 그 이유는 무엇이었을까?

짧은 화살은 원거리용으로서 살상 능력이 뒤떨어진다. 그러나 긴 화살은 아주 가까운 곳을 근접사격할 수 있으므로 적에게 치명상을 줄 수 있다. 이 때문에 효종은 나라 안의 모든 화살을 긴 화살로 바꾸도록 지시했던 것이다.

효종은 또 군복 개량을 지시하기도 했다. 이전의 군복은 마치 소매가 도포처럼 넓었는데, 전쟁시엔 습拾(팔소매를 묶는 도구)이란 팔찌를 소매 위에 얹어서 묶었다. 이 습 외에도 활장갑과 깍지 등의 도구가 딸려 있어 불편하기 그지없었으나, 효종 때부터 팔소매를 좁혀서 이와 같은 보조기구는 소용이 없게 된다.

이즈음 짧은 칼이 긴 칼로 바뀌었다. 중세용의 칼은 전투용보다는 호신용으로 더 많이 사용되어 긴 칼보다는 짧은 칼이 선호되었고, 끈과 같은 것이 장식용으로 많이 이용되었다. 그런데 효종대로 들어오면서 실전과 전투용으로서의 필요성이 강화되어 칼날만 석 자가 넘는 긴 칼로 바뀌게 된다.

화포 역시 개량되었다. 그 동안 조선에서 사용되던 화포는 기껏해야 5백 근 정도밖에 되지 않는 '천자총통'이 주류를 이뤘는데, 효종 대에 도입된 화포는 기존의 것보다 10배는 더 큰 '홍의포'로서, 성을 공격하기 위한 주무기였다.

이즈음에 이루어진 대대적인 조총 생산도 눈에 띈다. 효종은 10만 대군의 양성을 목적으로 했는데, 약 5만의 병력을 조총으로 무장시키려는 구상하에 조총 생산에 박차를 가한다. 효종 초기 조총의 연간 생산량은 2~3천 정으로서, 10년이면 5만을 무장시킬 수 있는 분량이었다.

효종은 또한 기마법을 개량한다. 말 위에서 허리를 곧추세우고 앉는 조선의 기마법은 적군의 활에 맞을 가능성이 많았다. 때문에 청과의 전투를 염두에 두고 말 위에서 자세를 낮추는 청나라식 기마법을 도입했던 것이다.

기록에 의하면, 조선은 이즈음 청나라를 공격하기 위해서는 평야전에 대한 대비책이 필요하다고 판단하고, 공격을 주도할 수 있는 기병 양성에 많은 힘을 쏟았다고 한다.

이렇듯 즉위 직후부터 추진됐던 효종의 군사정책은 중원대륙에서의 실전, 곧 북벌을 목적으로 추진된 것이었다. 그리고 그러한 군제개혁과 군비확충의 성과는 1654년과 1658년의 두 차례 나선 정벌, 곧 러시아 정벌에서의 활약으로 드러난다. 비록 청나라의 요청으로 파병된 원병이었지만, 5천여 조선군사들의 실력은 청나라 군사들의 간담을 서늘하게 하기에 부족함이 없었다.

사실, 효종은 병자호란 이후 8년 동안이나 심양땅에서 인질로 잡혀 있으면서 온갖 고초를 다 겪은 인물이었다. 때문에 누구보다도 청나라에 대한 원한이 사무쳐 있었다.

그러나 북벌은 효종만의 염원이 아닌 온 국민의 한결같은 여망이기도 했다. 개국 이래 오랑캐로만 여겼던 여진족으로부터 씻을 수 없는 치욕을 당했다고 생각한 사대부들은 이미 숭명배청의 구호를 외치고 있었고, 북벌에 관한 소문이 들리자마자 전답 등을 팔아 말과 군복을 사는 백성들도 있었다. 불과 한 달여에 걸친 전란이었으나, 피로인과 환향녀 문제에 이르기까지 병자호란으로 입은 피해는 7년간의 전쟁인 임진왜란보다 오히려 더 심했기 때문이었다.

하지만 북벌 의지를 담은 효종의 군사정책은 뜻밖에도 대신들의 강력한 반대에 부딪히게 된다. 왜일까? 궁금증을 풀어보기 위해 〈효종실록〉의 어전회의를 들여다보기로 하자.

어전회의―대신들은 왜 북벌을 반대하는가?

    대신 1 : 전하, 온 나라땅에 재이가 빈발하고 있사옵니다. 이런 때에 관
              무재를 치르는 것은 백성을 도탄에 빠지게 하는 처사이옵니다.
              관무재는 중지돼야 마땅한 줄로 아옵니다.
    효 종 : …….
    대신 2 : 북방의 정세가 아직도 근심스러운데 군사를 다시 불러모으다가
              혹여 청조의 의심을 살까 두렵사옵니다.
    대신 3 : 전하, 백성이 곤궁하고 재물이 다 없어진 이때에 어찌 가벼이
              움직여 일을 일으키려 하시나이까. 병기를 수리하고 매달 점호

를 하는 일은 잠시 정지하는 것이 옳은 줄 아옵니다.

효 종 : 허면 이처럼 나라가 위태로운 지경에 빠져 있는데 나더러 팔짱만 끼고 앉아 있으란 말이더냐.

대신 1 : 전하가 병사에 몰두함은, 오랫동안 밖으로 쏘다니며 말타기가 몸에 배여 한시도 궁궐에 앉아 있지 못하시기 때문이옵니다.

효 종 : 무엇이라 !

대신 1 : 나이 어린 세자에게 글공부는 아니 시키시고 데리고 다니며 군대놀이를 가르치시다니, 속히 열병식을 중지하시옵소서.

효 종 : 네가 세자를 물정에 어두운 임금으로 만들어 후일 전권을 행사하고자 하는구나 ! 만일 네가 따라나선다면 내 반드시 몽둥이로 쳐서 쫓아버릴 것이니라.

송시열 : 전하, 마음을 다스리시옵소서. 맹자가 이르기를, 치욕을 씻고자 하는 이는 먼저 수신에 힘써야 한다고 했사옵니다. 전하의 마음을 먼저 닦아 바르게 하시옵소서.

효 종 : 허나 이미 위급한 상황에서 어찌 내 마음이 바르지 못하다 하여 기다리고만 있을 것인가. 내 부덕한 소치로 하루아침에 수신의 도를 이루기 어려우니, 해야 할 일은 해야겠느니 !

대신 2 : 백성의 마음을 얻으면, 막대기를 가지고서도 견고한 갑옷과 날카로운 병기를 쳐부술 수 있을 것이다 하였사옵니다.

송시열 : 먼저 전하의 마음을 다스려 사기를 없이 하옵시고, 백성을 생각하시옵소서. 백성들이 군정에 내몰려 신음하는 소리가 들리지 않으시옵니까. 제발 백성의 안위를 먼저 생각하시옵소서.

효 종 : 우리 나라엔 일찍이 척화신이 있었는데, 지금은 명관이란 작자들이 문득 열병식을 반대하고 나서니 이 어찌 북쪽 오랑캐의 주구가 아니겠는가 !

대신 2 : 전하, 지금은 양병을 할 때가 아니라, 전하의 마음을 닦고 민생
       을 돌봐야 할 때이옵니다.
송시열 : 통촉하시옵소서 !

한마디로 대신들의 주장은, 청을 정벌하고 싶다면 군비를 확충하기 전
에 민생부터 돌봐야 한다는 것이었다. 그렇다면 당시의 조선은 어떤 당
면과제를 안고 있었는지 고려대학교 오항녕 교수의 말을 들어보자.

"조선이 겪은 두 차례의 전쟁은, 조선이 이전에는 결코 겪어보지 못했던
큰 사건이었다. 일례로, 임진왜란을 겪으면서 조선의 가장 중요한 국가운
영 기반인 토지가 3분의 1로 떨어져나갔는데, 병자호란 전까지 온갖 힘을
다해서 80% 가까이 회복시켰다. 그러나 병자호란으로 인해 죽을 힘을 다
해서 노력한 결과들이 또다시 무너지고 마는 것이다. 그에 따라 백성들은
심각한 생존의 문제로 위협을 받게 되었고, 사대부들은 사대부들대로 치욕
적인 항복으로 인한 정신적인 혼란을 맞이하게 되었다. 따라서 효종이 즉
위했을 때의 상황은 백성들이 어떻게 안정된 삶을 확보해나가느냐, 또한
흐트러진 민심을 어떻게 수습해나가며 어떤 기준, 어떤 원칙에 의해 국가
를 운영해나가느냐 하는, 총체적인 국가개조의 질문이 대두되었던 시점이
었다."

그렇다면 효종은 이와 같은 국내 사정을 전혀 도외시했던 것일까? 그
에 대한 해답은, 전혀 그렇지 않다.
실록을 보면, 효종은 당시의 어려운 상황을 타개하기 위해 적잖은 노
력을 한 것으로 나와 있다. 영의정 김육의 주장을 받아들여 호서지방과
호남지방에 대동법을 실시(효종 2년 11월 6일)했고, 백성들의 세부담을

줄이기 위해 양반에게까지도 군포를 징수하는 방안을 논의(효종 10년 2월)하기도 했다. 또 효종 사후에 효종의 행적을 기록한 행장을 보면, '백성들의 굶주림과 전염병을 구휼할 적에는 타는 불을 끄는 것같이 하였다'라고 기록되어 있는 등, 곳곳에 민생을 걱정하는 효종의 모습을 쉽게 발견할 수 있다.

그렇다면 대신들은 왜 그처럼 효종의 군사정책을 반대하고 나섰던 것일까? 그리고 효종은 왜 대신들의 입장을 수용하지 않았던 것일까?

북벌 대토론회

사회자 : 북벌문제를 둘러싸고 효종과 대신들 사이의 마찰이 날이 갈수록 커지고 있습니다. 도대체 그 근본적인 원인은 어디에 있는지, 효종과 사림의 영수인 송시열 공을 모셔서 직접 한번 알아보겠습니다.

패널 1 : 송시열 공께 질문을 드리겠습니다. 공께서는 민생이 우선이라며 군비를 확충하는 데 반대하고 계시는데요. 양민과 양병은 도대체 양립할 수 없는 건가요?

송시열 : 당연한 일이 아니오. 농사에 힘써야 할 농민들이 궁술을 배우고 성을 쌓는 데에 동원되는데 어떻게 민생을 돌볼 수 있다는 말이오.

패널 2 : 그렇지만 공께서도 평소에 북벌을 주장해오지 않으셨던가요?

송시열 : 물론이지요. 북벌을 하자는 뜻은 지금은 물론 앞으로도 변함이 없을 것이오.

패널 2 : 북벌을 하자면 당연히 군사를 양성하고 군비를 확충해야 하는 게 아닙니까?

송시열 : 물론 그렇지요. 하지만 우리가 왜 북벌을 생각했소이까. 숭명 배청이 아니오. 내가 생각하는 북벌은 방법이 조금 다르오.

패널 3 : 그럼 어떻게 북벌을 하자는 주장이신지요?

송시열 : 원통함을 참고서 때를 기다리는 것이지요. 먼저 군사를 모을 것이 아니라, 군주가 먼저 예로써 자신의 덕성을 닦아 모범을 보이고 나라의 기강을 바로세우는 것이오.

패널 2 : 마음만 있다고 북벌이 되는 것은 아니지 않습니까. 우선은 군사가 있어야 할 텐데요.

송시열 : 어찌 하나만 알고 둘은 모르시오. 군주는 덕으로 나라를 다스리고 백성은 농사에 힘을 쏟는다면 당연히 나라는 부유해지고 강성해질 것이오. 북벌은 그런 다음에 자연스레 이루어지는 것이지요.

사회자 : 북벌을 하자는 뜻은 같지만 그 내용과 방법론은 서로 다른 듯한데요. 효종께서는 이 문제에 대해서 생각이 다르실 줄 압니다만, 어떻게 생각하십니까?

효 종 : 말인즉 옳은 말이오. 하지만 그렇게 하다가 언제 북벌을 하겠소이까. 모든 일에는 때가 있는 법. 지금 하지 않으면 북벌은 할 수가 없어요.

패널 1 : 왜 반드시 지금이어야 한다고 생각하십니까?

효 종 : 왜 지금인가 하면, 청이 나라를 세운 지 얼마 안되어 아직 완전한 나라꼴을 갖추지 못했지만, 앞으로 시간이 흘러 청나라가 기틀을 다지게 된다면 우리가 무슨 수로 북벌을 하겠소.

패널 4 : 다시 송공에게 묻겠습니다. 송공의 말씀만 듣자면, 북벌을 하려면 시간이 얼마나 더 지나야 할지 알 수 없습니다. 도대체 북벌을 하자는 건가요, 말자는 건가요.

송시열 : 북벌은 당연히 해야지요. 우리가 그 오랑캐 나라에게 당한 수
모를 한번 생각해보시오. 어떻게 북벌을 반대한단 말이오.

패널 2 : 그런데 공께서 하시는 말씀은 전혀 현실적이지 않은데요. 구체
적인 방도가 하나도 없지 않습니까.

송시열 : 현실적이지 않은 것은 전하의 생각이시오. 어떻게 지금 같은
상황에서 군사를 내어 청나라를 친다는 말이오. 선생은 그게 가
능하다고 보시오?

사회자 : 지금 송공께서는 북벌론이 비현실적이라고 말씀하고 계시는데
요. 그럼 이제 효종께 질문을 드려보지요. 과연 북벌을 하면 성
공하리라고 생각하십니까?

효 종 : 물론이오. 지금 중원의 정세를 고려할 때 충분히 가능성이 있어
요.

패널 2 : 하지만 설령 그 말이 맞다 하더라도 대신들을 설득하는 데는
실패하신 것 아닙니까?

효 종 : 지금 조정의 벼슬아치들은 불화가 심하여, 왕이 조금만 움직이
면 뭇 의논들이 견제하여 갈 바를 정할 수가 없소. 내 아무리 생
각해도, 만일 앞으로 사변이 있으면 그 형세가 반드시 병자호란
당시에도 미치지 못할 것이오.

패널 4 : 송공께 묻겠습니다. 송공과 서인세력이 자신들의 집권을 위해
북벌론을 이용하고 있다는 비난이 있는데, 이 점에 대해서는 어
떻게 생각하십니까?

송시열 : 결코 그렇지 않소이다. 전하께서 지금까지 북벌을 하신다며 취
한 태도를 돌아보시오. 북벌을 하자며 신료들을 업수이 여기고
전횡을 일삼지 않으셨습니까. 지금 도성 바닥에는 한갓 무신들
이 제멋대로 활개를 치고 있소이다.

효 종 : 그게 무에 그리 잘못됐단 말씀이오? 우리 나라가 왜 그처럼 허
　　　　무하게 전쟁에서 무릎을 끓었겠소이까. 바로 경이 주장하는 붕
　　　　당 때문이에요.

패널 3 : 그러면, 왕께서는 바로 붕당을 깨뜨리려고 북벌론을 이용하셨
　　　　단 말씀인가요?

효 종 : 지금 우리 나라는 그 토대부터 다시 바로잡아야 할 때요. 나라를
　　　　다시 세워야 할 이때에 강력한 왕권으로 중심을 잡지 못하면 어
　　　　떻게 큰 뜻을 이룰 수 있겠소.

송시열 : 망극하옵니다, 전하. 소신의 뜻도 바로 그것이옵니다. 허나, 나
　　　　라를 바로세우는 것은 양병으로 이루어지는 것이 아니라 예로써
　　　　이루어야 하는 것이옵니다.

먼저 군주가 마음을 닦고 민생을 안정시킨 후 북벌을 하자는 송시열과, 강력한 왕권을 토대로 군사력을 강화하여 북벌을 추진함으로써 나라를 부강하게 할 수 있다는 효종.

그런데 두 사람의 이런 논의를 좀더 폭넓게 해석하면, 전란 후 그 기틀이 거의 무너진 조선이란 나라를 재건할 방향성에 대한 입장 차이이자 왕권과 신권의 대립이란 성격을 띠고 있었다. 그리고 송시열의 입장이 많은 대신들의 지지를 받았던 것은, 무엇보다도 현재 청나라에 대한 무력정벌은 현실적으로 불가능하다는 판단 때문이었다.

사실, 지금 생각해도 약소국인 조선이 대국인 청나라를 정벌한다는 건 불가능해 보인다. 하지만 효종은 승리를 장담했다. 과연 효종의 생각대로 북벌은 성공할 가능성이 있었던 것일까?

북벌은 과연 가능했나?

북벌은 과연 성공할 수 있었을까? 효종이 내세우는 북벌의 근거는 무엇이었을까? 〈효종실록〉을 바탕으로 효종이 주장하는 바를 들어보자.

"저 오랑캐 나라는 지금 망할 형세에 놓여 있다. 지금이 아니라면 언제 또 좋은 기회를 맞이하겠는가. 우선 오랑캐 군대는 지금 군비를 소홀히 여겨 요동과 심양 천리에 활을 잡고 말을 탄 자가 전혀 없으니, 우리가 치고 나선다면 분명 무인지경에 들어간 것과 진배가 없을 것이다. 게다가 내 정예병사 10만을 양성할 것이니, 기회를 틈타 불시에 쳐들어간다면 지금 봉기하는 중원의 의사와 호걸이 어찌 내응하지 않겠나. 또한 우리 나라 사람으로 피로된 자가 몇 만인지 알 수 없으니, 어찌 내응하는 자가 없겠는가."

효종은 청나라의 정세가 불안정할 뿐만 아니라 청군의 기강이 해이해져 있으므로, 만약 조선군이 쳐들어간다면 반청 복명군들과 피로인들이 내응할 것이라는 데 근거를 두고 북벌을 추진했던 것이다. 그렇다면 효종의 정세 판단은 옳았던 것일까? 조영록 교수(동국대 사학과)의 이야기를 들어보자.

"청나라가 중국의 북경정부를 멸망시키자 한민족들은 양자강 이남을 중심으로 남명정권을 세우게 된다. 이 남명정권을 중심으로 중국의 한민족, 즉 지식인과 농민군들이 항청운동을 활발하게 전개했던 것이다. 그런데 명나라 사람들이 그렇게 청나라를 반대한 이유는, 대표적으로 말해서 변발 때문이었다. 목은 잘라도 머리는 자를 수 없다는, 이질적인 문화 · 풍속을 강요한 데 대해 민족적 에너지가 격렬하게 표출된 것이다. 그리고 청나라가 명나라의 심양 · 요녕을 치고 산해관으로 올 때부터 청의 중심세력은 중

국 쪽으로 쏠려 있어서 만주는 힘의 공백상태였다. 그런데다 중국을 지배
하면서부터는 기인(청의 팔기군)들의 정신도 귀족화되어서 씩씩·강건하던
성격이 많이 줄어들고 기강도 해이해졌던 게 사실이다."

실제로 북벌이 이루어졌다면 과연 어떤 결과가 나왔을지, 그건 알 수
없는 일이다. 다만, 군사를 일으켜 청나라를 정벌하자는 효종의 주장이
전혀 허무맹랑한 이야기는 아니었다는 사실이다.

어쨌든 대신들의 반대가 빗발치는 가운데 효종은 10만의 북벌군 양성
을 외치며 도망간 노비를 잡아들이기 위한 노비추쇄사업을 벌인다. 또한
청나라의 요청에 따라 러시아를 정벌하기 위해, 앞에서도 언급했던 나선
정벌군을 파견하는 등 더욱 강력한 북벌책을 추진한다. 하지만 시간이
지나면서 효종의 북벌정책은 조정대신뿐만 아니라 향촌의 유학자들, 나
아가 백성들로부터도 외면을 당하고 만다.

민심의 이반

북벌계획을 더욱 강력하게 추진하면서 효종은 공론을 무시하는 경향
을 띠게 된다. 그러자 조정에서 벼슬을 하던 송시열 등의 사림세력들이
벼슬을 버리고 고향으로 내려가기 시작했다. 게다가 한 달이 멀다 하고
각종 천재지변이 잇달아 가뜩이나 어려운 농민경제에 주름살을 더했다.
효종 5년에 일어난 천재지변의 모습들을 실록에서 찾아보았다.

　▷효종 5년 6월 3일─영남에선 냇물이 붉어졌고, 관서지방에서는 큰 우
　　박이 떨어져 농작물의 피해가 컸으며, 함경도에선 4월달에 큰 눈이 내
　　렸다.
　▷효종 5년 6월 9일─큰 비가 강을 뒤덮어 육지가 강이 되어, 백성은 살

곳이 없어지고 전답은 물에 잠겼다.

▷효종 5년 6월 17일―서울에도 폭우가 쏟아져 궁성 안에서 사람이 빠져
죽는가 하면, 도성 가운데 집이 떠내려가며 다리가 무너지기도 했다.

▷효종 5년 10월 16일―관북지방에 붉은 눈이 내리고 바닷물이 적색으
로 변했다.

이렇듯 각종 재이가 빈발하는 가운데 사상 최대의 흉년마저 겹쳐, 굶
주린 백성들은 농사에 지을 소마저 잡아먹는 실정이었다. 그런 가운데
군사훈련과 성을 쌓는 부역에 동원되어야만 했던 백성들의 고통은 이루
말할 수조차 없었다. 역적으로 몰리지 않기 위해 불만의 소리를 억누르
고 있을 뿐이었다. 상황이 이렇게 되자 군비확충을 반대하는 대신들의
상소가 빗발치기 시작했다.

"봄에는 가물고 여름에는 장마가 져 해마다 흉년이옵니다. 백성들을 구
황하기에도 힘이 모자란데, 어느 겨를에 병정을 다스릴 수 있겠사옵니까."

― 효종 5년 6월 17일자 이경석의 상소

"고된 훈련과 노역으로 백성들은 굶주림과 추위 속에, 심지어 반란을 생
각한다고 하옵니다. 비록 훌륭한 성과 무기를 얻는다 해도 전하께서는 과
연 누구와 더불어 싸우려 하십니까?"

― 효종 7년 2월 27일에 올려진 김수항의 상소

여기에 그 동안 조정 안에서 효종의 가장 든든한 원군이던 원두표마저
북벌론에 대한 회의적 반응을 보이기 시작했다. 게다가 효종 자신도 말
에서 떨어지는 바람에 부상을 입고 건강이 크게 악화되었고, 우애 깊던

동생 인평대군마저 세상을 떠나 효종은 심정적으로 큰 상처를 입는다. 그리하여 한번도 북벌의 뜻을 굽힌 적이 없었던 효종은 여기에서 무릎을 꿇고 만다. 국내적 역량을 북벌로 모으는 데 실패했고, 그럴 만한 여건도 충족되지 않았던 것이다.

효종은 결국 낙향해 있던 사림의 영수 송시열을 다시 이조판서로 임명하며 국정 전반을 위임한다. 그리하여 인사권과 행정권을 모두 가지게 된 송시열은 사림들을 요직에 임명하며 새로운 정책들을 펴나가게 된다. 하지만 효종은 북벌 계획을 결코 포기하지 않았다.

기해독대

효종 9년 3월 11일, 효종은 당대의 실세 송시열과 독대한 자리에서 북벌의 뜻과 계획을 밝히며 그 실현을 위한 행동을 요구한다. 현재 기록으로 남아 있는 효종의 유일한 북벌 발언으로, 숙종대에 처음으로 공개된 이른바 '기해독대'에서였다.

효 종 : 북벌은 지금 내가 하지 않으면 아무도 하지 않을 것이오.

송시열 : 망극하옵니다.

효 종 : 하늘이 10년만 더 살게 해준다면 내 반드시 거사를 할 것이니,
　　　　경은 비밀리에 동지들과 의논해주시오.

송시열 : 하오나 이처럼 나라꼴이 어수선한 때에 과연 군사를 일으키는
　　　　것이 옳은 일일는지요. 먼저 양민이 있고서야 양병이 있는 법이
　　　　옵니다.

효 종 : 반드시 이제 하지 않으면 때를 놓치는 것인즉….

송시열 : 그때라 함은 어떤 때를 말씀하시는 것이온지요?

효 종 : 지금 형세를 살펴보면, 청나라의 기강은 해이해져 있고 군마를

다루지 않은 지 이미 오래요.

송시열 : 그렇사옵니까?

효 종 : 또한, 우리가 지금 쳐들어가면 명나라의 의사와 호걸들이 어찌
내응하지 않을 것이며, 무릇 몇만이나 되는 피로된 조선인들이
어찌 내응하지 않겠는가.

송시열 : 하오나 만일 북벌을 추진하다 차질이 생겨 국가가 패망되는 재
앙이 생기면 어떻게 하시겠사옵니까?

효 종 : 북벌은 하늘의 이치와 사람의 도리로 하지 않을 수 없는 일. 어
찌 재주가 미치지 못한다고 그만둘 수 있겠소. 성심을 다하면 재
주 또한 자연 얻게 되는 법이오.

송시열 : 주자가 이르기를, 큰일을 하려면 먼저 자기 자신을 다스려야
한다고 했사옵니다.

효 종 : 경은 또 그 주자 이야기로군. 내 마음을 어찌 그리 모르는가.

송시열 : 만사의 근본은 수기에 있사옵니다. 먼저 전하의 마음을 닦으신
뒤에야 다른 일을 도모할 수 있을 것이옵니다.

효 종 : 그러다가는 영영 때를 놓치고 말아요. 내 정예병사 10만을 자식
같이 거두며 죽음을 두려워하지 않는 군사로 만들 것이니, 그 방
도를 생각해보시오.

송시열 : 만일 농민 세 명 중 한 명만으로 군사를 만들고, 나머지 2인은
포를 내어 그 한 군사를 기르도록 하면 농민을 침해하는 일이 없
을 것입니다.

효 종 : 그것 참 좋은 방도요.

송시열 : 그러나 이 일은 반드시 먼저 기강을 세운 연후에야 할 수 있사
옵니다. 그리고 기강을 세우는 길은 역시 전하의 사심이 없는 데
있습니다.

효 종 : 북벌의 뜻은 하늘이 내린 것이오. 그러니 나로 하여금 일찍이 오
         랑캐의 땅에 들어가 저들의 형세와 산천 도리를 익히 알게 하시
         지 않았겠소. 무심히 저버리지는 않을 것이오.

하지만 이 독대에서 효종과 송시열은 단지 서로의 입장 차이를 확인했
을 따름이다. 게다가 이 독대가 이루어진 지 몇 달 후, 효종이 마흔한 살
의 한창 나이에 의문의 죽음을 당하면서 북벌은 유명무실해지고 만다.
결국 효종이 그토록 주장했던 북벌의 꿈은 단 한 차례 시도조차 하지 못
한 채 실패로 끝나고 만 것이다.

그렇다면, 한 시대를 풍미했던 북벌론은 한때의 시대적 해프닝에 불과
했던 것일까? 우리에게 북벌은 과연 어떤 의미가 있었던 것일까?

북벌의 꿈이 낳은 것은?

민생과 양병, 북벌을 둘러싸고 효종과 조정대신들이 벌였던 논쟁의 산물은 대동법이었다. 그리하여 효종 2년에, 민생안정책의 일환으로 호서와 호남지방에 대동법이 확대실시된다. 대동법은 비록 토지개혁과 같은 근본적인 개혁은 아니었지만, 농민들에게는 최소한의 공물과 전세 부담을 덜 수 있는 획기적인 조처로 받아들여졌다.

효종 10년에 양반에게도 군포를 납부하게끔 하는 새로운 세법으로 논의됐던 호포제가 영조대에 균역법으로 이어져 완성을 보게 된다. 또한 효종이 온 열정을 다해 추진했던 군사체제는 조선 후기 5군영 체제의 확립으로 결실을 본다.

결국 북벌을 둘러싼 각종 논의와 정책들은 이후 조선사회의 발전 방향을 규정했던 핵심적인 논의들이었던 것이다. 여기에서 북벌이 갖는 의미를 김준석 교수(연세대 사학과)로부터 들어보자.

"북벌이 갖는 아주 긍정적인 의미는, 북벌을 표방하며 나라의 개혁을 추진하고, 그렇게 해서 국력을 부강하게 하는 계기를 마련했다는 점이라고 할 수 있다. 또 한편으로 북벌을 긴 역사적 과정에서 본다면 더욱 큰 의미를 하나 잡아낼 수 있는데, 역사적으로 나라가 새로 일어나거나 중흥할 시점에는 북진이나 북벌이라는 이야기가 나왔다는 사실이다. 고려가 후삼국을 통일하고 북진정책을 편 것은 잘 알려진 사실이다. 또 묘청은 서경천도 운동을 하면서 북진론을 말했다. 고려말의 최영도 요동정벌론을 내세우며 군대를 직접 출동시켰는데, 이것은 고려가 다시 부흥할 수 있는 계기를 요동정벌이라는 군사행동을 통해서 마련해보고자 하는 의도였다고 볼 수 있다. 이제 임란·병란이라는 밖으로부터의 큰 혼란을 겪었던 조선이 내정을 쇄신하기 위한 일환으로 북벌을 추진한 것은 그런 의미에서도 큰 의의가

△ '북벌'을 열망했으나 현실의 두터운 벽을 깨지 못하여 실행에 옮겨보지도 못한 채 눈감은 효종의 무덤 영릉. 경기도 여주에 있다.

있다고 할 수 있다."

하지만 그후로는 청나라에 대한 무력정벌론, 곧 효종의 북벌론은 자취를 감춘다. 효종의 죽음과 더불어 조정에는 송시열의 서인정권이 들어서게 되고, 북벌은 송시열이 주장했던 것과 같은 이념적 북벌로 남게 된 것이다.

효종이 세상을 떠난 지 15년 후, 중국에서 삼번의 난이라 불리는 대규모 반란이 일어난다. 그리하여 당시 남인이었던 윤후가 지금이야말로 때가 왔다며 북벌을 주장하지만, 그의 주장을 받아들인 사람은 아무도 없었다.

31세에 보위에 올라 41세에 세상을 떠나기까지 줄곧 북벌 하나만을 생각했던 효종. 조선의 기상을 드넓은 대륙으로까지 펼쳐보이려 했던 효종의 꿈은 그후 두번 다시 거론되지 않았다.

3백 년 전, 중원을 정벌하여 삼전도의 치욕을 씻자며 나섰던 북벌은 이렇게 끝난다. 하지만 북벌은 한 시대 온 국민이 한 마음으로 생각했던 자존심의 상징이었다. 그리고 그 시대, 조선이 나아가야 할 방향에 대한 치열한 모색이었던 것이다.

■글/김주영

14
17세기, 조선에도 소빙하기*가 있었다

프랑스 : 농민반란 '프롱드의 난' (1648년~1653년)

영국 : '청교도혁명' (1640년~1660년)

러시아 : 농민반란 '스텐카 라진의 난' (1670년~1671년)

독일 : '30년전쟁' (1618년~1648년)

중국 : 농민반란 '이자성의 난' (1630년)

이는 모두 17세기, 전세계적으로 잇달아 일어났던 폭동과 반란 그리고 전쟁이다.

이렇게 17세기 전세계는 심각한 위기에 빠져 있었으며, 학계에서는 이 시기를 '위기의 17세기'라 부른다. 그럼 이 시기에 전세계가 위기에 빠진 이유는 무엇일까?

많은 학자들이 그 원인에 대해 연구했으며, 대부분 사회경제적인 측면

＊소빙하기 : 학계에서의 공식명은 소빙기다. 하지만 쉽게 이해할 수 있도록 하기 위해 소빙하기로 표현하기로 한다.

에서 그 원인을 찾으려 했다. 하지만 그것만으로 전세계적인 위기현상을 설명하기에는 부족했다. 그건 각기 다른 문화권에 있는 나라들이 아주 비슷한 시기에, 그것도 나라의 존폐를 위협할 정도의 대혼란에 빠져 있었다는 것을 하나로 설명할 수 없었기 때문이다. 그럼 17세기 위기에는 또다른 원인이 있었던 걸까?

일부 학자들은 17세기 위기의 원인은 소빙하기(학계 명칭은 소빙기임)라는 세계적인 이상기후 때문이라고 한다. 그리고 이것은 17세기 위기를 설명하는 또 하나의 원인으로 상당히 설득력 있는 학설로 인정받고 있다. 그러면 실제 17세기 전세계를 휩쓸었던 기상이변은 무엇이었을까?

17세기 전세계를 휩쓴 이상기후—소빙하기

—유럽의 알프스 지역에서는 빙하가 산 아래 있는 마을까지 내려왔다. 그 지역의 주민들은 이러다가 들과 마을까지도 사라지겠다고 불평했다고 한다.

—영국의 템스 강이 얼었다. 템스 강은 서안해양성 기후에 멕시코 난류의 영향을 받는 비교적 따뜻한 지역이다. 그런데 이 시기 영국엔 한파가 몰아치면서 템스 강이 얼었다.

—스코틀랜드에서는 여러 산들이 1년 내내 눈에 덮여 있었다.

—아이슬란드의 바다엔 북극의 얼음이 떠내려와 어민들의 피해가 컸다.

—이상한파로 인해 유럽 지역의 포도 수확시기가 늦어졌다.

—중국에서는 복숭아와 살구의 개화시기가 늦어졌고, 중국 강서성에 있는 감귤농장에선 추위 때문에 감귤농사가 흉작이었다. 매년 흉작이 거듭되면서 아예 문을 닫는 농장들이 늘어갔다.

이는 세계의 기상학자들이 자신의 나라에 남겨진 기록들을 통해 파악한 현상들이다.

전 이화여대 교수인 김연옥씨는 이렇게 17세기를 전후해서 나타났던 이상기후 현상을 두고 소빙하기라고 한다. 소빙하기란 빙하기 현상의 일종이지만, 일반적인 빙하기보다 기간도 짧고 온도 하강폭도 낮은 것을 말한다. 17세기를 중심으로 250여 년간 지속되었던 소빙하기 현상으로 당시 전세계의 평균기온은 1도 정도 떨어졌다.

그런데 이 대목에서 한 가지 의문이 들게 된다. 과연 평균기온 1도가 떨어졌다고 해서 17세기 전세계가 대혼란에 빠질 수 있는 걸까?

평균기온 1도가 떨어진다는 것은 상당히 큰·영향력이 있다. 일례로 최근 자주 거론되고 있는 엘리뇨 현상을 살펴보면, 이 영향으로 지구의 해수면 온도가 올라갔다. 이를 대기중의 온도로 분석해보면 약 0.5도 올라간 것이다. 그런데도 전세계적으로 기상이변과 재해가 잇달아 일어나고 있다. 인도네시아의 가뭄이라든가 애리조나 사막의 폭우, 아마존 지역의 가뭄이 모두 엘리뇨 현상에 의한 것이다. 그러니까 평균기온이 1도 떨어졌다는 것은 당시 농작물이나 일상생활에 상당히 심각한 피해를 초래했음을 의미한다. 더구나 인구의 대부분이 식량생산에 의존하던 시대에 그 영향력은 지금 우리가 상상하는 것 이상이었을 것이다.

그럼 이 시대 조선은 어땠을까? 조선에서도 소빙하기 현상이 나타나고 있었을까? 4백여 년 된 나무의 나이테를 통해서 17세기 조선의 기후를 알 수 있다고 한다.

17세기 조선의 기온을 복원하라
나이테를 통해서 고기후에 대한 연구를 하고 있는 충북대학교의 박원규 교수를 찾았다.

　17세기 조선의 기온을 알기 위해서는 우선 수령이 4백 년 된 전나무나 잣나무가 필요했다. 왜냐하면 이 전나무와 잣나무는 기온에 영향을 많이 받는 나무이기 때문이다. 이에 비해 소나무와 참나무는 강우량에 영향을 많이 받기 때문에 이 나무들로는 당시의 강우량을 알 수 있다고 한다.

　기간은 4월에서 8월까지의 평균기온을 확인해보기로 했다. 우선 특수 장비를 이용해 4백 년 된 전나무에서 연필심 굵기의 나무심을 뽑아냈다 (이렇게 해서 구멍이 뚫린 부분은 생살이 돋듯 다시 살아나온다고 한다). 뽑은 나무심을 실험실로 가지고 와서 나무의 연륜을 확인하기 위해 나이테의 개수를 센다.

　그리고 각각의 나이테의 넓이를 0.01mm까지 자세히 측정해 컴퓨터에 입력한다. 그리고 현재의 나이테의 넓이와 온도의 관계를 기준으로 해서 당시의 나이테의 넓이에 따른 온도를 계산해낸다. 이때 전국적인 평균기온을 뽑아내려면 전국 각지에서 20여 그루의 나무의 나이테를 분석해야 한다. 이렇게 실험해본 결과 1620년부터 1720년까지 조선의 4월에서 8월까지의 기온이 16.9도로, 4백 년간의 평균기온인 18.2도보다 1.3도 낮게 나왔다. 즉, 조선의 17세기 평균기온이 다른 시기에 비해 낮았음을 알 수 있었다. 이는 조선에도 소빙하기가 있었음을 말해주는 것이다.

　그렇다면 17세기 조선에서도 각종 기상이변이 나타났을까?

　우선 17세기의 조선이라면 선조 후반부터 숙종 때까지를 말하는데, 임진왜란이 끝난 직후로 전국이 황폐화되어 있던 시대다. 그런데다 얼마 지나지 않아 병자호란을 겪고, 삼전도의 굴욕을 당했으며, 예송논쟁을 비롯한 남인과 서인간의 당쟁이 치열해지기 시작하던 때였다. 이러한 사건들은 우리가 알고 있는 17세기의 몇 가지 대표적인 사건들이다. 하지만 우리는 17세기 조선에 나타났던 이상기후나 자연재해에 대해서는 들어보지 못했다. 그럼, 이 시기 조선의 기상현상은 어땠을까? 실록을 찾아보도록 하자.

실록을 통해 본 17세기 조선의 이상기후 현상

실록에는 이상기후 현상이 빈번히 나타나고 있었다. 그중 눈에 띄는 것이 때아닌 눈과 우박이었다. 7, 8월에도 눈과 우박이 자주 내려 농작물과 인명 피해를 초래하고 있었다. 그 사례를 보면 다음과 같다.

▷현종 11년 8월 11일 ─ 함경도 함흥지방에서는 천둥·번개가 치면서 비와 우박이 번갈아 내렸는데, 우박이 큰 것은 밥그릇만하고 작은 것은 주먹만했다.

이번의 큰 우박으로 온갖 곡식과 초목이 부러지고, 탐스럽게 익어가던 과일도 모두 떨어졌으며, 12살 된 아이가 우박에 맞아 죽고, 무수한 까마귀·꿩·까치·비둘기들도 맞아 죽었다.

▷현종 12년 8월 2일 ─ 함경도 단천지역에선 서리가 내려 마치 눈이 온 것 같았고, 함경도 갑산지역에서는 실제로 때아닌 눈이 내렸고 냇물이 얼었다. 8월에 얼음이 얼고 눈이 내린 것은 전에 없던 일이다.

또한 큰 비와 바람으로 인한 수많은 피해 사례도 실록에 기록되어 있었다. 몇 가지 사례를 소개하면,

▷현종 11년 8월 27일 ─ 전라도 화순에서는 큰 바람이 불어서 소나무 수백 그루가 부러지고, 9살 난 아이가 바람에 날렸다가 떨어져 죽었다. 노인들은 이 바람을 보고 전에 없던 악풍이라고 했다.

▷현종 12년 8월 23일 — 충청도 태안 등 연해지역의 네 고을에도 바람이 불어 배가 침몰했다. 이 사고로 배에 타고 있던 90명이 모두 죽었다.

▷현종 12년 9월 17일 — 경상도 합천에선 큰 비로 냇물이 범람해서 논밭과 마을 골목도 물에 잠겼다. 이 큰 비로 네 명이 실종했고, 벼곡식도 모두 물에 떠내려갔으며, 집에도 물이 들어가 주민들은 높은 지대에 피신해 있었다.

이렇게 이상기후 현상이 계속되면서 전국 각지에 농작물 피해가 극심했고, 이는 심각한 기근으로 이어졌다. 당시 각 지역의 수령들이 조정에 보고한 상소를 보면 당시의 참혹상이 얼마나 극심했는지 알 수 있다.

▷현종 12년 4월 3일 — 제주 목사는 "이번 경신년의 기근은 전염병까지 돌아서 죽은 자가 도내에 2260명이나 되고, 살아 있는 자들도 실오라기 같은 목숨만 부지하고 있을 뿐 그 몰골이 귀신과 같다"는 장계를 올렸다.

▷현종 12년 6월 8일 — 전라 감사는 전라도에 굶주려 죽은 자가 2백여 명이고 전염병으로 죽은 자가 670명이나 된다고 했다.

이러한 기근이 실제로 얼마나 심각했는지 확인할 수 있는 사건으로 17세기에 나타났던 두 차례의 큰 기근이 있다. 바로 현종 12년(1670)과 13년(1671)에 있었던 경신대기근과 숙종 21년부터 25년까지 이어졌던 을병대기근이다. 오산전문대의 정형지 교수는, 조선시대는 매년 조금씩의 기근현상이 나타났지만, 이 경신대기근과 을병대기근이 조선시대 나타난 기근 중 가장 심각한 것이었다고 한다.

이러한 대기근으로 백성들이 살기가 어려워지자 민심이 흉흉해져 전에 없던 사건들이 잇달아 일어났다. 도랑에 갓난아이를 버리는 일이 비일비재하게 일어나는가 하면, 노비가 두 아이를 삶아먹는 끔찍한 사건도 발생했다. 그런가 하면 공동묘지마다 파헤쳐진 무덤이 늘어가고 있었는데, 이는 밤이면 굶주린 자들이 남의 무덤을 몰래 파헤쳐 시신의 염의를 훔쳐가기 때문이었다. 이렇게 무덤도둑이 늘어나던 중 남원에서는 노비 일명과 최일이 남의 무덤을 파서 염의를 훔친 뒤 그 옷을 팔다가 시신의 친척에게 발각되는 웃지 못할 사건(현종 12년 2월 29일)도 있었다.

이렇게 실록을 통해서 살펴보았듯이 17세기에 전국적으로 이상기후 현상이 나타났고, 그로 인한 재해가 매우 심각했다. 이것은 조선에도 소빙하기가 있었다는 사실을 다시 한번 확인시켜주는 자료인 것이다.

실록을 통해 소빙하기의 원인을 분석해낼 수 있다

지금까지 서구에서 행해졌던 소빙하기에 대한 연구는 나이테나 포도 수확시기와 같은 과학적인 방법을 이용한 것이었다. 하지만 이러한 과학적인 방법은 서구의 학자들에게 소빙하기가 있었다는 사실은 확인시켜주었지만, 그 원인이나 사회적인 영향에 대해서는 속시원한 답변을 주지 못했다.

그런데 서울대학교의 이태진 교수에 의하면, 실록을 통해서 소빙하기의 원인을 분석해볼 수 있다고 한다. 실록에는 당시의 이상기후 현상과 재해 상황이 자세히 기록돼 있기 때문이다. 이태진 교수는 실록에 나와 있는 재해 기록들을 하나도 빠짐없이 모두 분석을 했다.

그 결과를 보면 실록에 나와 있는 재해 기록은 총 3만 건에 달하며 그 종류도 혜성·객성과 같은 하늘의 변화뿐 아니라 때아닌 눈·비와 같은

△세계 최고의 수준을 보였던 조선의 천문·기상관측 기구들. ①관천대 ②혼천의 ③혼천시계 ④앙부일구 ⑤ 금영측우기 ⑥측우대 ⑦수표水標 ⑧수표교.

기상현상, 지진 등 모두 26종류나 된다. 소빙하기의 대표적인 현상인 7, 8월에 눈과 서리, 우박 등이 내렸다는 기록은 실록에 총 3065건이 나와 있는데, 조선시대 전 기간중 15세기 말엽부터 18세기 초엽에 가장 많이 나타났다. 이것을 통해 조선에도 소빙하기가 있었다는 것과, 그 기간은 17세기를 중심으로 250년간이었다는 것을 알 수 있다.

그럼 소빙하기의 원인은 어떻게 알 수 있을까? 다시 실록의 재해 기록을 살펴보면 소빙하기가 나타났던 시기에 유성의 출현과 낙하 기록이 많이 나타난다.

조선 전 기간에 3064회가 나타났는데 그중의 89%인 2704회가 이 시기에 발생했다.

이건 무엇을 의미하는가? 이태진 교수는 유성이 충돌, 낙하할 때는 많은 분진이 발생하는데, 그 분진이 대기권을 메워 햇빛을 차단시킴으로써 한랭한 현상이 나타난다고 한다.

그런데 유성이라면 별똥별을 이야기한다. 별똥별이 떨어져서 이렇게

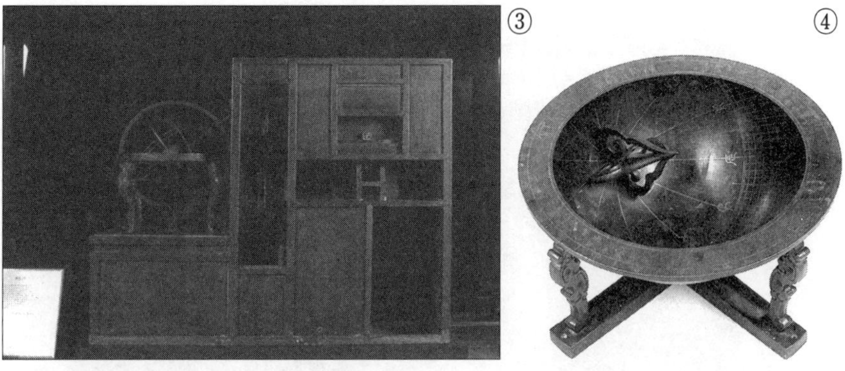

햇빛을 차단할 정도의 분진을 발생시킬 수 있는 것인지 하는 의문이 생기는데, 이에 대해 이태진 교수는 빙하기 학설인 알바레스 학설을 예로 들어 설명하고 있다. 빙하기 학설 중 가장 인정받고 있는 알바레스 학설은 공룡소멸설로도 통하는데, 이는 거대한 운석이 낙하 충돌하면서 생긴 분진에 의해 전지구상에 여러 해 동안 한랭한 현상이 나타나는 빙하기가 도래했으며, 이로 인해 공룡과 고생물들이 멸종했다는 것이다. 그러니 17세기 소빙하기의 원인 또한 당시 자주 나타났던 거대한 운석들의 충돌, 낙하 때문이라는 것이다.

이렇게 실록에 기록돼 있는 자세한 재해 기록을 통해 우리는 서구학자들이 풀지 못했던 소빙하기의 원인까지도 분석해볼 수 있었다. 그럼 여기에서 한 가지 궁금한 점을 묻지 않을 수 없는데, 그 시대에 어떻게 그토록 많은 기록들을 빠짐없이 관찰해서 실록에 실을 수 있었을까?

조선시대엔 어떻게 천재지변을 관측하고 기록했을까?

지금의 기상대와 천문대에 해당하는 기관으로 조선시대엔 관상감이 있었다. 관상감은 영의정을 총책임자로 해서 34명의 전문지식을 갖춘 관원으로 구성되어 있었으며, 비상시엔 임시직을 뽑아서 운영했다. 이들

관상감 관원들은 낮에는 물론이고 밤에도 5명의 관원이 남아 24시간 내내 천문과 기상을 관측했다. 그리고 그것을 하나도 빠짐없이 기록했다.

당시 관상감에서 작성했던 서운관지를 보면 혜성·객성과 같은 하늘의 현상과, 눈·비·서리·안개와 같은 기상현상을 꼼꼼히 기록해놓고 있다.

그럼 지방에선 어떻게 관측하고 기록했을까?

지방엔 시험을 거쳐 파견된 관리가 관측을 맡았다. 이들이 관측하고 기록한 기상현상들이 관찰사나 지방수령에게 빠짐없이 보고되었으며, 이것이 최종적으로 조정에까지 보고되었다.

당시 이러한 관측체계를 잘 이뤄지도록 하기 위해 조정에서는 관상감 운영이나 지방 기록들의 보고체제를 엄격히 관리했는데, 실록을 보면 이에 대한 관련 기록들이 실려 있다.

업무를 소홀히 하거나 예측을 틀리게 한 관상감 관원이 처벌받는 사례를 살펴보자.

▷현종 6년 2월 21일 — 혜성의 출현을 알리지 않았다고 해서 관상감 관
  원이 곤장을 맞았다.
▷세종 4년 1월 — 일식예보를 15분 앞당겨서 했던 관상감 관원 이천봉이
  곤장을 맞았다.

  또한 지방의 기록이 제대로 보고되지 않은 경우에도 관련자들을 책임
추궁했다.

▷현종 10년 9월 9일 — 지진을 보고하지 않은 광양현감을 파직해야 한다
  고 논의한다.

  정확한 관측과 기록이 가능했던 데엔 뛰어난 천문관측기구도 한몫을
했다. 창경궁에는 지금도 관천대가 남아 있는데, 이 관천대 위에 간의라
는 천문관측기구를 올려놓고 별의 움직임을 살폈다. 당시 이 관측기구를
이용해 육안으로 볼 수 있는 1463개 별의 이름과 위치를 정확히 파악할

수 있었다.

규표는 태양의 움직임에 따라 정오의 해그림자가 달라진다는 이치를 이용해 만든 것으로, 정오의 해그림자를 이용해 1년의 길이를 측정했던 기구다.

관상감에서는 이외에도 별시계 · 혼천의 · 혼상 등 각종 천체관측기구들을 이용해 별의 움직임을 관찰하고 일식과 월식을 예보했으며, 1년과 1달의 정확한 길이와 24절기도 알아냈다. 이외에도 기상에 대한 관측도 했는데, 대나무 끝에 세모꼴 깃발을 달아놓은 풍기대라는 기구를 이용하여 바람의 방향과 세기를 측정했고, 전국 각지에 측우기와 수표를 설치해서 강우량을 측정했다. 이렇게 해서 측정된 강우량 기록은 현재 1770년대 것부터 남아 있다. 그러니까 229년간의 서울의 강우량 기록이 지금까지 남아 있는 것이다. 이는 세계적으로 유례가 없는 것으로, 지금도 강우량을 예측하는 데에 이용되고 있다.

동 · 서양은 17세기 이상기후에 어떻게 대처했을까?

과학문명이 발달하지 않았던 17세기 사람들은 이러한 이상기후 현상을 어떻게 받아들이고, 또 어떻게 대처했을까?

우선 서양의 경우를 살펴보자.

17세기 유럽 지역에서는 마녀사냥이 극에 달했다. 마녀란 약재를 다루거나 예언을 하는 사람을 가리키는 것으로, 17세기에 이러한 마녀들에 대한 대대적인 처형이 있었다. 학자들마다 조금씩 견해가 다르긴 하지만 그 희생자가 50만에 달했다고 한다. 이러한 마녀사냥의 원인에 대해선 그 동안 여러 가지 해석이 있었다.

그런데 최근엔 그 원인 중 하나로 17세기 이상기후 현상인 소빙하기를 애기하기도 한다. 당시 유럽의 위정자들은 악마의 사주를 받은 마녀들이 비와 눈을 내리게 하고 농작물을 말라죽게 한다고 믿었다. 그래서 마녀를 가려내어 화형에 처했다. 당시 마녀로 지목이 되면 물실험을 통해 마녀인지 아닌지를 가려냈는데, 발목에 돌을 묶어 물에 던진 뒤 떠오르면 마녀라고 했고, 물에 가라앉으면 사람이라고 했다. 그러니 일단 마녀로 지목이 되기만 하면 죽임을 당하는 것이었다.

이렇게 서양에서는 이상기후 현상과 그로 인한 재해의 원인을 마녀에게로 돌리고, 그 결과 나타난 것이 바로 마녀사냥이었다.

그럼, 같은 시기 조선에서는 어떻게 대처했을까?

경신대기근이 극심했을 때 현종은 다음과 같은 내용의 교서를 내린다.

"요즘 가뭄과 홍수의 피해가 거의 없는 해가 없다. 이는 하늘이 나의 잘못을 깨우쳐주려고 함이니, 이에 반성하는 마음으로 새롭게 정사에 임하겠노라."

— 현종 11년 10월 9일

이상기후 현상의 원인은 바로 왕 자신의 부덕함 때문인 것으로 여겼다. 이는 대신들도 마찬가지였다. 재해가 발생하면 영의정을 비롯한 삼정승이 재해의 책임이 자신에게 있다며 사직서를 내는 경우가 허다했다. 즉, 재해는 왕을 비롯한 위정자의 통치능력에 대한 하늘의 심판이며, 잘못된 것에 대한 응징이라고 생각했다.

그렇기 때문에 재해가 발생하면 왕을 비롯한 위정자들은 반성을 하고 근신에 들어갔다. 그 예로 임금은 반찬 수를 줄였고, 제사 때에도 음식의 양을 줄여 제사비용을 줄였으며, 궁중에서 음악을 연주하지 않았다. 또한 궁궐 내 호위군사의 수를 줄이고 관리들의 녹봉도 반 이상 삭감했다.

또한 예를 지켜야 재앙을 막을 수 있다고 믿어 예를 강조하기도 했다.

이 시기 〈상예비요〉 〈의례문해〉 같은 예학 관련서적들이 많이 출간된 것
도 이러한 이유 때문이다.

17세기 예학의 발달은 당시 극심했던 재해와 무관하지 않은 것이다.

소빙하기로 인한 사회적인 영향

소빙하기는 여러 가지 크고 작은 사회적인 영향도 끼쳤다.

온돌의 본격적인 보급

첫째는 온돌의 본격적인 보급이다. 우선 17세기 궁궐에서는 온돌의 사
용이 늘어난다. 인조 8년 1월 무신조의 기록을 보면 이를 알 수 있다.

> "선조(광해군)대에는 방에 온돌을 놓은 곳이 매우 적었는데, 지금은 온돌
> 이 늘어나 땔감이 많이 들어온다."

온돌은 민간에도 본격적으로 보급되었던 것으로 보인다. 당시의 그림
들을 보면 전기에는 마루가 넓은 집구조였던 것이, 후기엔 난방의 필요
에 따라 마루가 좁고 방이 넓은 구조로 바뀌게 된다. 당시 온돌이 본격적
으로 보급되었다는 사실은 땔감 사용량의 증가로도 알 수 있다.

17세기 이후엔 도성 근방의 산이 모두 민둥산이 되어 땔감을 구하기가
어려웠으며, 그로 인해 비가 오면 하천이 범람하는 일이 잦아져 영조 36
년에는 대규모의 청계천 준설공사를 실시한다.

면화 사용량 증가

둘째는 면화 사용량의 증가다. 그 동안 방한복 역할을 했던 가죽옷 대
신 촘촘하게 누빈 솜옷이 대중화된다. 17세기 저술된 〈농가집성〉을 보면

그 이전의 농서에는 없었던 목화 재배법이 상세히 소개되어 있는 것으로
도 면화 사용량이 증가했음을 알 수 있다.

신분제의 동요

세번째는 신분제의 동요다. 17세기 대기근이 극심해지자 기근에 시달
리는 사람이 급증했다. 진휼청이라는 구호기관이 있었지만 진휼기금만
으로는 이들을 모두 구제할 수 없었다.

그러자 국가에서는 일종의 명예직 임명장인 공명첩을 대량으로 발매
했다. 부호들에게 공명첩을 팔고 그 대신 쌀을 받아 기민들을 구제한 것
이다. 사실 공명첩이라는 것은 그 이전부터 있었다. 그래서 재해가 있을
때 조금씩 발매했고, 임진왜란 때도 발매가 되었다. 17세기 소빙하기 현
상으로 대기근이 발생하자 이때도 공명첩을 대량으로 발매했던 것이다.
이로 인해 노비에서 양민이 되거나 일반평민에서 양반이 되는 사람들이
늘어나면서 신분제가 동요된 것이다.

이렇게 기후는 그 사회와 문화를 변화시키는 데 하나의 중요한 요인으
로 작용한다. 지금 역사학계에서 소빙하기에 관심을 가지고 연구하는 것
도 바로 이런 이유 때문이다. 그런데 그 연구를 가능하게 하는 것이 바로
우리의 실록인 것이다.

역사 지진기록은 지금도 중요하게 활용되고 있다

실록은 소빙하기의 연구에만 쓰이고 있는 것은 아니다. 실록에 남아
있는 각종 재해에 대한 기록 중 지진에 대한 기록을 주목할 필요가 있다.

우리는 흔히 한반도는 지진 안전지대라고들 한다. 그런데 실록을 보면
상당히 큰 규모의 지진들이 있었음이 눈에 띈다. 그중 몇 가지를 보면,

"경상도 진주에 지진이 일어나 수목이 부러져 넘어지고, 오랫동안 물 마른 샘에 흙탕물이 솟구쳐나오고, 관문의 앞길에 땅이 10장(30m)이나 갈라졌다."

— 인조 21년 4월 23일

"평양에 지진이 발생했는데 큰 천둥이 치는 듯한 소리가 났으며, 집이 혼들혼들 곧 넘어질 듯했으며, 이렇게 세 차례나 일어났다."

— 현종 10년 9월 24일

그냥 보기에도 상당히 큰 지진이었음을 짐작할 수 있다. 서울대 지진학과의 이기화 교수를 찾아서 어느 정도 규모의 지진인지를 확인했다.

첫번째 사례는 진도 9이고, 두번째 사례는 진도 5라고 했다. 이는 상당히 강도 높은 진도다.

그렇다면 조선시대에 일어났던 지진 중 최고 진도의 지진은 어느 정도였을까?

이기화 교수에 의하면, 1643년 울산에서 발생한 지진으로, 근처의 땅이 갈라지고 부근의 봉화대가 무너졌다고 한다. 이는 진도 10으로, 얼마 전 발생했던 홍성 지진의 수십 배에 해당하는 강도다. 지금으로는 상상이 안되는 규모의 지진이다.

그럼 조선시대 지진은 얼마나 자주 발생했을까?

조선시대 전기간의 지진 발생횟수는 총 1197회로, 1년에 평균 4회 발생했다. 그런가 하면 1562년엔 한해에 112회가 발생하기도 했다. 놀라운 일이다. 또한 지역별 분포도를 보면 경상도 일대에 지진이 가장 많이 발생했다. 그런데 이 결과에서 한 가지 걱정스러운 건 이 지역은 원자력발전소가 밀집돼 있는 곳이라는 것이다. 과연 원자력발전소에서는 이러한 사실을 알고 있는 걸까?

원자력발전소의 정인수씨는 역사지진들을 모두 연구해서 앞으로 발생 가능한 지진의 강도를 예측해 그에 맞게 내진설계를 했다고 한다. 실제 원자력발전소 건립 당시 작성된 부지 보고서를 보면 조선시대 지진기록을 사례별로 분석해놓았고, 그 자료를 근거로 해서 이 지역에서 발생 가능한 최고진도의 지진을 산출해냈음을 알 수 있었다.

이렇게 실록의 지진기록은 단지 기록으로만 머물러 있지 않다. 고문헌의 기록을 근거로 해서 발생 가능한 최대강도의 지진을 산출해낸 뒤 그에 맞게 건물의 내진설계를 하고 있다. 우리 나라 건축법을 보면 6층 이상 건물이나 병원 같은 중요 건물들도 이 기준에 맞게 내진설계를 하게 되어 있다. 실록의 재해기록이 현재 우리에게 얼마나 소중하게 활용되고 있는지 새삼 느끼게 해주는 대목이다.

소빙하기가 있었다는 사실과 그 원인까지 추정할 수 있고, 또한 우리 나라의 지진 강도를 예상할 수 있는 것은 모두 조선왕조실록의 재해기록이 있었기 때문이다.

그만큼 조선왕조실록에는 천재지변에 대한 기록이 풍부하다. 이것은 실록의 또 하나의 새로운 가치라고 할 수 있다. 실록은 지금도 그 활용의 가치가 무궁무진한 자연재해 기록의 보고인 것이다.

■글/빈선화

15
장희빈이 사약을 받은 진짜 이유는?

일개 궁녀의 몸으로 숙종의 마음을 사로잡아 왕비의 자리에까지 올랐던 희빈 장씨. 그러나 숙종의 마음이 그녀에게서 떠나자 장희빈은 질투의 화신이 되어 숙종의 노여움을 사게 되고, 마침내 사약을 받아 비참한 죽음을 맞이한다.

사랑이 증오로 변해 내려진 사약. 이것이 지금까지 알려진 장희빈의 최후였다. 그렇다면 정말 장희빈은 숙종의 불 같은 분노 때문에 사약을 받은 것일까?

우리는 드라마 등을 통해 장희빈의 이야기를 익히 들어왔는데, 그녀가 사약을 받을 때 이를 거부해 숙종이 억지로 입을 벌려 먹게 했다는 얘기도 있고, 또 죽는 순간까지 자기가 낳은 아들을 성 불구자로 만들었다는 얘기까지 있다.

그만큼 장희빈은 죽는 순간까지도 철저하게 악녀로 그려지고 있고, 따라서 그녀의 죽음은 지극히 당연한 것으로 받아들여지고 있다. 하지만 조금만 냉정하게 생각해보면 석연치 않은 구석이 있다. 장희빈이 최고의 형벌인 사형을 받았음에도 불구하고, 구체적인 죄목이 무엇인지 잘 모르겠다는 점이다.

그렇다면 과연 장희빈이 사약을 받은 이유는 무엇일까? 먼저 장희빈이 사약을 받은 직접적인 계기가 된 사건부터 살펴보도록 하자.

실록에 따르면, 장희빈이 사약을 받은 직접적인 계기는 그녀가 인형이나 동자신童子神인 명두(죽은 아이의 영혼을 이르는 말)의 옷, 검은 상자에 넣은 당의, 그리고 활과 화살 등을 이용해 인현왕후를 저주한 사건 때문이었다. 장희빈은 대담하게도 자신의 처소인 취선당 서쪽에 신당을 벌여놓고 그런 일을 저질렀던 것이다.

그렇다면 그곳에서 과연 어떤 일들이 벌어졌던 것인지 궁금해진다. 이에 대해 이 방면의 전문가인 서정범 교수의 설명에 따르면, 짚이나 종이, 헝겊 등으로 사람의 형상을 만든 제웅으로 인현왕후의 상징을 만들고, 거기에 바늘을 꽂는다든지, 돼지피나 닭피를 묻혀 시궁창에 묻었다고 한다. 이는 빨리 썩어서 죽으라는 뜻이다. 또한 직접 인형의 목을 잘라 죽음을 부르기도 했다. 그리고 장희빈을 돕던 무당이 모신 신이 명두였는데, 명두에게 옷을 지어주고는 인현왕후를 죽게 해달라고 빌기도 했다.

또한 궁중의 평상복인 당의를 검은 상자에 넣기도 했는데, 이는 희빈 장씨가 인현왕후를 모시던 전상궁이란 궁녀를 미워하여 그녀를 저주하기 위한 것으로, 여기서 검은 상자는 바로 죽음을 의미했다.

이밖에도 방위로 치면 서로 상극인 쥐와 닭의 뼛가루를 인형 속에 넣어서, 이들이 싸우다 어느 한쪽이 쓰러짐으로써 인현왕후가 죽기를 빌기도 했다.

이상이 실록에 기록된 장희빈이 인현왕후를 저주했던 내용들이다. 그리고 이 사실을 안 숙종은 장희빈에게 자진할 것을 명하기에 이른다. 하지만 아무리 왕일지라도 법치국가인 조선시대에는 함부로 사약을 내릴 수는 없는 법.

그렇다면 누군가를 저주한 행동은 과연 당시에 어떤 죄에 해당되는 것인지 궁금해진다. 이에 대해 동국대 법대의 김재문 교수는 이렇게 설명한다.

"국모인 인현왕후를 저주·살해하려 한 음모와 이로 인한 사망의 경우, 대명률에 의하면 살인음모죄에 해당된다. 그리고 이때는 참혹한 심문을 거쳐야 하므로, 높은 벼슬을 한 사람에게는 치욕적인 형벌을 가하지 않는다는 전통 법의식과, 한때나마 국모였기에 머리카락 한 올도 다치지 않는 사약을 내림으로써, 도덕을 숭상한 조선왕조 법치주의 국가의 법의 정의를 실현한 국왕의 의지가 담긴 것으로 해석된다."

누군가를 저주한 것이 살인음모죄에 해당한다니, 요즘 상식으로는 얼른 이해가 되지 않지만, 저주의 효력을 믿었던 당시로서는 당연한 죄목이었던 모양이다. 그렇다면 실제로 저주살인으로 정말 참형을 당한 사례가 있는지, 실록을 한번 들여다보기로 하자.

저주를 퍼부은 여인들의 운명

우선 태조 7년에 '중화군에 사는 김견 등 4명이 저주를 한 죄로 참형을 당했다'는 기록이 남아 있다.

또 세종 7년 '강계에 갇혀 있는 저주 살인녀 동을지를 참형에 처했다'는 기사도 있다.

이렇게 실제로 적용이 되었다지만, 그래도 의문이 완전히 가시지는 않는다. 왕을 사이에 두고, 또 세자 자리를 놓고 궁중에서 치열한 암투를 벌이며 상대를 저주했던 여성이 비단 장희빈뿐만은 아니었음을 익히 알고 있기 때문이다. 그렇다면 그들도 모두 사약을 받았던 것일까?

성종의 계비인 윤씨의 경우를 살펴보자. 윤씨는 성종의 후궁이었다가 공혜왕후 한씨가 죽자 왕비로 책봉되어, 후일 연산군이 되는 세자 융을 낳았는데, 몹시 투기가 심한 여인이었다.

성종 8년 어느 날, 윤씨의 침전에서 성종이 작은 상자 하나를 발견한다. 그리고 그 상자를 열어보려 하자 윤씨는 이를 극구 만류한다. 더욱 이상하게 여긴 성종이 강제로 상자를 열어보니, 그 안에는 극약인 비상이 들어 있었고, 이는 윤씨가 왕과 후궁들을 독살하려 준비했던 것이다. 게다가 윤씨의 방에서는 저주의 방법이 적힌 책과 인형들이 발견됐다.

성종은 윤씨를 왕비에서 빈으로 강등시키려 했지만, 세자의 어머니라는 이유로 대신들이 이를 만류해 윤씨는 가까스로 용서를 받는다. 그러나 윤씨의 투기는 거기서 그치지 않았다. 이 일로 사이가 벌어진 성종이 자신을 멀리하자, 용안에 손톱자국을 내기에 이르렀던 것이다.

이 일로 성종과 대비가 격분, 결국 윤씨는 폐비되어 사가로 쫓겨간다. 그리고 3년 뒤 사약을 받는데, 그것은 과거의 저주행위 때문이 아닌, 도를 넘어선 투기의 결과였던 셈이다.

또 다른 예를 살펴보자. 인조의 후궁으로, 궁중의 안주인 행세를 하던 조귀인. 인조가 죽고 효종이 즉위하자, 그녀는 자신을 미워한다는 이유로 무당을 시켜 중전을 저주케 했다.

조귀인이 저주살인에 사용한 것들은 오래 된 무덤에서 구한 썩은 관조각과 사람의 해골가루 등이었다. 이 일이 발각되자 조정에서는 조귀인의 작호를 삭탈하려 했으나 효종은 이를 허락치 않았다.

그러나 간신 김자점의 역모사건과 관계가 있었다는 사실이 드러나자 효종은 그녀에게 자진할 것을 명하기에 이른다. 이 경우 역시 저주살인은 죄를 묻지 않았으나, 역모 연류로 인해 사약을 받은 것이다.

이번에는 중종의 후궁인 경빈 박씨의 경우를 살펴보자. 그녀는 후일 명종이 되는 세자와 그 어머니 문정왕후를 저주하여, 불에 그을린 쥐를 동궁전과 대비전에 묻고, 그들을 상징하는 인형의 목을 자르는 저주를 행했다. 이 일로 조정에서는 9차례에 걸쳐 법률에 따라 경빈 박씨에게 사약을 내릴 것을 청했다. 그러나 중종은 끝내 사약을 내리지 않고 폐서인으로 처리했다.

이처럼 법대로 하자면 당연히 사형이지만, 같은 저주행위라도 용서하느냐, 폐서인으로 내쫓느냐, 아니면 사약을 내리느냐 하는 판단은 경우에 따라 조금씩 달랐던 셈이다. 그렇다면 그때의 기준은 무엇이 되었을까?

이에 참고할 만한 실록의 자료를 살펴보면, 우선 중종 17년에 남편을 저주한 유씨 부인의 경우, 투기에서 비롯된 점을 참작해 곤장 1백 대로 치죄했다는 판례가 있고, 폐비 윤씨를 처음 용서할 때도 '투기는 부인네의 인지상정'이라는 말을 자주 사용하고 있다.

그러니까 똑같은 저주행위라도 단순한 투기로 보면 용서할 수가 있는데, 장희빈은 그렇지 못했다는 이야기가 된다. 그렇다면 장희빈이 용서를 받지 못하고 끝내 사약을 받게 된 진짜 이유는 무엇일까?

환국換局과 두 여인의 운명

우선 장희빈이 궁녀로 들어와 죽음에 이르기까지의 과정과 당시의 정치상황을 살펴보기로 하자.

1680년 경신환국이 일어난다. 환국이란 정국을 주도하는 정당이 급격히 교체되는 것을 뜻하는 당시의 용어다. 이전의 서로 대립하고 비판을 하는 가운데서도 공존을 모색하던 붕당정치와는 달리, 환국은 일단 한 정당이 정권을 잡으면 다른 당파를 배제하는 정치운영 행태를 말하는데, 이로써 줄곧 정권을 잡아온 남인이 물러나고 서인이 집권을 하게 된다.

인현왕후 민씨가 숙종비로 결정되어 궁궐에 들어온 것은 경신환국 직후인 1681년이었다.

나중에 희빈의 자리에 오르게 되는 장옥정도 인현왕후와 비슷한 시기에 궁녀로서 궁궐에 들어온다. 그리고 숙종의 눈에 들어 사랑을 받지만, 얼마 후 대비의 미움을 사서 궁에서 쫓겨난다.

그러다가 1686년 대비가 세상을 뜨자 다시 궁궐로 들어온 장옥정은 곧 숙원으로 승격되고, 2년 뒤엔 소의가 된다.

숙종에게 첫 아들을 안겨준 장소의는 마침내 1689년 1월 희빈에 봉해진다.

그리고 같은 해 정치권에서는 기사환국으로 서인이 물러나고 남인이 집권하게 된다. 기사환국 직후인 그해 5월에 인현왕후가 폐비되고, 장희빈은 왕비의 자리에 오른다.

하지만 5년 뒤 갑술환국으로 서인이 재집권하면서 인현왕후가 복위되고, 장옥정은 다시 빈으로 강등된다.

인현왕후가 병을 앓다가 죽은 것은 1701년, 장희빈 역시 같은 해에 사약을 받아 죽음에 이르렀다.

이처럼 당시 정국의 변화, 즉 환국은 장희빈과 인현왕후 두 여인의 부침과 밀접한 관계가 있는 것처럼 보인다. 인현왕후는 서인의 집권과 함께 왕비가 됐다가 서인의 몰락과 함께 폐비가 되고, 다시 서인이 정권을 잡자 복위가 되었다.

반면 장희빈은 서인이 실권을 할 무렵 희빈으로 서열이 올랐다가, 남인이 정권을 잡은 후 왕비에 책봉됐다. 하지만 역시 남인이 물러나면서 희빈으로 강등된 뒤 사약을 받았다. 그렇다면 장희빈과 남인, 그리고 인현왕후와 서인은 각각 어떤 관계를 맺고 있었던 것일까?

당대의 명문 벌족인 여흥 민씨 가문에서 자란 인현왕후 민씨. 그녀의 아버지 민유중은 당시 서인세력의 핵심적인 인물이었다. 이러한 가문을 배경으로 민씨는 서인이 집권하던 시절, 정식 간택 절차도 거치지 않고 왕비의 자리에 오른다.

반면 장옥정은 당시 양반이 아닌 중인에 속했던 안동 장씨 가문 출신이었다. 안동 장씨는 중인 중에서도 역관 집안이었다. 조선시대에 걸쳐 모두 20여 명의 역관을 배출했고, 장희빈의 아버지 장형 또한 역관이었다. 그러나 아버지가 일찍 죽자 장옥정은 역시 역관이었던 5촌 아저씨 장현의 집에서 성장한다.

장현은 소현세자와 봉림대군이 심양에 끌려갈 때 역관 자격으로 함께 가서 이들을 6년 동안 모셨던 인물이다. 그후 돌아와서는 40년간 효종대에 무역권을 쥐고 군수물자를 취급하는 등 요직을 맡았으며, 숙종 초년 남인정권과 긴밀한 관계를 맺어 밤새도록 어울려 다니며 정사를 논의하기도 하고 군수품 등을 밀무역했다는 기록이 남아 있다.

하지만 이처럼 남인과 긴밀한 관계를 맺었던 장현은 경신환국으로 남인이 실권을 하자 유배를 가게 된다. 그후 양반은 아니지만 부유한 환경에서 교육을 받았던 장옥정은 궁녀로 들어가게 된다.

그러다 남인 집안 출신인 그녀가 숙종의 총애를 받자, 서인을 지지하는 숙종의 어머니 명성왕후 김씨는 그녀를 궁에서 쫓아낸다. 하지만 대비가 세상을 뜨자, 그녀는 다시 궁으로 들어가 숙종의 사랑을 받으며 남인세력의 구심점이 된다.

인현왕후가 여흥 민씨 가문을 배경으로 한 서인의 상징적 인물이었다면, 역관 가문 출신인 장옥정은 남인의 상징적 인물이 된 것이다.

따라서 이 두 사람은 당시 서인과 남인이 번갈아 정권을 장악한 환국이라는 정치적 변동과 부침을 함께 하게 되는 것이다.

그런데 여기서 잠시 장희빈의 출신배경에 대해 관심을 갖지 않을 수가 없다. 역관이라면 중인 중에서는 상류층에 속하지만, 엄격한 신분제 사회였던 당시에 중인 출신이 왕비가 된 것은 극히 이례적인 일이기 때문이다. 이는 중인들의 힘이 그만큼 커졌음을 의미하는데, 과연 이들은 어떻게 그렇게 새로운 계층으로 부상할 수 있었던 것일까?

역관이 떼돈 번 사연은?

여기서 잠시 타임캡슐을 타고 당시로 돌아가보기로 하자.

청나라로 떠나는 사신 일행과 동행하는 변 역관의 집을 찾아가보았다. 역관은 중인 중에서도 핵심적인 위치를 차지하고 있어서인지, 겉으로 보아선 웬만한 사대부집 못지않은 규모다.

대문이 열리자 변 역관이 앞서 나오고, 그 뒤로 말과 마부, 그리고 하인 두 사람이 따라나온다. 그리고 말잔등에는 꽤 묵직해 보이는 짐이 실려 있는데, 이것이 바로 팔포 인삼이다. 8개의 꾸러미로 되어 있다고 해서 팔포 인삼이라고 부르는데, 어째서 역관이 이토록 많은 인삼을 가지고 가는 것일까? 이는 바로 청나라에서 물건을 사오는 데 쓸 돈 대신 가지고 가는 것이다. 즉, 이는 사무역을 한다는 뜻이며, 당시 역관들한테는 인삼 80근이나 은 2천 냥 한도 내에서 사무역을 할 수 있도록 허락되어 있었다.

그런데 잠깐, 얼마 후 상인 한 명이 역시 인삼을 잔뜩 실은 말과 마부를 데리고 와서 이들과 합류한다. 당시 상인들의 무역은 아직 허용되고 있지 않았으므로, 말하자면 이들은 밀무역을 하는 셈이었다.

그리고 그로부터 5개월 후, 상인의 말잔등 위에는 허리가 휘도록 많은 오색비단과 비단 실타래가 실려 있었다. 이들은 이 비단실 1근을 은 60냥에 사서, 일본에 팔 때는 160냥을 받았다. 그렇다면 이들이 이렇게 해서 얼마나 벌었는지 궁금해지지 않을 수가 없다. 인삼 팔포가 2천 냥이면, 백 근짜리 비단실이 33뭉치이고, 거기에 백 근당 이문 백 냥을 하면

△시차포도. 명나라로 떠나는 사신 일행이 포구에 닿는 광경. 17세기 초. 이들을 수행한 역관들은 역관무역을 담당, 거부를 쌓았다.

은 3300냥이라는 이야기가 된다. 당시 은 한 냥이 쌀 한 가마였다고 하니, 요즘 쌀 한 가마에 17만 원 정도 하니까 거기에 3300을 곱하면, 자그마치 5억 6천만 원이라는 거액이 나온다.

그러니까 이것저것 경비를 제하더라도 역관이 한 번 청나라 사신을 따라갔다 올 때마다 최소한 수억 원을 벌었다는 이야기가 된다.

또 역관들은 이렇게 중개무역으로 번 돈을 고리대금업이나 광산업 등에 재투자하는 방법으로 경제적 기반을 넓혀나갔다. 그래서 당시 항간에서는 역관 열 집안의 돈이 정부의 총재산과 맞먹는다는 말까지 있었다고 하니, 이런 재력을 바탕으로 역관들은 중인 신분에도 불구하고, 당시 양반 중심의 사회에서 새로운 계층으로 부상할 수 있었던 것이다.

그리고 상업활동으로 돈을 번 것은 비단 역관들뿐만이 아니었다. 중인에 속하는 기술직 관료나 아전들은 물론이고 양반·농민·노비 할 것 없이 장사로 돈을 버는 데 골몰하고 있었다. 농사를 짓고 땅을 넓히는 것이 유일한 재산증식 방법이던 이전과는 시대가 달라진 것이다.

따라서 정치세력들도 이런 사회변동을 반영하는 정책을 펼 수밖에 없었다. 하지만 서인과 남인, 양측의 주장은 판이하게 달랐다.

그들의 주장을 한번 들어보도록 하자.

> 허목(남인) : 최근 상업이 발달하면서 수많은 농민들이 농촌을 떠나고 있습니다. 따라서 시전이 성 밖으로 확대되는 것은 무슨 일이 있어도 막아야 합니다.
>
> 김수홍(서인) : 답답하시군요. 상업이 성하는 것은 자연스러운 현상입니다. 억지로 막는다고 될 일이 아닙니다.
>
> 허 목 : 요즘 물가가 오르는 이유가 상인들이 서로 이익만 좇기 때문이라는 걸 모르십니까? 시전 확대를 막고 상인들에 대한 관리감독을 철저히 해야 할 것입니다.
>
> 김수홍 : 지금 상인들은 시전 확대를 강력하게 요구하고 있습니다. 그들의 요구를 묵살할 경우 예상되는 혼란은 어떻게 할 겁니까?
>
> 허 목 : 이건 분명히 위험한 징조입니다. 고려가 망할 때도 시전이 성문 밖으로까지 확대됐었다는 걸 유념해야 합니다.
>
> 김수홍 : 고려와 우리 조선은 엄연히 다릅니다.
>
> 허 목 : 그래도 시전 확대는 안됩니다. 이 나라의 근본은 어디까지나 농민입니다.
>
> 김수홍 : 이제 시대는 달라지고 있습니다. 현실을 인정해야 합니다.

이렇듯 정반대되는 서인과 남인의 입장은 그들의 대립을 더욱 첨예하게 만든 요인이기도 했다. 하지만 당시의 정치세력들이 팽팽하게 맞선 데는 사실 또 다른 이유가 있었다.

끝이 안 보이는 북어 싸움의 배후

북어는 예로부터 빠지지 않고 제사상에 오르는 품목 중의 하나였다. 그런데 당시 한양에서는 이 북어의 유통권을 놓고 종로에 있는 내어물전과 서소문 밖에 있는 외어물전 상인들간에 끊이지 않는 분쟁이 일고 있었다.

북어가 대부분인 동해에서 올라오는 건어물은 규정상 양쪽이 똑같이 나눠서 받도록 돼 있는데, 최근 서소문 밖 어물전 상인들이 난전을 이용해 북어를 독점하고 있었던 데 그 원인이 있었다.

그런데 서소문 밖 상인들이 이처럼 태연히 법을 어기며 장사를 하는데는 그 뒤를 봐주는 비호세력이 있었기 때문인데, 놀랍게도 그는 당시의 왕비인 인현왕후의 아버지인 호조판서 민유중 대감이었다.

이처럼 서소문 밖 어물전의 실질적 주인은 서인세력이었고, 그런가 하면 종로 어물전은 남인세력의 것이었다. 이는 서소문 밖 어물전이 겪은 과정을 보면 더욱 명확해진다. 지난 1679년 종로 어물전 상인들의 요구에 따라 서소문 밖 어물전은 문을 닫게 된다. 당시는 남인의 집권기였다.

하지만 바로 1년 뒤 경신환국으로 서인이 집권하자 민유중 대감에 의해 서소문 밖 어물전은 다시 형성되게 된다.

그뒤 종로 어물전 상인들이 끈질기게 서소문 어물전 철폐를 요구했지만, 서인집권이 계속되고 있는 당시 그들의 요구는 묵살되고 있고, 종로 어물전 상인들도 결코 물러설 기미를 보이지 않았다. 그러니 한양 곳곳에서는 북어유통권을 놓고 종로 상인들과 서소문 상인들이 연일 패싸움을 벌였고, 평시서에서 중재에 나서기는 했지만, 서인과 남인의 이권다툼이 계속되는 북어유통 분쟁은 끝날 조짐을 보이지 않았다.

뿐만 아니라 광산개발이라든지 훈련도감, 군병들의 상업활동 등을 둘러싼 남인과 서인의 갈등 또한 첨예하게 대립했다. 누가 정권을 잡느냐에 따라 이권이 완전히 갈리는 마당에 전처럼 견제와 균형을 이루며 공존할 수는 없었던 것이다.

이것이 바로 숙종대에 들어서 특이하게 나타난 환국換局, 즉 정권을 잡는 세력이 다른 세력을 완전히 제거해버리는 양상을 낳았던 것이다.

그리고 결국 이 환국이라는 정치적 변동이 장희빈을 죽음으로까지 몰아가게 만든 것이다.

정치적으로 예정된 장희빈의 죽음

1680년, 경신환국의 시작은 남인의 영수인 허적의 서자 허견과 복창·복선·복평군 3형제가 역모를 꾀했다는 삼복의 변에서 비롯됐다. 이들은 국왕의 명령도 없이 군영의 병사를 마음대로 움직였던 것이다.

이 사건으로 허적을 비롯해 윤후·유혁원 등 남인 중진들이 대거 죽임을 당하거나 유배되고, 남구만·민정중·민유중 등 서인들이 대신 그 자리를 차지한다.

그리고 서인들은 자신들의 입지를 확고히 하기 위해 민유중의 딸을 숙종의 왕비로 들인다. 그런데 장옥정이 왕자를 낳자 숙종은 왕자 균을 원자로 책봉하는 동시에 장씨를 희빈에 봉하려고 했다.

하지만 서인들은 아직 인현왕후의 나이가 젊다는 이유로 당연히 원자 책봉에 반대하고 나섰다.

경종을 원자로 정하는 것을 결사적으로 반대한 이유는 이것을 계기로 남인이 재집권할 경우 자신들의 입지가 좁아질 것이고, 또한 그에 따른 보복이 두려웠기 때문이었다.

이 일로 인해 숙종의 노여움을 산 송시열·김수항·김만중 등이 유배되거나 사사되고, 권대운·목내선 등 남인세력이 대거 조정에 진출한다.

서인의 상징적 인물이었던 인현왕후 민씨. 다시 정권을 잡은 남인측의 공격으로 그녀 역시 폐서인되어 사가로 쫓겨난다.

그리고 숙종의 사랑을 방패막이로 서인 집권기를 버텨온 장옥정은 남인의 집권과 함께 1689년 국모의 자리에 오른다.

한편 서인들은 재집권을 위해 인현왕후 복위운동을 전개했으며, 그들은 여기에 숙종의 총애를 받던 최숙원을 끌어들이는 동시에, 상인·역관 등 중인계층으로부터 복위운동에 필요한 자금을 지원받는다.

그리고 이러한 서인들의 노력은 마침내 결실을 맺는다. 그러자 남인 집권기 동안 국모의 자리에 있으며 남인의 구심점 역할을 했던 장옥정은 다시 희빈으로 강등된다.

이런 일련의 사건을 거치며 서인은 정권을 완전히 장악하고, 결국 정권기반을 더욱 확고히 하고자 장희빈을 죽음에 이르게 한 것이다.

장희빈이 죽게 된 직접적인 이유는 저주가 발각돼 숙종의 노여움을 산 때문이었다. 그러나 이는 피상적인 이유일 뿐, 이 일이 아니었다고 해도 장희빈은 어떤 명분을 붙여서라도 죽임을 당했을 것이다. 당시 붕당간의 격렬한 대립 속에서 갑술환국으로 남인을 몰아낸 서인이, 그리고 기사환국으로 남인의 재집권과 보복을 경험한 서인이, 남인의 상징이자 그들이 재집권할 경우 구심점이 될 가능성이 많은 장희빈을 그대로 놔둘 리가 없었던 것이라는 설명이다. (광주대 역사학과 고영진 교수)

결국 장희빈의 죽음은 서인들이 남인의 재집권 가능성을 영구히 막으려는 의도에 의해 일어난 일이었던 셈이다. 하지만 이것으로 희빈 장씨의 죽음을 모두 설명할 수 있을까?

아무리 서인들이 장희빈을 죽이자고 했어도 최종결정권을 가진 숙종이 안된다고 하면 그만 아니었을까? 물론 서인들의 주장이 꺾기 힘든 것

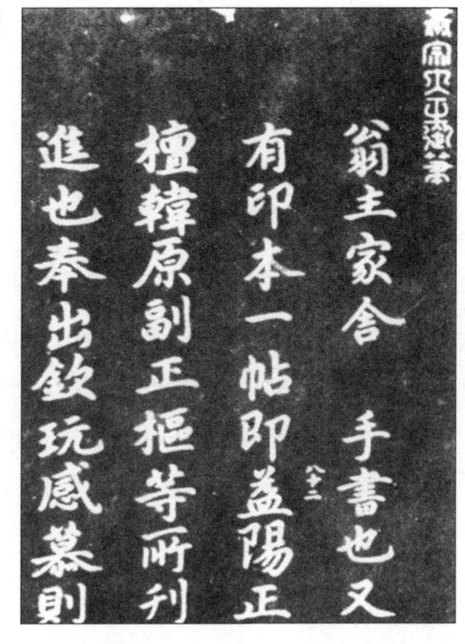

이었고, 중전을 저주한 것
은 그냥 넘어갈 수 없는 중
대한 일이었을 것이다. 하
지만 숙종이 의지만 있었다
면 폐서인 정도로 사태를
마무리할 수도 있었을 것이
다. 더구나 장희빈이 엄연
히 세자의 어머니라는 점을
감안했다면 말이다. 하지만 숙종은 그렇게 하지 않았다. 오히려 본인이
직접 나서서 장희빈에게 사약을 내렸다.

그렇다면 숙종은 왜 장희빈을 죽이겠다고 결심했던 것일까? 그것은
환국을 주도한 숙종의 속뜻과 연관되어 있다.

탕평의 토대가 된 장희빈의 죽음

기사환국의 시발이 됐던 원자책봉 문제. 이에 대한 서인들의 반대가
그치지 않는 가운데 숙종에게 장문의 상소가 올려진다. 그것은 왕자 균
의 원자책봉에 반대하는 서인의 거두 송시열의 상소였다. 이를 접한 숙
종은 노기를 띠며 당장 송시열을 삭탈관직하고 유배시킬 것을 명한다.

대신들은 이를 만류했으나, 이는 이미 종묘에 고한 일임에도 다시 번
복하자는 것은 왕을 능멸하는 처사라며 진노한 숙종은 급기야 송시열에

게 사약을 내리기에 이른다.

조정의 원로로 극진한 배려를 했던 송시열에게 사약을 내린 것은 신권이 왕권을 넘보는 상황을 묵과하지 않겠다는 숙종 나름의 강력한 의지의 표현이었던 것이다.

"환국은 표면적으로는 붕당간 극심한 대립으로 나타나지만, 그 환국을 결정한 것은 국왕이며, 국왕의 의지는 환국에 결정적 영향을 주었던 것이다. 따라서 왕권이 미약하다면 환국은 불가능했을 터이며, 숙종은 환국을 통해 자신의 왕권을 강화시켜나갔다. 신권이 강한 상태에서 14살의 어린 나이로 왕위에 오른 숙종은 왕권을 강화시킬 필요를 강하게 느꼈고, 그 방법으로 환국의 형태를 택했던 것이다."

— 광주대 역사학과 고영진 교수

세자 시절, 남인과 서인의 예송논쟁을 지켜보았던 숙종은 즉위하면서부터 왕권강화에 대한 강한 의지를 품고 있었다.

기사환국으로 서인들을 제거한 숙종은 인현왕후를 폐위한다. 서인의 구심점이었던 인현왕후를 폐위함으로써 서인세력의 약화를 꾀한 것이다.

한편 장희빈을 왕비로 책봉한 것도 숙종의 왕권강화 의지에서 나온 것이었다. 경제력뿐만 아니라 청과 긴밀한 관계를 갖고 있는 역관계층을 끌어들여 서인을 견제하고자 했던 것이다.

숙종의 왕권강화를 위한 노력은 인현왕후가 죽음으로써 막바지에 이른다. 서인의 상징적 인물이자 구심점이었던 인현왕후가 죽었으니 이제 남인의 구심점인 장희빈만 남은 그것이다. 그런데 바로 그 무렵 장희빈이 인현왕후를 저주한 사건이 발각된다.

숙종에게는 이것이 왕권을 강화시키고 탕평으로 나아갈 수 있는 계기

를 만들어준 사건이었다. 숙종은 오랫동안 고심한 끝에 장희빈에게 자진
할 것을 명한다.

"지금 내가 내린 결정은 갑자기 나온 것이 아니고 밤낮으로 생각하고 또
생각한 끝에 부득이하게 내린 결정이오. 지금 제대로 처리하지 않으면 반
드시 끝없는 걱정이 생길 것이니, 금일의 조치는 국가를 위한 것이고 세자
를 위한 것이지 결코 내가 즐거워서 하는 일이 아니라는 점을 알아주시오."

장희빈이 사약을 받은 후 숙종은 집권 후반기로 접어든다. 그리고 숙
종은 남은 재위기간 18년 동안 강화된 왕권을 바탕으로 탕평으로 나아
가는 기반을 닦는다.

"내가 살아 있는데도 이럴진대 이 사람을 살려둔다면 후일 안팎으로 그
당파를 심어 국가의 근심이 이루 말할 수 없게 될 것이다. 내가 절박하게
여기고 통탄해하는 이유가 바로 여기에 있다."

마지막으로 숙종은 대신들에게 이렇게 밝힌 바 있다. 한때 국모의 자
리에 있었고, 세자의 어머니인 장희빈이라 할지라도 왕권을 강화하는 데
걸림돌이 된다면 제거할 수 있다는 강력한 의지를 조정대신들에게 내보
인 것이다.

그리고 숙종의 이러한 의지는 후일 영조의 탕평책으로 계승되어 조선
이 신하들의 나라가 아니라 엄연한 왕의 나라라는 사실을 재확인시킨다.

이렇듯 장희빈이 사약을 받은 이유는 조선왕조가 신권臣權의 위협으
로부터 왕권을 지켜나가려는 피나는 노력의 과정에서 빚어진 희생물이
었던 셈이다.

■글/황정연

16
놀부는 왜 처음부터 부자였나?
— 조선시대 가족제도의 변화

"전라도에는 운봉이 있고, 경상도에는 함양이 있는듸,

운봉 · 함양 두 어름에 박씨 형제가 살았으되,

형 이름은 놀보요, 아우 이름은 흥보였다.

욕심쟁이 놀보란 놈, 부모가 남긴 그 많던 재물에,

남전북답, 노비에다 소 · 말까지 다 차지하고 흥보를 구박하네.

……

……

놀보네 갔던 흥보가 몽둥이로 실컷 맞고 빈손으로 돌아오니,

그것을 본 흥보 마누라, 바깥으로 뛰어나가선 절컥 주저앉으며,

태산같이 쌓인 곡식 뉘 주자고 애끼여서 이리 몹시 때렸을까,

어떤 사람 팔자 좋아 장손으로 태어나서 선영제사 모신다고 호위호식 잘 사는데,

누구는 버둥대도 이리 살기 어려울까, 차라리 나가서 콱 죽고 싶소."

이는 바로 우리가 익히 알고 있는 〈흥보전〉 중의 한 대목이다.

우선 첫 대목부터 보면, 놀부는 불쌍한 동생 흥부를 제쳐두고 우리가 아는 것처럼 부모의 유산을 혼자서 다 독차지해버렸다. 우리는 이를 두고 단순히 놀부가 욕심 많고 심술 사나운 형이었기 때문에 그런 것으로 알고 있었는데, 사실은 그게 전부는 아니라는 점이 주의를 끈다.

뒷부분의 넋두리를 한번 살펴보자. 여기에 보면 흥부는 그리 찢어지게 가난한 데 비해, 놀부가 그토록 부자인 데는 사나운 욕심 이외에 다른 이유도 있었던 듯싶다. 장손으로 태어나 조상 제사를 모시는 자손이 바로 놀부였다는 점이다. 그리고 아마도 이것이 놀부가 처음부터 부자였던 좀 더 근본적인 이유이고, 이는 우리가 아는 전통적인 가부장제 사회인 조선의 모습이기도 하다.

아들과 딸 중에 당연히 아들이 우선이요, 아들 중에서도 으뜸은 장자요, 그 집안의 종손이라는….

그런데 오늘 우리가 살펴보려는 조선의 가족제도는 우리가 알고 있는 그러한 상식들을 대폭 수정시켜놓는다.

놀부를 처음부터 부자로 만들어주었던 가부장적인 전통이 정작 조선시대 전기에는 전혀 그렇지가 않았다는 사실, 이것이 우리가 여기서 주목해보고자 하는 부분이다.

"형과 아우 똑같이 나누라"

1518년, 중종 13년 5월 6일자 실록에 기록된 사건을 짚어보자.

사재감司宰監(궁중의 부식·땔감 등의 사무를 맡아보던 부서) 제조 변수가 부모가 남긴 노비와 전답을 혼자서 독차지한 사건이 있었다. 변수에게는 여러 동생들이 있었는데, 형이 혼자서 재산을 차지해버리자 생활이 몹시 궁핍했다. 장손인 변수는 지위가 2품에 이르러 부모의 재산이 아니더라

도 그리 살기가 어렵지 않을 처지인데, 살기 힘든 동생들의 처지를 나 몰
라라 하고 재산을 독식한 일이 조정에까지 알려지게 된 것이다.

이 사연을 들은 중종은 확실하게 조사를 해보고 마땅히 법에 따라 똑
같이 나누어주도록 하라는 명령을 내렸다. 판결 결과, 사재간 제조 변수
는 파면되었고, 재산은 형제들에게 법에 따라 균등하게 배분되었다.

이어 중종 35년 5월 11일에 있었던 사건을 살펴보자.

사헌부에서는 중종에게 파림군 이주의 일을 아뢰었다. 파림군이라면
중종과 종친이었으며, 그의 성품이 간교하다는 사실을 중종도 익히 알고
있는 터였다. 그런데 파림군 이주는 그의 어미가 생전에 노비와 토지를
세 아들에게 나눠주며 당시 이를 문서화했음에도 불구하고, 어미의 상이
끝난 지 여러 해가 지났거늘 재산을 독차지하고 있다는 사연이었다.

이 소식을 접한 중종은 크게 진노하여 그가 비록 종친이긴 하나, 제 어
미의 명을 무시하고 나라법을 어긴 죄가 크니, 엄히 벌을 주고 법에 따라
똑같이 나누어주라는 명을 내렸다. 이에 따라 파림군 이주는 삭탈관직되
었으며, 재산도 그의 형제들에게 균등히 분배되었다.

그렇다면 당시 어떤 근거로 이런 판결이 내려졌을까?

이에 대한 근거는 바로 조선의 기본법인 〈경국대전〉이었다. 그렇다면
〈경국대전〉 안에 당시의 재산분배와 상속에 관해 어떤 내용이 담겨 있는
지 살펴보기로 하자.

먼저 재산상속시 본처의 소생인 경우 장남에서 혼인한 딸에 이르기까
지 모두 똑같이 나누도록(均給) 규정하고 있음을 찾아볼 수 있다. 다만
집안의 가계를 잇는 사람에게는 1/5을 더 주도록 명시하고 있는데, 이 또
한 승중자承重子라고만 표기하고 있을 뿐, 장남이나 아들로 규정하고 있
지는 않음을 알 수 있다.

조선의 〈경국대전〉에 아들은 물론이고 딸까지 똑같이 나누라고 적혀

있다니, 이제까지 우리가 알고 있던 상식과는 상당한 차이가 있다고 하지 않을 수 없다.

그렇다면 앞에서 본 사건들 이외에 이 법을 적용한 다른 어떤 예들이 있는지 더 알아보기로 하자.

실록에는 상속이나 분재에 관해 중종 때까지만도 80여 건의 사건이 실려 있으며, 그외에 재산상속과 관련해 왕이 특별히 어명을 내린 기록까지 있다. 성종 21년 3월 6일, '장자가 재산을 독차지하면 동생들이 소송을 하기가 진실로 어렵다. 혹 다음 대에 이르러 증거 댈 문서를 찾아 소송할 수도 있으니, 소송기한을 정해놓는다면 반드시 억울한 자가 있을 것'이라면서 상속과 관련한 소송기한을 정하지 말도록 명한 것이 그 한 가지 예다.

'배우자를 제외한 모든 자녀의 상속분을 똑같이 한다.'

이것이 지난 1990년 개정된 우리 나라 민법 조항이다. 그전까지는 다른 자녀에 비해 장남은 1/2이 많았고, 결혼한 딸은 1/4만 주는 등, 서로 차등을 두었던 것을 똑같이 나누도록 개정한 것이다.

그런데 이미 수백 년 전 조선에서 지금과 똑같은 법이 적용되고 있었다니, 참으로 놀라운 일이 아닐 수 없다.

동등한 부부관계와, 재산분배시 차별이 없었던 아들과 딸

그렇다면 조선시대 고문서들이 보관된 정신문화연구원 자료실을 찾아, 조선시대에 실제 자녀들에게 어떻게 재산을 나눠주었는지, 당시 문서들을 통해 직접 확인해보도록 하자.

먼저 부모가 자식에게 재산을 나눠주며 작성한 분재기分財記라는 것이 있다. 통상적으로 재산상속시 부모가 줄 때는 부모가 작성하고, 자식들이 나눌 때는 자식들에 의해 반드시 분재기가 작성되었다. (정신문화연구

그러한 한 예로 1452년, 문종 2년에 당시 1남 1녀를 두었던 이우양의 분재기를 보도록 하자.

우리는 얼른 토지나 논을 얼마씩 준다는 내용이 적혀 있을 것이라 생각하기 쉽지만, 여기에는 먼저 사람들의 이름이 죽 적혀 있다.

이는 조선 초기로 올라갈수록 재산적 가치에 있어서 토지보다는 노비에 더 비중이 두어져 있었기 때문에, 노비의 이름을 나열한 명단인 것이다. 노비는 몇 명이라고 하지 않고 입 구(口)자를 써서 몇 구라고 표현했는데, 여기에 보면 딸과 아들에게 각 7구씩을 정확하게 분재하고 있다.

또한 그 노비를 어머니가 준 것인지, 또는 아버지가 준 것인지를 이름 앞에 표기했는데, 어머니라고 쓴 것은 어머니 쪽에서 내려온 노비라는 뜻이다. 이 집의 경우는 아버지보다 어머니 쪽이 재산이 더 많았다는 것을 알 수 있다.

또한 노비들의 경우 다멸이, 분이, 삼월이 등등 이름만이 적혀 있는데, 이는 평민이나 양반과 달리 이들에게는 성이 없었음을 알 수 있다. 그래서 이름을 지을 때 태어난 시나 생긴 특성에 따라, 9월에 태어났다고 해서 구월이, 못생겼다고 해서 똥구지라는 식으로 이름을 지었다.

이 집의 경우, 다멸이라는 여자 종이 낳은 분이는 딸의 몫으로 주었고, 다멸이의 또 다른 자식은 아들의 몫으로 나누었는데, 이는 한 부모의 자식일지라도 정확성이나 분재의 균분성을 기하기 위해 그렇게 나눈 것이다.

그리고 맨 밑에는 승중자의 몫이라고 되어 있는데, 승중承重은 말 그대로 가계를 잇는다는 말이고, 승중자는 가계를 잇는 자식이라는 뜻이다. 그러므로 그에게 더 추가하여 재산을 나눠준다는 것인데, 〈경국대전〉의 규정대로 서로 나눈 몫의 1/5인 노비 2구를 추가로 아들에게 분재하고 있다.

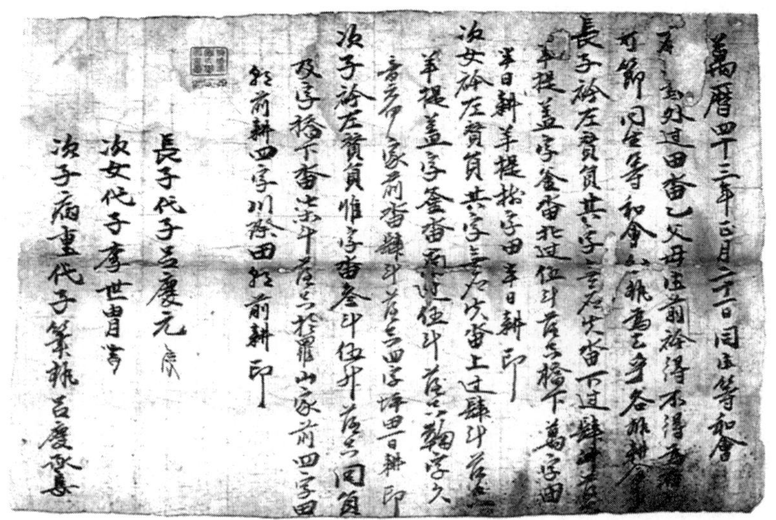

△분재기의 하나인 화회문기和會文記. 재산분배의 유언
이 없는 경우, 그 자녀들이 합의하여 작성한 분재기.

　또한 조선 초기일수록 자손은 태어난 순서대로 족보에 기록하고 분재
도 먼저 기록해두었다.

　가령 요즘은 딸이 여럿일 때 장녀, 차녀 하지만, 당시에는 자식 중 먼
저 태어난 자손에게 장자를 붙였다. 그래서 장녀 다음에 태어난 아들에
게는 비록 지금으로 따지면 장남일지라도 장자를 붙이지 않은 것이 요즘
과는 달랐다.

　그리고 재산을 분재한 후에는 재산을 준 사람과 증인을 기재했는데,
이때는 아버지, 어머니를 나란히 기재하여 그것이 어머니가 준 것인지,
아버지가 준 것인지 알 수 있도록 각자 이름을 쓰고 수결했다.

　또한 증인은 두 사람이 이름과 수결을 하고, 전체 내용에 대한 증인으
로서 나중에 분재상 하자가 있거나 할 때 이를 밝힐 책임을 안았다.

　이렇게 당시 문서를 통해 확인해본 조선 초기의 가족관계는 재산권에

서 부부가 동등했으며, 가계를 잇고 제사 지내는 부분을 빼면, 딸이나 아들에게 차별 없이 똑같이 재산을 나누었음을 알 수 있다.

그렇다면 재산권이 끝까지 여자에게 있었으니 딸이라고 해서 차별을 받는다거나, 부부관계 역시 남편 중심의 일방적인 관계는 아니었을 듯싶다.

이는 아직까지도 부부 사이에는 남편, 또 자식들 중에서는 아들, 특히 장남을 우선하는 우리의 전통적인 가족제도와 상당히 거리가 있는 것인데, 앞서의 사례들을 통해서 볼 때 중종 임금 때까지도 우리가 생각한 모습과는 그 내용이 상당히 달랐다는 것을 확인할 수 있다.

그렇다면 당시 가족관계가 어떠했고, 생활상이 지금과 어떻게 달랐는지를 좀더 상세히 알아보기로 하자.

남자는 장가를 갔고, 딸은 제사를 지냈다

1676년 어느 날, 전주 유씨 집안의 한 종가.

안에서는 남자들이 그득 모여 집안 대소사에 관해 중요한 회의를 하고 있다. 좀더 구체적으로 말한다면 앞으로 4년간 집안에서 지내야 할 제사의 순서를 정하는 것이다. 제사야 장남이 지내는 것인데, 무슨 순서를 정하는 것인지 의아하게 여겨질 게 당연하다.

하지만 당시는 그렇지가 않았다. 조상님 기제사에 명절이며, 또한 때마다 치르는 제사가 여럿 있었으니, 그걸 장남이 혼자 다 떠맡는 것은 무리라고 여겨, 자녀들이 순서대로 돌아가며 제사를 지냈던 것이다. 이를 윤회봉사輪廻奉祀라 했다. 사위인 해남 윤씨 가문이 소장하고 있는 이 전주 유씨 가문의 윤회봉사 기록에 관해 들여다보면 다음과 같다.

이 가문은 모두 4남 6녀였으며, 병진년부터 4년간 10남매가 나란히 돌아가며 제사를 지낼 순서를 정해놓았다.

출생 순서로는 셋째이면서 종가인 장남의 경우, 병진년에 아버지의 기

제사와 설날 때 조부모 제사, 다음해엔 추석 때 선조들 묘에서 지낼 제사 등 4년간 모두 7번을 맡았다.

다음은 가장 연장자인 큰사위 임생원의 경우, 병진년에 조부모의 기제사, 한식날 제사 등 역시 똑같이 7번의 제사를 맡았다.

그리고 나머지 아들과 사위 역시 7번에서 8번의 제사를 일정하게 나누어 맡도록 되어 있다.

이처럼 장남이 아닌 다른 아들들은 물론, 딸과 사위 역시 장남과 다름없이 제사를 맡아 지낸다니, 지금과는 사정이 전혀 다른 참으로 새로운 사실이 아닐 수 없다. 딸은 일단 결혼하면 출가외인이라고 했는데 이것이 어찌 된 일일까?

정신문화연구소 객원교수인 박병호 선생의 설명을 들어보기로 하자.

"우리 말에 결혼한다는 말에는 두 가지가 있는데, 남자의 경우는 장가를 간다고 한다. 이는 남귀여가혼이라고 해서, 기록을 보면 고구려 시대부터 신라, 백제를 거쳐 20세기 초까지도 보편적으로 행해진 의식이다. 남자는 장가를 가서 5년, 10년, 20년 후에야 처자를 데리고 왔는데, 이때는 또 여자가 시집 오는 것이 되는 것이다.

남자가 처가에서 사는 기간은 기록상으로 보면 자식이 장성할 때까지라 했는데, 고대로 가면 이 기간이 더 길었고, 조선 초에는 10년 정도가 되지 않았을까 생각된다. 어쨌거나 자식이 장성할 때까지 상당히 오랜 기간 처가에 머물렀던 것이다."

즉, 조선 중기까지도 재산은 물론 제사도 딸·아들 구분 없이 똑같이 나누어 지냈고, 이것은 남자가 여자 집에서 혼례를 치르고 함께 생활함으로써, 요즘처럼 딸이 출가외인으로 치부되지 않았기 때문에 가능했던 것으로 보인다.

이처럼 우리의 역사를 상세히 들여다보면 그리 멀지 않은 과거에 우리가 알고 있는 현대의 전통적인 가족과는 전혀 다른 모습의 전통이 있었음을 알 수 있다.

그렇다면 실록을 통해 당시 생활풍속과 관련된 다른 어떤 기록들이 있는지 알아보자.

세종 12년 6월 1일자 기록을 보면, '우리 나라는 남자가 여자 집으로 장가를 가니, 사위가 장인 보기를 친아버지처럼 하고, 장인도 사위 보기를 친아들처럼 여긴다'는 내용이 있다.

또 성종 2년 5월 20일에는 '우리 나라 풍습은 이종형제, 즉 이모의 아들딸과 한 집에서 자라나 서로 형제라 부르고, 위아래로는 숙질이라 부르며, 할아버지 손자라 칭하니 같은 성을 가진 친족과 그 은혜가 다름이 없다'는 기록도 있다.

그러니까 사위는 물론 손자들까지 친가, 외가의 구분 없이 모두 한 식구로 살았던 셈이다.

그렇다면 여기서 또 한 가지 궁금증이 생긴다.

우리가 오랜 전통으로 알고 있는 것 중 지금까지도 뿌리가 깊은 것이 바로 아들 선호사상이다. 아들이 없으면 집안의 대가 끊긴다는 생각은 어제 오늘의 일이 아닌 것이다.

당시 딸이 아들과 똑같이 상속을 받고, 제사 역시 나란히 모셨다고는 하지만, 집안의 대를 잇기 위해서는 결국 아들이 꼭 필요치 않았을까 하는 점이다.

율곡 선생의 외손 봉사

과연 조선 초기에 살았던 사람들은 아들이 꼭 필요하다고 생각했을까? 그 궁금증을 풀 수 있는 단서가 바로 오죽헌에 있다. 오죽헌 하면 얼른 떠오르는 인물이 바로 조선시대의 대표적인 어머니상으로 추앙받는 신사임당과 그 아들인 율곡 선생이다.

율곡은 오죽헌의 몽룡실에서 태어났으며, 6살이 될 때까지 여기서 성장했다.

현재 오죽헌의 관리를 맡고 있는 윤헌섭씨는 당시의 사정에 대해 이렇게 설명하고 있다.

"오죽헌은 신사임당 어른의 친정입니다. 원래 단종 때 지어졌는데, 이후 사임당 어른의 어머니, 외할머니, 또 그 어머니, 모두 3대에 걸쳐 집안의 딸들을 통해 물려내려져 왔습니다.

사임당 어른의 외할머니였던 최씨 부인이 아버지로부터 상속받아 자신의 무남독녀에게 물려주었는데, 그가 사임당의 어머니인 이씨 부인으로, 결혼 후에도 강릉에서 생활하며 사임당을 비롯해 딸 다섯을 낳아 길렀습니다.

딸만 다섯을 두고 양자를 들이지 않은 신사임당의 부모님 묘는 강릉 오죽헌 옆에 모셔져 있습니다. 즉, 무남독녀였던 사임당의 어머니와 또 사임당의 자매들까지, 2대에 걸쳐 따님들만 있었던 것이지요."

이렇게 2대에 걸쳐 아들이 없었다면, 그럼 대가 끊겼다는 얘기일까?

딸만 다섯을 두고 양자를 들이지 않은 신사임당 부모님의 묘는 강릉 오죽헌 옆에 모셔져 있다. 아들이 없었던 집안에서 그럼 누가 장사를 지내고 이 묘소를 돌봐왔던 것일까?

바로 오래 된 문서 속에 그 해답이 들어 있다. 사임당의 어머니인 이씨 부인의 분재기이다. 이씨 부인은 다섯 딸에게 170여 명의 노비를 나눠주었으며, 끝부분에 바로 제사에 대한 당부가 들어 있다. 집안의 제사를 모

△이율곡이 태어난 강릉 오죽헌의 몽룡실. 율곡은 외가에서 6살까지 살았으며 외손봉사를 했다.

시고 대를 잇는 자식에게 주어졌던 봉사조로 서울의 기와집과 노비 전답을 외손자인 현룡에게 주며, 또다른 외손자 운홍에게는 묘소를 보살피라는 조건으로 오죽헌과 노비 전답을 준다고 되어 있다. 묘소의 관리를 맡은 운홍은 외손자 권처균이고, 집안 제사와 외가의 대를 잇게 된 외손자 현룡이란 다름아닌 이율곡 선생의 어린시절 이름인 것이다.

"조선 초기에는 외손봉사가 많았습니다. 당시 재산상속에서 제사까지 딸·아들 차별이 없다 보니 부모의 은의에서도 딸·아들의 구분이 없었던 것입니다. 그러니 부모의 제사도 딸·아들의 구분 없이 똑같이 나누어 지내야 한다는 생각을 갖고 있었던 모양입니다."

— 성신여대 사학과 박용옥 교수

율곡의 외할머니인 이씨 부인은 남편과 딸인 사임당까지 먼저 보내고 90세까지 이곳 오죽헌을 지키며 여생을 보냈다고 한다. 이씨 부인이 특별히 사랑했던 손자인 율곡 선생, 그는 혼자 된 고령의 외할머니에게 효성을 다했다.

율곡은 선조 원년에 이조좌랑으로 임명된 적이 있는데, 그는 외할머니의 병환 소식을 접하자 당장 벼슬을 버리고 강릉에 내려와 병간호를 했으며, 이후에도 몇 차례나 외할머니의 병환을 이유로 사직을 청한 바 있고, 이듬해 외할머니가 돌아가시자 생전의 당부대로 오죽헌으로 내려와 외할머니의 상례를 주관했다.

그리고 이씨 부인과 그 남편인 신명화 선생의 묘소는 생전의 유언대로 또 다른 외손인 권처균의 후손들에 의해 무려 4백 년 동안 관리되고 모셔져오고 있는 것이다.

대표적인 유학자 이율곡 선생이 외가의 대를 잇고 제사를 모셨다는 사실은 그 자체만으로는 언뜻 이해가 가지 않는 일이다. 그러나 지금까지 우리가 보아온 당시의 가족관계, 딸 · 아들 구분 없이 제사를 나누어 모시고, 어린 시절부터 친가 · 외가 구분 없이 함께 생활했던 모습들 속에서 보자면 당연한 도리였던 것이다.

우리가 오랜 전통이라고 여겼던 아들 선호사상, 그리고 장남이 우선인 가족관계는 이렇듯 정작 조선시대 중반까지도 일반적인 관습이 아니었던 것이다.

하지만 조선은 개국과 더불어 성리학, 좀더 정확히는 주자학을 통치이념으로 내세운 나라였다. 따라서 가족제도의 근본이 된 것은 주자가례였고, 그것의 핵심은 다름아닌 종법제도, 할아버지-아버지-나-아들-손자로 대를 잇는 것이었다.

그런데 아들이 없어도 딸이나 외손자가 그 역할을 대신했다니…. 조선왕조가 세워진 지 3백 년이 될 때까지도 왜 그렇게 다른 모습이었던 것일까?

유교적 가족질서를 세우기 위한 조정의 노력

일찍이 조선의 개국공신 정도전은 당시 혼례풍속에 대해 이런 비판을 가했다.

"남자가 여자의 집으로 장가를 드니, 부인이 지아비를 어려워하지 않고 집안의 법도가 서지 않으니, 이는 낙후된 풍속이다."

바로 이런 조선전기의 혼례와 제사풍속은 고려 때까지 행해져왔던 오래 된 관습이었다.

이렇듯 양이 음을 좇아가는 혼인풍속과 종법의 정착을 막는 제사관습을 고치는 것은 조선왕조에게 있어 커다란 과제가 아닐 수 없었다. 왕실은 먼저 혼인제도를 친영례로 바꾸고자 했다. 친영례란 남자가 신부를 맞아들여 혼례를 치르고 곧바로 남자 집에서 생활하도록 하는 것이다.

유교적인 제도정비에 가장 적극적이었던 임금은 세종이었다. 세종은 새 혼례제도가 정착되기 위해서는 왕실이 모범을 보여야 한다고 여겨, 세종 17년 숙신옹주의 혼인을 신랑 윤평의 집에서 거행하니, 실록은 이를 우리 나라에서 치러진 최초의 친영례라고 적고 있다. 그러나 이후에도 혼례관습은 좀처럼 바뀌지 않았다.

그러자 하는 수 없이 명종 때에는 반친영례라는 절충안이 장려되기에 이른다. 혼례는 여자집에서 치르되 처가에 머무는 기간을 6개월에서 3일로 대폭 줄인 것이다.

그러니까 앞서 우리가 본 가족제도는 고려시대까지 계속되어온 관습이었던 것이다. 그렇다면 혼례를 비롯한 이런 관습들은 언제 유교적인 생활양식으로 바뀌게 된 것일까?

다소의 차이가 있지만 전체적인 변화가 나타나는 것은 17세기 후반에 들어서야 가능했다는 것이 전문가들의 이야기이다. 말하자면 3백 년에 걸쳐 서서히 변화하다가 17세기 후반에 이르러 비로소 자리잡았던 것이다.

조정의 적극적인 노력에도 이토록 오랜 시간이 걸린 것을 보니 과연 관습과 풍속이란 쉽사리 변하는 것이 아닌가 보다. 그중에서도 특히 바꾸기 힘든 게 제사와 혼례라고 하는데, 그렇다면 이런 관습들이 바뀌게 된 것이 과연 조정의 노력만으로 가능했던 것일까?

당시 조선사회 내부에서도 어떤 변화가 있었던 것은 아닐까?

왜냐하면 17세기 후반은 혼례뿐 아니라 가족제도 전체에 큰 변화가 나타나는 시기이기 때문이다.

임진왜란, 정묘·병자호란을 거치며 달라진 가족제도

개국 후 2백 년간 평화를 누려왔던 조선은 1592년 임진왜란을 겪는다.

그리고 7년간 계속된 왜란의 폐해가 채 아물기 전 인조반정과 병자호란을 연이어 겪게 된다. 40여 년 사이 사회적인 격변을 겪은 조선사회는 그 내부에 위기감이 팽배하게 된다.

"임란 등 난리를 겪으며 사회가 혼란스러워지자 세상에 믿을 사람이 없다는 생각이 만연해지고, 그러다 보면 국가보다는 혈연공동체를 강화하게 되는 것이 상례이다. 그것도 남자 중심으로 체계를 다시 정비해야 되겠다는 생각을 갖게 되면서 남자, 큰아들 중심으로 굳어지고 이를 강화하게 되는데, 이는 곧 17세기 전후의 사회변화를 극복한 하나의 지혜라고도 볼 수 있다."

— 서울대 인류학과 이광규 교수

가족제도의 변화는 상속에서 특히 뚜렷이 나타난다. 17세기 후반에 작성된 한 분재기를 보면 딸의 상속재산은 아들의 1/3로 줄었고, 부모는 그 이유로 봉양과 제사의 의무를 다하지 못하는 것을 들고 있다.

이렇듯 차별상속의 이유 중 하나가 바로 제사였다. 결혼과 동시에 딸이 시가에서 생활하게 되자 점차 제사에서 제외되었고, 제사 방식 또한 달라져 사당에서 제사를 모시는 것이 정착된다. 이는 사당을 모시는 장자 중심으로 제사와 상속이 이루어지며, 종법제도가 자리를 잡아감을 의미한다.

이런 가족제도의 변화에 영향을 미친 것은 17세기의 또 다른 사회분위기였다. 17세기는 그 어느 때보다 성리학적인 윤리규범이 강조된 시대였던 것이다. 인조반정을 거치며 왕실어른에 대한 윤리규범, 중국에 대한 사대 모두 성리학적인 명분론에 입각해 이루어져 사회 전체에 영향을 미친다. 또 사회 내부적으로 예에 대한 연구가 활발해져 예학이 발달하기도 했다.

이렇듯 사회 전반에 성리학적인 예를 중요시 여기는 풍토가 만연해지면서 달라진 가족문화가 급속히 뿌리를 내리게 된다.

족보의 기재사항이 달라지다

가족제도가 변한 과정을 다시 한번 짚어보면, 혼례방식이 변하면서 결혼 초부터 남편 중심의 생활이 이루어지게 된다. 그리고 결혼과 동시에 출가외인이 된 딸은 이전처럼 아들과 똑같은 대우를 받을 수 없게 되었고, 가부장제의 확립을 위해 장자에게 무게를 실어주게 된다.

17세기 후반에 두드러지게 변화된 조선의 가족제도는 족보를 시대적으로 나누어 비교함으로써도 그 내용의 일면을 엿볼 수 있다.

그 일례로 성종 때 간행된 안동 권씨 가문의 족보인 성화보成化譜를 살펴보자. 이는 현존하는 가장 오래 된 족보다.

17세기 이전까지 족보는 극소수의 명문가만이 발간했는데, 가족제도가 변하면서 17세기 이후 대대적인 발간 붐이 일게 된다. 하지만 그 내용은 이전과는 상당히 달랐다.

먼저 성화보의 경우는 안동 권씨 직계뿐 아니라 외손들까지도 망라되어 있고, 외손들이 안동 권씨와 똑같이 기재되어 있는 것이 특징이다. 또한 남녀 차별 없이 태어난 순서대로 그대로 기록되었다. 이렇게 외손들도 여러 대에 걸쳐 적은 결과, 성화보에 기재된 인물 총 9천여 명 중 정작 안동 권씨는 1/10이 채 되지 않았다. 또한 성화보의 발간 자체도 한시집인 〈동문선〉으로 유명한 서거정 등 외손들의 주도로 이뤄졌다.

그러나 조선후기로 오면 먼저 족보에 오르는 자녀들의 기재 순서부터 달라진다. 장남을 비롯해 아들들을 먼저 기재하고, 딸은 사위의 이름만 기록되어 있을 뿐, 그 밑에 기재돼 있던 외손들이 모두 사라지게 된다. 결국 이 두 족보는 아버지와 어머니, 부계와 모계가 동등하게 여겨졌던 조선전기와는 달리, 후기에는 아버지 쪽 혈통만을 강조했음을 상징적으로 보여주고 있는 것이다.

이렇게 종법제도가 확립되면서 가족제도는 아버지의 가계 중심으로 변화했고, 양반은 물론 점차 백성들 사이에서도 이것이 뿌리를 내리게 된다.

그리고 비로소 놀부라는 인물도 탄생하게 되는 것이다. 이 잘사는 형과 못사는 아우 얘기가 입에서 입으로 전해지다가 18세기에 판소리로 불려지고, 다시 소설로 전해지며 점차 풍자와 해학이 가득한 이야기로 엮어져간다. 따라서 조상제사를 모시는 장남 역의 놀부는 언제나 처음부터 부자로 등장했던 것이다.

또 한 차례의 변화 – 문중의 탄생과 종손의 탄생

흥부와 놀부는 제비가 물어다준 박씨로 인해 한순간에 서로 처지가 바뀌었지만, 그것은 어디까지나 소설이기에 가능했던 이야기일 것이다. 왜냐하면 실제 현실에서는 시간이 갈수록 장남의 역할이 더욱 무거워졌기 때문이다. 우리가 흔히 들어온 문중이 탄생하고, 집안의 종손이 탄생하게 된 것이다.

조선후기로 접어들면서 아버지에서 고조부에 이르기까지 4대 이내 조상을 사당에서 모시는 기제사가 정착된다. 더 나아가 5대 이상인 조상의 제사를 지내기 위한 조직이 생기니, 이것이 곧 문중이다. 조상의 묘를 보존하고 부계 친족간의 친목을 위해 조직된 문중, 그 중심에는 적자의 혈통을 이어온 종손이 있었다.

또한 문중은 생활상에서도 변화를 불러와, 같은 성을 가진 사람들이 마을을 이루어 함께 생활하도록 만든다.

"우리가 주로 농업에 종사하며, 토지를 재산으로 갖고 있으면서 아버지의 재산을 물려받으면 결국은 물려받은 사람들이 같은 토지에서 경작을 해야 하고, 그러다 보면 같은 마을을 형성하게 되는 것이죠. 그래서 문중의 발달은 동족마을과 동성마을을 많이 만들어가게 됩니다.

지역적으로는 동족마을, 체계적으로는 문중체계, 여기에 기본정신은 제사라고 할 수 있습니다. 제사는 자기네 동종의 단결과 협력을 강조하고, 그래서 윤리체계도 그렇게 서고 사회질서도 거기에 따르게 되니 조선조 후기에 와서는 유교의 이념적인 것들이 거의 확립되게 됩니다.

이렇게 해서 우리가 알고 있는 전통사회라는 것이 일제시대까지 이어져 내려오게 되는 것입니다."

— 서울대 인류학과 이광규 교수

우리는 지금까지 놀부가 탄생했던 배경을 통해 조선의 가족제도가 어떻게 변화되어왔는지를 살펴보았다. 그리고 우리가 오랜 전통이라고 생각한 가족제도가 실은 오랜 역사 중 3백 년 남짓한 것에 불과하다는 것도 확인했다.

지금 우리 사회는 가족제도 등 사회 전반에서 또 한 차례의 변화를 겪고 있다. 결국 제도란 시대에 따라 끊임없이 변화하게 마련이지, 그 자체가 반드시 지켜야 할 전통은 아닌 것이다.

엄격한 신분제 사회였던 조선의 가족제도 역시 그래서 하나로 고정된 게 아니라 시대에 따라 적절한 변화를 겪어왔던 것이다.

지금도 우리 주변에 뿌리 깊이 잔존하며 여러 가지 문제를 낳고 있는 남아 선호사상 등, 제도에 의해 이어져왔던 낡은 구습들 중에 버릴 것은 과감히 버리고 고칠 것은 고치는 가운데, 지난 역사를 돌아보는 의미를 다시 한번 새기고자 한다.

■글/이혜진

연표로 읽는 조선의 역사 2 (연산군~숙종)

• 항목 앞의 '＊' 표는 정확한 날짜를 모르는 것임.

1494.	12	성종 죽고 세자 즉위(연산군)
1497.	5	폐비 윤씨(연산군 생모)를 추숭함
	6	대간들의 사직이 무려 70여 회에 이름
1498.	2	상평창을 설치
	7	무오사화 일어남. 유자광 등의 무고로 김일손·권오복 등이 처형되고, 김종직은 부관참시되었으며, 김종직·김일손의 사초와 문집을 거두어들여 불태움
1504.	윤4	언문의 교수·학습을 금함
	10	갑자사화 일어남. 김굉필·권달수·이극균·성준·박은·홍귀달 등 수십 명이 처형됨
1506.	2	연산군의 비행을 폭로하는 괘서사건 빈번
	9	박원종 등, 왕을 폐하고 진성대군을 옹립함(중종반정). 폐왕을 연산군에 봉함
	11	연산군, 강화도 교동에서 병사함
1510.	4	삼포왜란 일어남
1511.	3	유숭조, 조광조 등을 천거함
1512.	9	일본사신과 조약을 맺어 세견선과 세견미를 줄임(임신조약)
1519.	12	조광조 사사됨(기묘사화)
1527.	4	최세진, 〈훈몽자외〉를 찬진
1543.	1	풍기군수 주세붕, 백운동 서원을 세움(서원의 시초)

1544.	11	중종 죽고 세자 즉위(인종)
1545.	7	인종, 병으로 죽고 왕대비(문정대비) 윤씨 섭정을 함
	8	윤임 등을 사사시킴(을묘사화)
1547.	2	대마도와 수호조약을 개정(정미조약)
1550.	2	백운동 서원, 소수서원의 편액이 하사됨(서원 사액의 시초)
		* 명에서 양명학이 들어옴 / 황진이의 문학활동
1551.	6	보우를 판선종사 도대선사로 함
1555.	5	전라도 달량포에 왜변 일어남(을묘왜변)
1559.	3	황해도에 민란(임꺽정의 난) 일어남(~1562)
		* 이황과 기대승 사이에 사단칠정에 관한 서신왕래가 시작됨(~1566)
1561.		이지함, 〈토정비결〉 지음
1563.	9	명나라, 〈대명회전〉에 기재된 조선왕계의 잘못을 고침(종계변무 일단락)
1567.	6	명종 죽음. 후사가 없어 하성군河城君(선조)에게 왕위를 물림. 왕대비 수렴청정을 실시
1568.	12	이황, 〈성학십도〉 지음
1572		이이와 성혼 사이에 사단칠정에 관한 서신왕래가 시작됨(~1578)
1575.	6	이이, 〈성학집요〉를 올림
	7	심의겸 · 김효원의 파당이 논쟁, 동서당론이 일어남(을해당론)
1579.	5	이이, 동서사류의 보합을 논한 상소를 올림. 백인걸, 동서분당을 규탄함
1583.	2	이이, '시무6조'를 올림
	4	이이, 10만 양병설을 건의함

1588		* 정철, 〈사미인곡〉〈속미인곡〉을 지음
1589.	10	정여립 모반사건 일어남. 이발 · 이길 · 최영경 · 백유양 · 정언신 등 동인 다수가 처형됨(기축옥사)
1590.	3	일본통신사 황윤길 등을 일본에 파견
		* 이 무렵 동인이 남인과 북인으로 나뉨
1591.	2	이순신, 전라좌수사가 됨
	윤3	기축옥사의 위관委官인 정철 파면됨
1592.	4	일본 침략군 21만, 조선에 침략함(임진왜란)
	5	일본군, 한성을 점령 / 이순신, 사천해전에서 거북선을 처음 사용, 일본 수군을 대파함
	7	이순신 함대, 3차 출동으로 한산도대첩을 이룸. 제해권을 완전 장악
1593.	1	평양 수복
	2	권율, 고양 행주산성에서 일본군을 대파(행주대첩)
	6	일본군, 진주성 공격으로 임진왜란 중 최대의 격전 끝에 함락 / 김천익 전사
	8	일본군 철수 시작
1597.	1	일본군 20만, 조선을 재침(정유재란)
	2	이순신, 무고로 하옥됨(~4월)
	3	명나라 군대 다시 출병함
	7	원균의 수군, 칠천 · 고성에서 대패, 원균 전사 / 이순신, 삼도통제사가 됨
1598.	9	도요토미의 유언으로 일본군 철수 시작
	11	이순신 함대, 남해 노량에서 일본수군 대파(노량대첩), 이순신 전사
		* 이순신, 〈난중일기〉 씀

1599.	10	서얼허통을 금함
1604.	6	승려 유정을 대마도에 보내 일본의 사정을 알아보게 함
1605.	4	유정, 피로인 3천여 명을 데리고 일본에서 귀국
1606.	11	대마도주 소오(宗義智), 도쿠가와의 서계와 왕릉 도굴범 2명을 보내옴
1608.	2	선조 죽고 왕세자 즉위(광해군)
1609.	4	광해군, 임해군을 살해
	6	일본사신 왕래에 관한 새 조약을 정함(을유조약) / 임진왜란 후 일본과의 국교를 공식 재개함
1610.	8	허준, 〈동의보감〉 25권을 찬진함
1613.	8	영창대군을 강화에 보냄(계축옥사)
1614.	2	영창대군을 죽임
		*이수광, 〈지봉유설〉 개판
1615.	11	역모사건의 무고로 능창대군을 죽임
1616.	11	일본으로부터 담배(南靈草) 들어옴
1618.	1	인목대비의 호를 삭탈하고 서궁이라 칭함
	8	허균(〈홍길동전〉의 저자)을 처형
1619.	2	명에 원군 1만 명 파견
	3	도원수 강홍립, 금에 항복
	4	금, 국서를 보내옴
1623.	3	김유·이귀 등 서인, 광해군을 폐하고 능양군을 추대함(인조반정)
1624.	1	부원수 이괄, 반란을 일으킴
1625.	11	서얼허통법을 제정
1627.	1	여진족의 금, 조선을 대거 침입(정묘호란)
1631.	7	정두원, 명에서 천리경·서포·자명종·염초화·자목

	화紫木花 등을 갖고 옴
1634. 11	처음으로 상평통보를 사용
1636 12	청군 침입(병자호란) / 인조, 남한산성으로 피난 / 청군, 남한산성 포위
1637. 1	강화도 함락됨 / 인조, 삼전도에서 청태종에게 항복
3	3학사(홍익한·윤집·오달제) 등, 청나라에 끌려가 심양에서 살해됨
1641. 7	광해군, 제주도에서 죽음
1642	송시열과 윤휴, 이기설에 대해 논함
1644. 1	소현세자, 독일인 신부 아담 샬로부터 천문·산학·천주교에 관한 책과 여지구·천주상을 가지고 서울로 옴
4	왕세자(소현세자), 죽음
1647. 5	소현세자의 세 아들을 제주도에 귀양 보냄(신생辛生의 옥)
1649. 5	인조 죽고 세자 즉위(효종)
11	김육, 대동법 시행을 건의
1651	윤선도, 〈어부사시사〉 지음
1653. 8	제주 목사, 화란인 하멜 일행의 화순포 표착을 보고
1654. 3	제1차 나선정벌
1657. 8	송시열, 시정 18조를 상소
1658. 5	제2차 나선정벌
1659. 5	효종 죽고 왕세자 즉위(현종)
1660. 3	남인·서인 사이에 예론시비 시작됨
1660. 11	신속, 〈구황촬요〉를 올림
1669. 1	공사천으로서 양처의 소생은 모역母役을 따르게 함
1673. 12	유형원, 〈반계수록〉을 남기고 죽음
1674. 8	현종 죽고 왕세자 즉위(숙종)

1677		경상도에 대동법을 시행
1680.	4	척신들, 윤휴 · 허적 등 남인을 축출(경신대출척)
1683.	4	서인이 노론과 소론으로 분당
1687.	12	숙종, 탕평책을 유시
1689.	2	세자책봉 문제로 노론 실각, 남인 집권(기사환국) / 송시열, 제주도에 유배되어 사사
	12	양민종모제를 폐지
		* 김만중, 〈구운몽〉〈사씨남정기〉를 지음
1694.	3	노론에 의한 남인 몰락(갑술옥사)
	4	남구만, 영의정이 되고 소론파 등용
1697.	2	대마도주, 막부의 명으로 왜인의 울릉도 왕래가 금지되었음을 알려옴
1698.	1	숙종, 탕평책을 지시
1701.	10	장희빈 사사
1712.	5	백두산 정계비 세움
1714.	2	숭례문에 괘서사건
1717.	11	전국에 호수 547,709호, 인구 6,829,771명

한 권으로 보는 세계사 101장면

김희보 지음 / 신국판 448쪽 / 8000원

●인류의 출현에서 소련의 붕괴까지 세계의 역사 가운데 전기를 이루었다고 생각되는 101대 사건을 간명하게 정리, 세계사의 흐름을 파악할 수 있게 했다.

한 권으로 보는 한국사 101장면

정성희 지음 / 신국판 464쪽 / 9000원

●한반도의 구석기문화 출현에서 문민정부의 등장까지 우리 역사에서 전기를 이루었다고 생각되는 101대 사건을 엄선, 정리했다.

한 권으로 보는 중국사 100장면

안정애 · 양정현 지음 / 신국판 448쪽 / 9000원

●북경원인이 출현에서부터 최근의 한 · 중 수교에 이르기까지 장구한 중국의 역사에서 100대 사건을 엄선, 다기한 중국사의 흐름을 간명하게 제시했다.

한 권으로 보는 러시아사 100장면

이무열 지음 / 신국판 488쪽 / 12,000원

●러시아 대륙에 최초로 나타난 나라 키예프 러시아에서부터 '인류의 위대한 실패' 로 기록된 소련의 붕괴까지, 격동의 러시아사에서 100대 사건을 간명하게 정리했다.

한 권으로 보는 미국사 100장면

유종선 지음 / 신국판 412쪽 / 9000원

●신대륙 발견에서 LA 흑인폭동에 이르기까지, 건국 200년 아메리카 합중국의 역사에서 일대 전기를 이루었다고 생각되는 100대 사건을 엄선, 간명하게 정리했다.

한 권으로 보는 해방후 정치사 100장면(증보판)

김삼웅 지음 / 신국판 430쪽 / 9000원

●해방에서부터 김대중 집권까지 반세기 동안 격동했던 한국 현대정치사 중에서 역사의 전기를 이루었다고 생각되는 102대 정치사건을 엄선, 정리했다.

한 권으로 보는 서양철학사 100장면

김형석 지음 / 신국판 380쪽 / 8000원

●철학의 탄생에서 20세기 현대사상에 이르기까지 3천 년 서양철학사를 에세이풍으로 시원스레 풀어나간 노교수의 명강의!

한 권으로 보는 불교사 100장면

임혜봉 지음 / 신국판 440쪽 / 10,000원

●석가의 탄생에서부터 성철 큰스님의 입적까지 우리 불교를 중심으로 100대 사건을 엄선, 2500년 불교사의 가닥을 간명하게 정리했다.

한 권으로 보는 북한현대사 101장면(증보판)

고태우 지음 / 신국판 443쪽 / 9000원

●김일성의 입북에서 김일성의 사망, 김정일의 후계계승, 최근의 남북정상회담까지 북한의 역사에서 101대 사건을 엄선, 북한사의 흐름을 쉽게 짚을 수 있도록 엮었다.

한 권으로 보는 세계 탐험사 100장면

이병철 편저 / 신국판 456쪽 / 12,000원

●중세의 바다를 주름잡았던 바이킹에서부터 에베레스트를 무산소로 등정한 라인홀트 메스너까지, 이제까지 있었던 인류의 탐험사를 100장면으로 정리!

한 권으로 보는 20세기 대사건 100장면(증보판)

양동주 지음 / 신국판 385쪽 / 9500원

●격동의 20세기, 어떤 대사건들이 일어났나? 20세기 100년 동안 지구상에서 일어나 세계사의 흐름을 뒤바꾼 대사건 100개를 엄선한, 살아 있는 세계현대사!

한 권으로 보는 20세기 결전 30장면

정토웅 지음 / 신국판 433쪽 / 9000원

●20세기 100년간 일어난 수많은 전쟁 중 주요 전투, 곧 '결전' 30개를 뽑아 그 전개경과와 전술, 승패요인, 전사적인 의미 등을 쉽게 풀어나간 20세기 전쟁사의 결정판!

한 권으로 보는 전쟁사 101장면

정토웅 지음 / 신국판 405쪽 / 9000원

●트로이 전쟁에서 대 이라크 전쟁인 걸프 전쟁까지, 인류 역사의 물줄기를 바꾸어온 중요 전쟁 101개를 엄선한 전쟁사 입문서!

한 권으로 보는 일본사 101장면

강창일 · 하종문 지음 / 신국판 456쪽 / 9500원

●선사문화에서 의회 부전결의까지, 일본역사의 전기를 이룬 101장면을 추려 시대순으로 정리하여 일본사의 흐름을 한눈에 파악할 수 있게 한 '새로운 일본사 읽기' !

한 권으로 보는 한국 최초 101장면

김은신 지음 / 신국판 349쪽 / 8000원

● '파마 값이 쌀 두 섬이었던 최초의 미장원' 에서부터, 남자가 애 받는 '해괴망측한 산부인과 병원' 까지 우리 근대문화의 뿌리를 들춰 보는 재미있는 문화기행 101장면!

한 권으로 보는 한국미술사 101장면

임두빈 지음 / 올컬러 변형 4 * 6배판 359쪽 / 20,000원

●선사시대 원시인들의 암각화에서 현대미술에 이르기까지 101개의 주요 작품을 위주로 일목요연하게 해설, 부담없이 읽어나가는 동안 한국미술 5천 년의 역사를 파악할 수 있도록 한 역작! 〈 '98 한국간행물윤리위원회 제32차 청소년 권장도서〉 선정!

한 권으로 보는 중국미술사 101장면

장훈 /노승현 옮김 / 올컬러 변형 4 * 6배판 359쪽 / 20,000원

●동양미술의 첫 샘, 중국미술을 이해하지 않고서는 우리 미술을 이해할 수 없다. 반파 채도에서 제백석까지, 7000년 중국미술사로의 재미있는 여행. 〈 '99 이달의 청소년도서〉 선정!

한 권으로 보는 그리스 신화 100장면

이경덕 지음 / 신국판 392쪽 / 9800원

●그리스 신화의 개념을 명쾌하게 정리하여 살아 숨쉬는 그리스 신화를 만날 수 있다. 그리스 신화를 계통적으로 접근, 각각의 이야기들을 씨줄과 날줄을 엮듯 정교하게 직조한 또다른 신화 읽기!

한 권으로 보는 이집트 역사 100장면

손주영 · 송경근 지음 / 신국판 424쪽 / 10,000원

●나일 문명의 태동에서 무바라크 대통령 취임까지, 신비로운 인류역사와 문화의 보고寶庫ㅡ. 이집트 7천 년의 역사를 흥미롭게 써내려간 이집트 역사 입문서의 결정판. 이집트의 건축, 문학, 예술을 통해, 고대와 현재가 공존하는 이집트의 참모습을 흥미롭게 보여주고 있다.

한 권으로 보는 캐나다 역사 100장면

최희일 지음 / 신국판 404쪽 / 10,000원

●신대륙 발견에서 퀘벡 분리운동까지─ 국내 최초로 소개되는 캐나다의 역사와 사회변천사. 역사보다는 자연으로 더 많이 알려진 캐나다. 그러나 오늘의 캐나다가 있기까지 그곳에도 처절한 인간의 도전과 투쟁의 역사가 있었다. 짧지만 급변했던 캐나다의 어제와 오늘 그리고 내일을 깊이있게 조망한 책!

한 권으로 보는 서양음악사 100장면 (1)(2)

(1) 박희미 지음 / 변형 4 * 6배판 / 288쪽 / 올컬러 / 18,000원
(2) 김용환 지음 / 변형 4 * 6배판 / 424쪽 / 올컬러 / 22,000원

●제1권〈고대의 음악에서 바로크 음악까지〉에서는 서양음악의 기원으로부터 시작하여 바흐와 헨델로 대표되는 바로크 시대까지를, 제2권〈계몽주의 음악에서 현대음악까지〉에서는 고전주의─낭만주의─현대음악까지의 흥미로운 음악사를 담았다. 〈'2002 교보문고 계층별 권장도서─대학생 부문〉 선정!

한국 현대사 뒷얘기

김삼웅 지음 / 신국판 349쪽 / 7000원
●우리가 반드시 알아야 할 우리 현대사의 물음표 46개! 변칙과 파행으로 얼룩진 우리 현대사의 뒷전으로 묻혀지고 숨겨져버린 비사와 뒷얘기.

사료로 보는 20세기 한국사

김삼웅 편저 / 신국판 465쪽 / 10,000원
●활빈당선언에서 전 · 노항소심 판결까지, 20세기 100년 동안 이 땅에서 벌어진 주요한 사건 · 사태의 과정과 기록을 면밀히 돌이켜보고 정리한 140개 문건!

20세기 세계사

기무라 히데스케 / 이윤희 옮김 / 신국판 304쪽 / 9000원
●소련현대사 전공의 저자가 민족해방운동과 사회주의 관점에서 돌아본 격동의 20세기 세계사!

한국현대사 바로잡기

김삼웅 지음 / 신국판 332쪽 / 8000원
●현대사 연구가인 저자가 우리 현대사에서 오도되거나 왜곡된 사건들을 골라 재조명한 책. 해방 이후 정치 · 사회적으로 가장 큰 의혹 · 의문 · 미제사건 15가지를 풍부한 자료를 통해 재정리했다.

박열 평전

김삼웅 지음 / 신국판 289쪽 / 8000원
●일왕 폭살을 꾀한 아나키스트 박열의 최초 평전.

미스터리 세계사(전4권)

프랜시스 히칭 외 / 김향 옮김 / 신국판 / 각권 300쪽 안팎
●인류의 출현과 고대문명의 지혜, 불가사의한 구약성서 사건의 진실 등, 세계사 속의 풀리지 않는 미스터리들을 추적, 흥미진진하게 파헤친 역사 읽을거리!

위대한 발굴 / 위대한 탐험 / 위대한 도전

이병철 편저 / 올컬러 / 4 * 6배판 250쪽 안팎
●세계사를 바꾼 인류의 위대한 발굴 · 탐험 · 도전의 모든 것! 세계 역사상 인류가 성취한 위대한 기록들을 풍부한 컬러사진과 유려한 문체로 재현한 고급 읽을거리!

만화로 보는 한국현대사(전3권)

백무현 글 · 그림 / 290쪽 안팎 / 각권 6000원
●격동의 한국현대사 50년을 만화로 재현! 해방 후부터 96년 노태우 · 전두환 구속까지, 사건의 연속으로 점철된 우리 현대사를 조망. 주위에 권할 만한 국민 필독서!

주제별로 풀어쓴 한국사 강의록(고대편)

김기섭 지음 / 신국판 346쪽 / 10,000원
●고등학교 국사 교육이 학생들의 역사관을 왜곡시키고 병들게 하는 현실을 직시, 진정한 역사 공부의 초석을 다지고자 우리 고대사를 주제별로 쉽고 재미있게 쓴 역작!

섬의 세계사

박영준 지음 / 신국판 341쪽 / 9000원
●열강의 힘이 치열하게 맞부딪치는 세계사의 현장, 살라미스에서 남사군도까지, 세계의 유명 섬 31개에 얽힌 흥미진진한 섬의 역사를 한자리에 모아놓았다.

악녀의 세계사(증보판)

김향 엮음 / 신국판 323쪽 / 8000원
●동서고금의 유명 악녀 42명의 기이한 행적과 유별난 삶을 섬뜩할 만큼 사실적으로 기록한 악녀열전.

물건의 세계사

지바현역사교육자협의회 세계사부 엮음 / 김은주 옮김
신국판 376쪽 / 9000원
●우리 주변에 널려 있는 물건들 속에서 '역사'를 끄집어내어 보여줌으로써, 세계사를 훨씬 친밀하게 만들어주는 유니크한 읽을거리.

활이 바꾼 세계사

김 후 지음 / 신국판 344쪽 / 10,000원
●고대와 중세의 세계에서 전쟁의 승패를 가른 결정적인 무기─활. 우리 민족은 '동이東夷' 라는 이름이 나타내듯 활에 있어서는 최고의 하이테크를 자랑하는 민족이었다. 활을 통해 세계사를 산책해본 최초의 역사서!

성풍속으로 보는 일본문화

이경덕 편저 / 신국판 / 345쪽 / 9000원
●남신과 여신의 교접으로 국토가 탄생되었다는 신화를 갖고 있는 일본. 일본인과 일본문화의 올바른 이해를 위해 그들의 '가볍고 당당한 성' 을 풍부한 사례와 도판을 곁들여 명쾌하게 해설한 책.

사치하는 자는 장 100대에 처하라   8000원

전하! 뜻을 거두어주소서   8000원

조선은 양반의 나라가 아니오   9000원

KBS〈TV조선왕조실록〉제작팀 지음/ 신국판
●태조의 개국에서부터 철종에 이르는 500년 조선왕조의 역사를 오늘의 시각에서 살펴볼 수 있도록 한 KBS-1TV의 야심적인 역사 다큐멘터리〈TV조선왕조실록〉을 책으로 재구성했다. 직격 인터뷰, 리포트, 증언, 역사 청문회 등 다양한 기법을 동원, 500년 조선시대를 실감 넘치게 재구성한 흥미진진한 이야기 조선시대사.

한국 근현대사 사전
한국사사전편찬회 편 / 이이화 감수 / 신국판 2단조 596쪽 / 20,000원
●동학이 일어난 1860년부터 한 · 소 수교가 이루어진 1990년까지 우리 근현대사의 기본적인 사항 1200여 항목을 뽑아 시대순으로 해설한 우리 나라 유일의 근현대사 사전.

한국 고중세사 사전
한국사사전편찬회 편 / 신국판 2단조 553쪽 / 20,000원
●우리 나라의 역사 태동기에서부터 동학이 일어난 1860년까지 우리 고중세사에서 기본적인 사항 1400여 항목을 간명히 정리, 시대순으로 정리했다.

세계사 작은사전
이무열 엮음 / 신국판 2단조 양장 679쪽 / 35,000원
●인류 문명의 발생부터 사회주의권 붕괴에 이르는 세계사의 전 영역에서 학습과 사회생활에 최저로 필요한 기본사항 5800여 항목을 뽑아 시대순으로 배열, 손쉽게 찾을 수 있도록 했다.

그림으로 읽는 세계사 이야기(전3권)
김희보 지음 / 변형 4 * 6배판 올컬러 450쪽 내외 / 각권 15,000원
●풍부한 그림과 유려한 문장으로 인류의 역사 9000년을 재현한 세계사 이야기. 아름다운 컬러 자료사진 1300여 점을 꼼꼼하게 깔아가면서 이야기하듯 들려주는 교양 세계사의 결정판!

백과사전이나 역사 교과서엔 실리지 않은 세계사 속의 토픽
리처드 잭스 / 윤영호 옮김 / 신국판 328쪽 / 10,000원
●인간의 추악함과 우둔함에 대한 명쾌한 연대기. 지독히 재미있을 뿐만 아니라, 환상적이고 무정부적인 인류 보고서. 섹스, 범죄와 형벌, 의학과 약, 일상생활 등 5개의 주요한 카테고리로 나누어 소개하며, 저자 특유의 유쾌한 통찰과 참신한 해석이 역사읽기의 색다른 경험을 제공한다.

팔레스타인 그 역사와 현재
다테야마 료지 / 유공조 옮김 / 신국판 304쪽 / 12,000원
●중동문제, 정확하게는 팔레스타인 문제는 이스라엘과 팔레스타인 아랍 인 간의 분쟁으로, 이 책에서는 이 분쟁이 있게 된 연유에서부터 네 차례의 전쟁, 캠프 데이비드 협정, 오슬로 평화협정, 이스라엘과 요르단 간의 평화협정, 그리고 최근의 제2차 인티파다까지를 체계있게 정리했다.

역사명저 시리즈

① 역사는 수메르에서 시작되었다
새뮤얼 노아 크레이머 지음 / 박성식 옮김 / 신국판 480쪽 / 14,000원
●5천 년 전 수메르 인들이 이룩했던 문명에 대한 생생한 보고서. 그들은 인류 최초로 문자를 발명, 법과 역사와 문학을 기록함으로써 인류 문명에 최대의 공헌을 했다. 이 책은 그들이 성취한 '세계 최초' 의 기록들을 풍부한 자료로 보여준다.

② 인디아, 그 역사와 문화
스탠리 월퍼트 지음 / 이창식 · 신현승 옮김 / 신국판 400쪽 / 12,000원
●가장 신비스러우면서도 가장 현실적이며, 가장 종교적이면서도 가장 세속적인 나라—인도! 인도학의 최고 권위자인 저자가, 역사 · 문화 · 예술 등 인도의 모든 것을 이 한 권에 담았다.

③ 문명의 씨앗, 음식의 역사
찰스 B. 헤이저 2세 / 장동현 옮김 / 신국판 328쪽 / 11,000원
●원시인들은 무엇을 먹고 살았을까? —재미있는 인류의 '먹거리의 역사'. 농경과 목축으로 시작하여 인류의 문명과 함께 싹을 틔워온 '씨앗' 에 대한 이야기.

④ 고대의 배와 항해 이야기
라이오넬 카슨 / 김훈 옮김 / 신국판 280쪽(컬러화보 8p 수록) / 10,000원
●최초의 배는 누가 만들었나?—배의 발달사와 재미있는 항해 이야기. 갈대를 엮어 만든 뗏목, 가죽주머니, 단지로 출발하여 북해를 지배한 바이킹에 이르기까지, 인류의 삶과 함께 발전해왔던 고대의 배와 항해에 대한 모든 이야기를 담은 책.

⑤ 소금의 문화사
피에르 라즐로 / 김병욱 옮김 / 신국판 285쪽 / 10,000원
●'고대의 석유' — 소금을 통해서 본 인류의 정신문화사. 저자는 정치권력과 소금과의 불가분의 관계, 소금에서 싹을 틔운 자본주의, 혹은 핵 자장 공명을 거쳐 분광학의 발명에 이르기까지, 여러 학문 분야를 망라하며 소금 속에 녹아 있는 인류의 정치 · 경제 · 문화 · 정신사를 추출해 보여주고 있다

⑥ 고대의 여행 이야기
라이오넬 카슨 / 김향 옮김 / 신국판 397쪽 / 13,000원
●고대세계 사람들의 생활상과 사회상들이 흥미롭게 묘사된, 잘 짜여진 인류의 여행사. 풍부한 유머와 소설처럼 스피디한 장면 전환으로 단숨에 읽혀진다.

⑦ 람세스, 이집트의 가장 위대한 파라오
조이스 타일드슬레이 / 김훈 옮김 / 신국판 360쪽(화보 8p포함) / 13,000원
●람세스 대제에 대해서 모르는 사람은 아무도 없다. 하지만 그에 관한 전설의 배후에 숨겨진 진실에 대해 정확히 아는 사람 역시 드물다. 고대 이집트 역사에 심취한 저자는 현란한 수사의 이면에 숨은 '인간 람세스' 의 참모습을 이야기한다.

⑧ 파라오의 심판
조이스 타일드슬레이 / 김훈 옮김 / 신국판 264쪽 / 11,000원
●밝음 속에만 존재해왔던 고대 이집트의 어두운 면을 철저히 해부하여, 그들의 범죄와 비행을 역사상 처음으로 조명한 책이다. 무덤 절도와 엉터리 미라 만들기, 시간屍姦과 투탕카멘 왕의 시해, 뇌물수수, 간통, 매매춘 등 잔인하고 놀라운 그들의 범죄를 조심스럽게 추적하면서 섹스와 죽음, 재산과 처벌 등에 대한 고대 이집트 인들의 생각과 관점들을 생생하게 드러내주고 있다.

⑨ 세계 7대 불가사의
피터 A. 클레이턴 외 / 김훈 옮김 / 신국판 248쪽 / 10,000원
●고대 그리스 인 여행자들이 일생을 통해 가장 보고 싶어했던 신비하고 외경스러운 고대 세계의 7대 불가사의에 대해 다루고 있는 책. 고대 문화의 전문가들이 고고학적 자료들을 토대로 일곱 가지 불가사의들의 유래, 생김새, 건조물의 구체적인 치수들, 지은이, 건축학상의 특징, 관련된 전설

과 신화 등에 관해 다양한 사실들을 상세히 설명했다.

⑩ 훈 족의 왕 아틸라
패트릭 하워스 / 김 훈 옮김 / 신국판 288쪽 / 10,000원
●유럽 대륙을 황색 공포로 휩쓸었던 기마민족 훈 족과 그 왕 아틸라의 모든 것. 훈 족 출신의 아틸라는 오랜 동안 세상사람들에게 피에 굶주린 잔혹한 동양의 폭군으로만 알려져왔다. 패트릭 하워스는 역사의 실상을 복원한 이 매혹적인 책에서 세상사람들의 그런 판단이 얼마나 잘못된 것인가를 분명히 보여주고 있다.

⑪ 해적의 역사
앵거스 컨스텀 / 이종인 옮김 / 신국판 올컬러 288쪽 / 15,000원
●고대에서 현대에 이르기까지 해상에서의 노략질, 살인, 고문 등 흥미로운 해적 세계를 다룬 인상적인 책. 책 속에 실린 수많은 그림들은 변덕스럽고, 카리스마적이고, 유혈낭자한 바다의 방랑자 혹은 바다의 노상강도들을 생생하게 중언하고 있다.

⑫ 무기의 역사
찰스 바우텔 / 박광순 옮김 / 신국판 368쪽 / 13,000원
●서양의 고대 · 중세 · 근대의 무기와 갑옷에 대한 흥미로운 무기 발달사. 다수의 도해圖解가 전세계적으로 갑옷의 발전과정을 최초기부터, 또 무기의 발달과정을 석기시대부터 초기의 화기火器와 대포 시대에 이르기까지 상세히 논할 수 있도록 예증해주고 있다.

조선사회사 총서

① 조선의 왕
신명호 지음 / 신국판 336쪽 / 9000원
● '조선의 왕' 을 전공한 젊은 사학자 신명호씨가 왕과 왕실문화의 비밀을 꼼꼼히 파헤친 책. 출생부터 임종까지 왕의 일생을 비롯한 왕의 모든 것이 담겨 있다.

② 조선의 성풍속
정성희 지음 / 신국판 352쪽 / 9000원
●"유교적 성 모럴이 지배하던 시대, 조선시대 사람들은 어떻게 살았을까?" —조선시대의 성풍속도를 조감하면서 성 모럴이 권력과 사회구조와 얽히게 되는 복합적인 상관관계에 접근한 책.

③ 조선시대 조선사람들
이영화 지음 / 신국판 363쪽 / 9000원
●조선의 신분제도는 상류층에는 피나는 생존경쟁의 장이었고, 하층민에게는 가혹한 인간의 굴레였다. 신분별로 살펴본 조선시대의 사람살이. 〈'99 이달의 청소년도서〉 선정!

④ 사관 위에는 하늘이 있소이다
박홍갑 지음 / 신국판 360쪽 / 9000원
●세계 역사상 유례가 없는 500년 〈조선왕조실록〉을 탄생시킨 조선의 사관들, 후세에 바른 역사를 전하기 위해 붓 한 자루에 목숨을 걸었던 조선의 사관, 그들은 누구인가? 〈'2000 한국출판인회의 이달의 책〉 선정!

⑤ 민란의 시대
고성훈 외 지음 / 신국판 346쪽 / 9000원
●500년 조선왕조가 체제모순과 관료들의 극에 달한 부정부패로 말기 현상을 보이고 잇을 때, 더이상 물러설 곳 없이 벼랑 끝까지 몰린 조선민중들이 보여준 피맺힌 생존투쟁의 기록!

⑥ 지워진 이름 정여립
신정일 지음 / 신국판 382쪽 / 9000원
●조선조 4대 사옥의 희생자들의 합보다 더 많은 1천 여 호남인맥의 희생을 가져온 '조선조의 광주사태' —정여립 사건. 조선조 최대의 옥사, 기축옥사의 전모를 최초로 파헤치고 재조명한 역저.

⑦ 조선역사 바로잡기
이상태 지음 / 신국판 336쪽 / 9000원
●조선시대 역사 · 인물 · 땅에 대한 잘못된 상식 바로잡기. 너무도 상식적인 역사 이야기가 철저한 고증을 통해 새롭게 재조명된다. 〈'2000 한국간행물윤리위원회 청소년 권장도서〉 선정!

⑧ 시장을 열지 못하게 하라
김대길 지음 / 신국판 368쪽 / 9000원
●민초들의 삶의 터전이었던 장시의 이해는 조선시대의 전반적인 시대상을 이해하는 또 다른 방법이 될 수 있다. 조선시대 시장의 형성과 상인, 상업의 발달, 장터문화에 대해 깊이있고 재미있게 풀어놓았다.

⑨ '언론' 이 조선왕조 500년을 일구었다
김경수 지음 / 신국판 320쪽 / 9000원
●사헌부 · 사간원 · 홍문관, 그리고 역사를 기록했던 사관들이 백성과 나라를 위해 보여주었던 빛나는 언론정신이 어떻게 시대의 흐름을 선도하고 바로잡아 나갔는가? 오늘의 관점에서 조명해보는 조선시대의 언론 · 출판 이야기. 〈한국간행물윤리위원회 이달의 읽을 만한 책〉 선정!

⑩ 임진왜란은 우리가 이긴 전쟁이었다
양재숙 지음 / 신국판 376쪽 / 9000원
●이기고도 이긴 줄 몰랐던 조 · 일전쟁. 그 전모와 성격을 규명, '임진왜란관' 을 명쾌하게 바로세웠다.

⑪ 양반나라 조선나라
박홍갑 지음 / 신국판 328쪽 / 9000원
●오늘날까지 그 맥이 이어지고 있는 조선시대의 양반문화 · 관료문화의 명암들을 한자리에 묶은 책. 조선시대의 처첩제도, 귀양살이, 지역차별, 신고식 문화 등, 조선시대 양반사회에서의 여러 모습들 중에서 우리의 상식을 뛰어넘는 10개의 테마를 잡아 깊이있게 재조명했다.

⑫ 너희가 포도청을 어찌 아느냐
허남오 지음 / 신국판 340쪽 / 9000원
●조선시대의 '유명 범죄자' 들, 해괴한 범죄와 그 처벌— 포도청과 포졸을 통해 보는 조선시대의 사회상과 경찰상!

⑬ 강정일당
이영춘 지음 / 신국판 280쪽 / 9000원
●가난 속에서도 참담고, 선하고, 품위 있게 살았던 한 조선 여성의 자아실현—각고의 수양과 심오한 학문 그리고 도덕적 실천을 훌륭한 문장으로 남겼다. 〈'2002 한국출판인회의 이달의 책〉 선정!

그래도 사람은 하늘이다
이무열 편저 / 신국판 356쪽 / 8000원
●21세기를 앞둔 오늘날 세상의 흐름을 읽어내는 데 잣대가 될 만한 경구들을 가려 뽑아 명쾌하게 풀어나간, 촌철의 경구로 세상읽기 〈오늘의 세계〉 편.

선체조 108
혜원 스님 지음 / 신국판 292쪽 / 7000원
●한국참선체조 수련선원 원장인 혜원 스님이 친절히 안내해주는 참선체조 수행서. 3단계 108행선이 당신을 '고요함과 깨어 있는 삶' 에 이르게 한다.

구약성서를 아십니까? / 신약성서를 아십니까?
아토다 다카시 / 김향 엮음 / 신국판 각권 300쪽 안팎 / 각권 7000원
●서구의 원점인 〈성서〉의 세계를, 지엽 말단은 잘라버리고 에센스만을 추출, 추리작가적 안목과 식견으로 명쾌하게 풀어나간 역작!

현대인이 만난 부처의 마음
혜원 스님 지음 / 신국판 297쪽 / 7500원
●'현대인에게 미륵의 의미는 무엇인가?' 라는 물음으로, 불교의 깊은 정신세계를 알기 쉽게 풀이. 정신과 물질세계 사이에서 방황하고 있는 현대인에게 물질과 마음에 대한 순수이해의 문을 열어 새로운 차원의 정신세계로 이끌어준다.

르네상스의 미인들
오카다 아쓰시 / 오근영 옮김 / 신국판 272쪽 / 올컬러 / 10,000원
●르네상스 미술의 거장들이 남겨놓은 '미인' 들이 어떠한 과정을 거쳐 탄생했나를 낱낱이 밝혀놓은 책. 그들의 표정이나 포즈, 소도구들의 정교한 배치 등을 해부하면서, 그들이 결코 '단순하게' 탄생된 것이 아니라는 사실을 보여준다.

서울대 선정 동서고전 200선(전4권)
반덕진 편저 / 신국판 520쪽 안팎 / 각권 10,000원
●서울대에서 선정한 동서양 고전 200종에 대해 해석을 가한 본격 고전 해제서. 「논어」에서 「자본론」까지 인류 지성사에 빛나는 동서양의 고전들을 오늘의 시각에서 폭넓게 재조명했다.

하늘 아래 도시, 땅 위의 건축(전2권)
김정동 지음 / 변형 신국판 / 1권 374쪽, 2권 340쪽 / 각권 13,000원
●목원대 건축학과 교수이자 문화재 전문위원인 김정동 교수가 동·서양의 도시와 건축들 33곳을 여행하며 그 속에서 우리의 근대사를 파헤쳐본 세계건축문화 기행서.

종정열전① - 그 누가 큰 꿈을 깨었나
종정열전② - 천고에 자취를 감춘 학처럼
임혜봉 지음 / 신국판 / 440쪽, 340쪽 / ①11,000원, ②9000원
●한국 불교의 거목, 20분 종정 스님들의 삶을 조망한 역저! 구한말 이후 현대에 이르기까지 종정스님들의 생애와 흔적을 일목요연하게 서술한 전기집. 〈 99 이달의 청소년도서〉 선정!

중국상인, 그 4천 년의 지혜
차오 티엔셩 지음 / 김장호 옮김 / 신국판 256쪽 / 9000원
●전통적인 중국상인의 기원·창업·가치관·인생·역사적 지위·협상술·습속문화 등 중국상인의 모든 것을 담은 책. 상인들의 세계를 통해 중국, 중국정신까지도 들여다본다.

한국전쟁의 수수께끼
이희진·오일환 지음 / 신국판 288쪽 / 9000원
●좌우대립의 이데올로기적 시각을 배제하고 보다 객관적인 접근방식으로서 군사적인 작전상황을 선택, 한반도 분단의 배경부터 종전까지 수수께끼로 남아 있던 의혹과 음모를 파헤친 책.

20세기 중동을 움직인 50인
손주영 외 지음 / 신국판 456쪽 / 12,000원
●낯설고 부정적인 인식에서 벗어나 중동을 새롭게 이해하기 위해 20세기 중동을 이끌고 움직여간 인물 50인의 생애, 업적, 사상, 역사관, 종교관, 국가관, 그들이 남긴 가르침과 영향 등을 꼼꼼하게 짚었다.

성과 문명
왕일가 / 노승현 옮김 / 신국판 304쪽 / 9000원
●인간의 자연본성 가운데 하나인 성이란 측면에서 저자는 성의 기술적인 측면이 아니라 심리적인 측면에서 인류 문명의 발전에 커다란 영향을 미친 성의 양면성을 다양한 사례를 들어 구체적으로 설명하고 있다.

원시미술의 세계
임두빈 지음 / 변형 4＊6배판 / 올컬러 / 256쪽 / 20,000원
●알타미라에서 라스코까지. 인류 최초의 예술─ 동굴 속에 그려진 원시미술들에 대해 상세한 해설, 화려한 색감과 형태로 감동적인 재현을 보여주는 우리 나라 최초의 원시미술 도록!

도의 지혜
줄리언 F. 파스 엮음 / 김지현 옮김 / 4＊6판 양장 / 올컬러 / 248쪽 / 10,000원
●도道의 길은 평온함, 명상, 그리고 내면적인 만족의 감정이 한데 어울린 것이다. 이 책은 위대한 도가사상가들의 지혜를 21세기로 끌어오고 있다. 현대의 무질서한 삶에서 잠시 벗어나고 싶거나 편안한 감동을 추구하는 독자라면 이 책으로 인해 영적인 성장을 할 수 있을 것이다.

불교의 지혜
멜 톰슨 엮음 / 장순용 옮김 / 4＊6판 양장 / 올컬러 / 240쪽 / 10,000원
●붓다의 가르침은 이기심과 탐욕, 증오와 무지에서 해방되어 존재하는 그대로의 사물에 대한 끊임없는 추구에 그 뿌리를 두고 있다. 이 책은 방대한 불교의 저작물 중 그 정수를 뽑아낸 앤솔러지로, 우리가 삶 속에서 맞닥뜨리는 모든 고통들을 주목하고 행복으로 가는 길을 인도해줄 것이다.

코란의 지혜
Oneworld 편집부 엮음 / 이명원 옮김 / 4＊6판 양장 / 올컬러 / 224쪽 / 10,000원
●〈코란〉은 수세기 동안 전세계 무슬림들에게 신의 지혜를 담은 책으로 여겨져 왔다. 이 책 역시 인간의 영적 발전과 평등함, 사회에 대한 인식의 필요성을 말하는 〈코란〉의 가르침에서 인용된 것으로, 결혼에 대한 내용부터 신성에 이르기까지 많은 문제들에 대한 안내 역할과 함께 깊은 통찰을 제시한다.